MIX
Papier aus verantwortungsvollen Quellen
Paper from responsible sources
FSC® C105338
FSC
www.fsc.org

Haftungsausschluss:

Die Ratschläge im Buch sind sorgfältig erwogen und geprüft. Alle Angaben in diesem Buch erfolgen ohne jegliche Gewährleistung oder Garantie seitens des Autors und des Verlags. Die Umsetzung erfolgt ausdrücklich auf eigenes Risiko. Eine Haftung des Autors bzw. des Verlags und seiner Beauftragten für Personen-, Sach- und Vermögensschäden oder sonstige Schäden, die durch die Nutzung oder Nichtnutzung der Informationen bzw. durch die Nutzung fehlerhafter und/oder unvollständiger Informationen verursacht wurden, ist ausgeschlossen. Verlag und Autor übernehmen keine Haftung für die Aktualität, Richtigkeit und Vollständigkeit der Inhalte und ebenso nicht für Druckfehler. Es kann keine juristische Verantwortung und keine Haftung in irgendeiner Form für fehlerhafte Angaben und daraus entstehende Folgen vom Verlag bzw. Autor übernommen werden.

Sollte diese Publikation Links auf Webseiten Dritter enthalten, so übernehmen wir für deren Inhalte keine Haftung, da wir uns diese nicht zu eigen machen, sondern lediglich auf deren Stand zum Zeitpunkt der Erstveröffentlichung verweisen.

Bibliografische Informationen der Deutschen Nationalbibliothek

Die Deutsche Nationalbibliothek verzeichnet diese Publikation in der Deutschen Nationalbibliografie; detaillierte bibliografische Daten sind im Internet über http://dnb.dnb.de abrufbar.

1. Auflage 2024

Projektmanagement: Melanie Krauß
Lektorat und Korrektorat: Katrin Gönnewig, Markus Czeslik, Fabian Galla
Umschlagbild: AdobeStock/Cagkan
Umschlaggestaltung: Zarka Bandeira
Satz und Layout: Zarka Bandeira
Abbildungen im Innenteil: © Eva Engel

ISBN Print: 978-1-960004-11-6
ISBN E-Book: 978-1-960004-12-3

www.remote-verlag.de

EVA ENGEL

FÜHREN IM MEER DER VERANTWORTUNG

Der **Führungskräfte-Guide** für einen besseren **Umgang mit Stress** und **Zeitdruck**

Beim Verfassen dieses Werkes stand die klare und verständliche Vermittlung von Informationen im Vordergrund. Es wird darauf hingewiesen, dass aus Gründen der Lesbarkeit häufig das generische Maskulinum oder andere traditionelle Formulierungen verwendet werden. Personen jeder Geschlechtsidentität werden gleichermaßen angesprochen. Die Wahl einer vereinfachten Sprachform soll weder diskriminieren noch ausschließen. Vielmehr wird danach gestrebt, das Lesen für alle so angenehm und zugänglich wie möglich zu gestalten.
Vielen Dank für Ihr Verständnis.

Vielen Dank an dieser Stelle an alle Mitwirkenden sowie Nadine Syring und Benito Lahuerta für ihre Unterstützung.

MITWIRKENDE

Hans-Christian Witthauer

Tilo Kalski

Felix Behm

Axel Schrader

Oliver Muhs

Aristide Proksch

Gilda Prüß

Jaroslav Bláha

Tilmann von der Lühe

Jenny Hofmann

Lars Kleuters

Roger Basler de Roca

Michael von Kunhardt

Sylvia Löhken

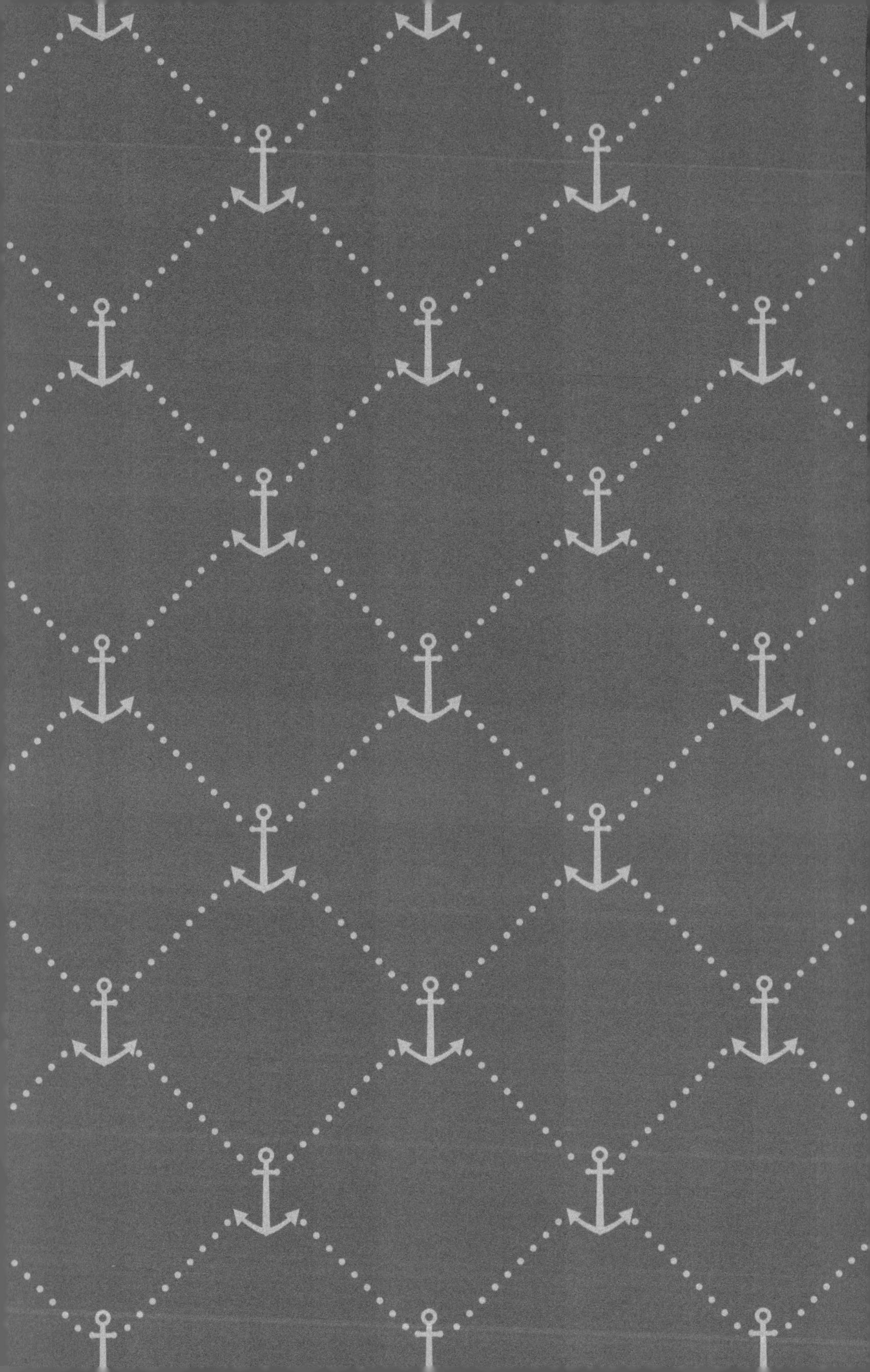

INHALTSVERZEICHNIS

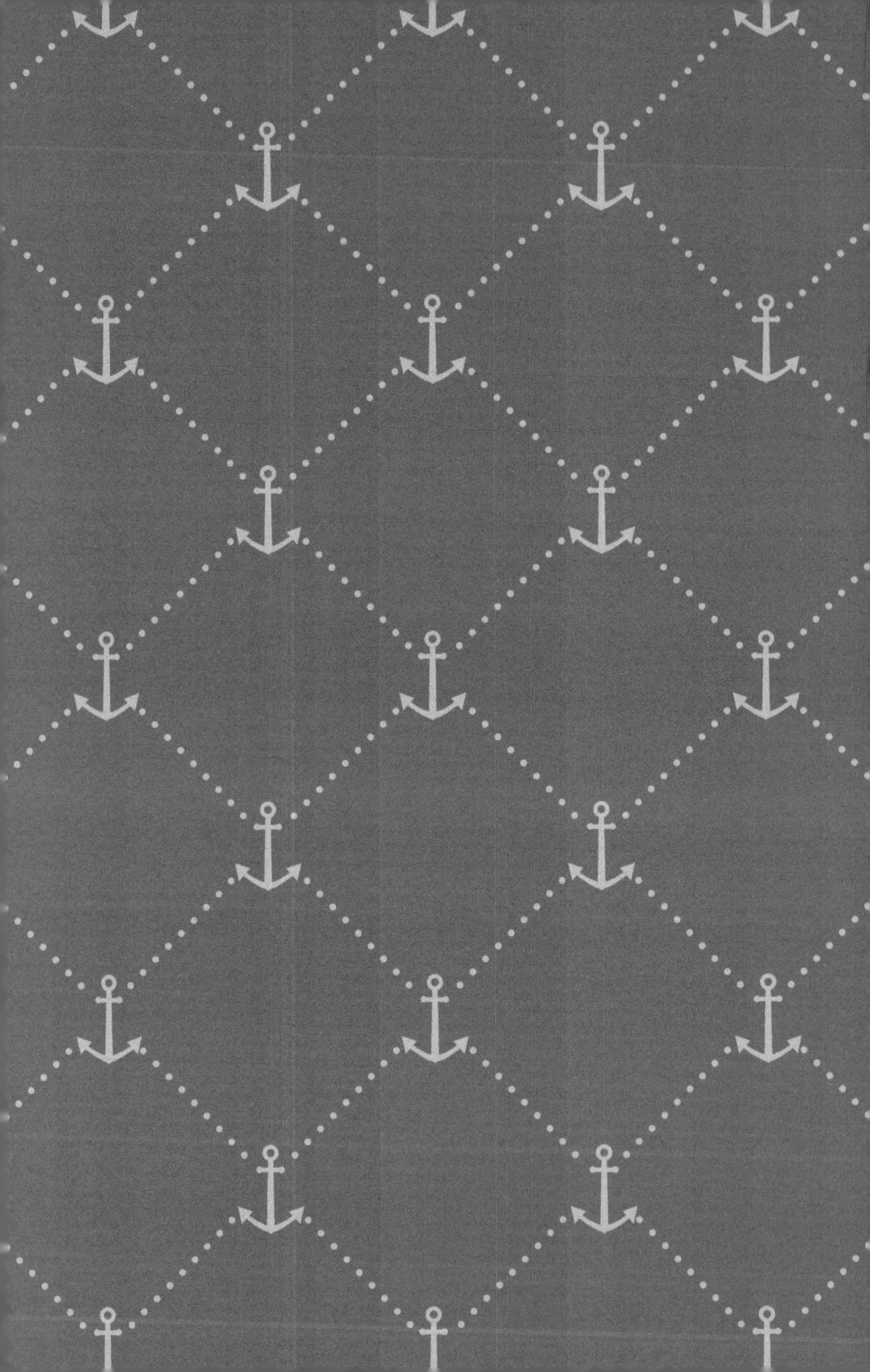

VORWORT

Von mir für Sie

Liebe Leserinnen und Leser

Willkommen an Bord! Zunächst einmal möchte ich Sie zu diesem Buch beglückwünschen.

Es freut mich ganz besonders, dass Sie sich für das Thema Führung entschieden haben. Da es bereits viele Bücher, Beiträge und anderweitige Publikationen zu diesem komplexen Thema gibt, ist es umso wichtiger, vorab ein paar Abgrenzungen vorzunehmen. Eine kurze Beschreibung wird Ihnen im Umgang mit dem Buch helfen, die Kapitel besser zu verstehen. Die Idee zu diesem Buch entstand um das Jahr 2015. Ich war schon einige Zeit aus der Deutschen Marine ausgeschieden und hatte mir eine zweite Karriere in der Wirtschaft aufgebaut. Und hier fiel mir immer wieder auf, dass etwas nicht ganz zu stimmen scheint. Es war für mich viele Jahre nicht greifbar, was mich so beschäftigte. Bis ich später, es war um 2018 herum, selbst sehr stark davon betroffen war, mich in der Arbeitswelt beinahe zu verlieren. In welcher Form und wie es dazu kam, werden Sie später noch ausführlich erfahren und nachlesen können. Wieder vergingen einige Jahre, bis ich endlich begann, das Buchschreiben zur

Realität werden zu lassen. Sie begleiten mich und wir begleiten uns während einer spannenden Reise über die Weltmeere, wir tauschen uns über hervorragende und sehr unangenehme Führungsbeispiele aus, bis wir schlussendlich gemeinsam in der heutigen Zeit ankommen.

Das Buch hält eine ganz besondere Art der Wissensvermittlung für Sie bereit. Sie werden insgesamt 12+1 Interviews in diesem Buch finden. Interviews sind eine inspirierende und vor allem beliebte Methode. Ich habe lange über die Auswahl der zu interviewenden Personen nachgedacht und bin sehr stolz, Ihnen hier eine Bandbreite an Experten abbilden zu können. In der Tat sind wir hier in einer ungewöhnlichen Kombination von Militär, Wirtschaft, Polizei, Feuerwehr und Profisport. Allein dieser Mix hält für jede Person in diesem Buch etwas bereit. Die Dichte an Wissenstransfer ist außergewöhnlich hoch und ich freue mich, dieses Wissen hier für Sie zusammenzubringen. Jedes Interview wird ein Kapitel abschließen. So werden Theorie und Praxis noch einmal näher zueinandergebracht. Ein zusätzliches Highlight wird das 13. Interview sein. Bis auf wenige Ausnahmen kenne ich alle Interviewpartner und kann Ihnen jetzt schon versprechen, dass Sie tolle Inhalte zu lesen bekommen werden.

Da mein Plan zu Beginn etwas anders aussah – ich fokussierte mich zunächst ausschließlich auf die Führungsunterschiede zwischen Militär und Wirtschaft –, drehte sich mit der Zeit auch mein Portfolio an Interviewpartnern. Vielmehr orientierte ich mich nun an aktuellen Themen, um für Sie das Bestmögliche an interessanten und vor allem anwendbaren Informationen herauszuholen. Dass die Interviews in der Anredeform sehr unterschiedlich durchgeführt wurden, hat viele Gründe und sagt nichts über das Verhältnis zueinander aus. Ich vertrete grundsätzlich die Meinung, dass ein Du oder Sie niemals über das Wir entscheidet.

Sie werden vier große Hauptabschnitte im Buch vorfinden. Jeder dieser vier Abschnitte ist in drei Kapitel unterteilt. Dadurch können Sie zwischen zwölf Kapiteln jederzeit hin- und herwechseln, ohne zwingend vorher alles gelesen haben zu müssen. Einen Hinweis an dieser Stelle möchte ich Ihnen dennoch mitgeben: Jeder der vier Hauptabschnitte wird durch ein Einstiegsbeispiel eingeleitet. Es kann sein, dass gewisse Rückschlüsse aus dieser Einstiegsgeschichte in den Folgekapiteln des Abschnittes verwendet werden. Daher rate ich dazu, sich das Einstiegsbeispiel einmal in Ruhe durchzulesen, bevor Sie sich detailliert die Kapitel vornehmen.

Die Einstiegsbeispiele bilden demnach das Fundament aus persönlichen Erlebnissen in Kombination mit Wissensvermittlung, die sich parallel zu der Geschichte bewegt. Somit werden hier bereits spannende Führungsperspektiven eingenommen.

In den folgenden Kapiteln dieses Buches werde ich Sie auf eine fachliche, menschliche und sehr nahbare Reise mitnehmen – eine Reise durch die Welt der Führung. Wie eingangs erwähnt, werden wir auf viele gute, aber auch auf viele nicht so gute Beispiele treffen.

Das wird uns helfen, Führung besser wahrzunehmen. Es ist auch eine Reise von Erfolgen und den Lehren, die ich auf meinem ganz persönlichen Weg gesammelt habe. Diese mit Ihnen hier zu teilen, macht mich ebenfalls sehr stolz. Es ist eine Reise, die von der Überzeugung geleitet wird, dass Führung nicht nur eine Fähigkeit ist, sondern es sich hier um eine klare Haltung handelt. Eine Haltung, die in jedem von uns entwickelt werden kann.

Stellen Sie sich vor, Sie führen ein Team, das vor großen Herausforderungen steht. Sie sind nicht nur für den Erfolg des Teams verantwortlich, sondern auch für das Wohlbefinden und die Entwicklung dieser Menschen. Sie wurden Ihnen anvertraut. Diese Verantwortung ruht auf Ihren Schultern. Das mag manchmal entmutigend sein, aber es bietet auch eine unglaubliche Chance für Wachstum und Inspiration.

Vielleicht sind Sie ein erfahrener Manager, der nach neuen Perspektiven sucht. Vielleicht sind Sie gerade in der Situation, sich zur Führungskraft zu entwickeln, und jetzt auf der Suche nach praktischen Ratschlägen. Oder vielleicht sind Sie einfach neugierig auf die Geheimnisse erfolgreicher Führung. Ganz gleich, in welcher Rolle Sie sich befinden, dieses Buch ist für Sie geschrieben.

Herzlichst,
Ihre Eva Engel

»Wir brauchen Menschen, die uns mitnehmen.
Menschen, die uns in schwierigen Momenten zur Seite stehen.
Die uns zur Seite stehen, ohne ihren Egoverstand in den Vordergrund zu stellen.
Menschen, die uns selbstlos unterstützen, wenn es angebracht ist.
Und die uns zurechtrücken, wenn es ebenfalls angebracht ist.«

Eva Engel

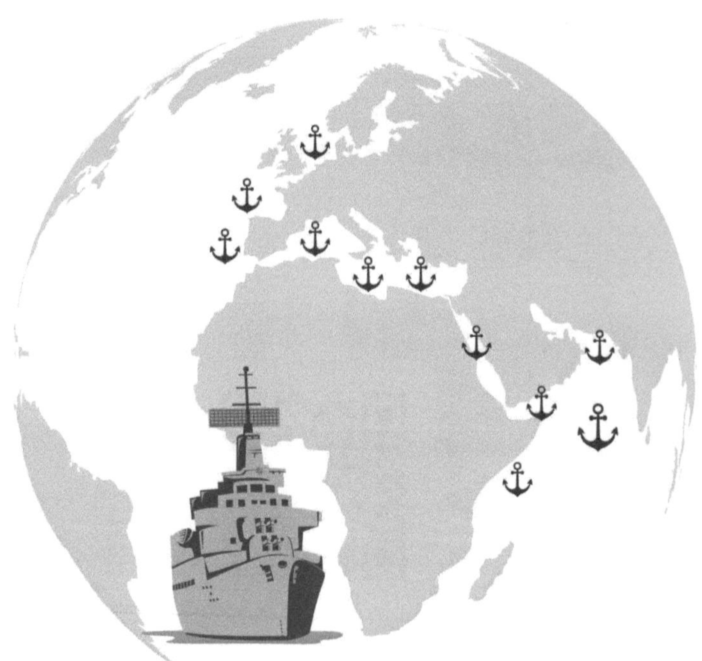

Europa, Afrika, Asien
Einsatz: "OEF" - Operation Enduring Freedom, 2007
Einsatzgebiet: Golf von Aden & Indischer Ozean
Auftrag: Sicherung der Seewege, Kampf gegen Terrorismus

SOUVERÄN MENSCHEN FÜHREN

Neuanfang auf Umwegen – Meine Reise zurück an Bord

Wenn alles auseinanderzufallen scheint, finden wir oft erst unsere wahre Stärke. Und dennoch müssen wir erst einmal für uns feststellen, was in einer herausfordernden Situation zu tun ist. Wir werden gleich einen tieferen Blick auf ein prägendes Ereignis werfen und dann einen Lösungsweg finden. Doch bevor wir das gemeinsam tun, machen Sie bitte Folgendes:

Versetzen Sie sich zunächst mit mir gedanklich in folgende Situation: Sie üben Ihren Traumberuf aus, gehen Ihrer Berufung nach und sind im besten Fall über alle Maßen motiviert. Das Herz schlägt für die richtige Aufgabe. Ich denke, wir alle kennen dieses Gefühl von Zufriedenheit und Leichtigkeit, trotz aller vermeintlichen Extra-(See-)Meilen. Sollte Ihnen jetzt nichts Vergleichbares in den Sinn kommen: kein Problem. Verlassen Sie gedanklich den beruflichen Rahmen und schauen Sie z. B. auf Ihre privaten Aktivitäten. Welchen Sport treiben Sie gern, womit verbringen Sie gern Ihre Zeit? Wenn Sie soweit sind, nehmen Sie das Gefühl mit und begleiten Sie mich

gedanklich in die nun kommende Geschichte, die uns auf die Meere bringen wird.

Ich saß also in einer mir sehr bekannten Umgebung, genau genommen im Schiffslazarett meiner Einheit, der Fregatte KÖLN. Dabei war ich für einen Moment völlig regungslos, ohne Gedanken. Eine kleine Denk- und Schockstarre setzte ein. Doch nur wenige Sekunden später fing ich mich und reflektierte sehr schnell, was mir soeben von den beiden mir gegenübersitzenden Personen mitgeteilt wurde. Warum jetzt bei mir Tränen liefen? Sie taten es einfach. Gar nicht einmal mit dem Hintergrund, dass ich verletzt oder sehr traurig war. Die beiden Personen drückten im richtigen Moment die richtigen Knöpfe in meinem Wertesystem. Und dieses Gefühl ließ mich kurz unbewusst und emotional werden. Es schien, als litten wir gemeinsam still vor uns hin. Jeder für sich. Und doch entstand ein verbindender Moment. Betroffenheit, vielleicht ein unangenehmes Berührtsein, mir eine solche Botschaft mitteilen zu müssen. Den Moment der Starre überwand ich schnell. Alles, was mich jetzt interessierte, war: Wie lösen wir schnellstmöglich das im Raum stehende Problem? Interessant dabei zu beobachten war, wie schnell meine Denke von »himmelhoch jauchzend« über »tief entsetzt« hin zu »neu motiviert« wechselte. Wir reden hier von höchstens fünf Minuten, die vergingen. Mir wurde eines klar: Für mich wird es hier erst einmal nicht weitergehen. Ich werde kein Teil der Besatzung mehr sein.

Kommen Sie noch einmal bewusst mit mir in die Anfangsemotion, die für totale Zufriedenheit und Wärme sorgt. Das Gefühl in

Beruf und Freizeit, das Sie aufblühen lässt. Denn nun gehen wir gemeinsam an den Ort, der mich über viele Jahre begleitete.

Der Ort, der mein Leben stark beeinflusste und weiterentwickelte. Und der Ort, der mich nun offenbar zurückließ.

Pionierin auf hoher See – Meine Zeit als eine der ersten Frauen in der Marine

Als eine der ersten Frauen im Militärdienst der Deutschen Marine begann ich voller Hingabe meinen freiwilligen Wehrdienst. Spannend vorab zu erwähnen ist, dass Frauen erst seit 2001 in allen Verwendungen in der Bundeswehr tätig sein dürfen. Im Bereich Sanität z. B. ist das bereits seit 1975 möglich. Aber erst im Jahr 2000 entschied der Europäische Gerichtshof für die Gleichberechtigung und somit für die Einführung aller Verwendungen für Frauen im Militärdienst. Da ich zu diesem Zeitpunkt schon zivil für die Bundeswehr arbeitete, wuchs mein Wunsch ins Unermessliche, humanitäre Arbeit auf einem Schiff im Ausland zu leisten. Als Auszubildende verfolgte ich nun nahezu alle Aktivitäten der Deutschen Marine – damals noch im knackenden Intranet der Bundeswehr, wenn Sie verstehen, was ich meine. Internet ja, aber eben auch noch nicht auf dem heutigen Stand. Machen wir es kurz. Ich war begeistert. Warum? Weil ich als junger Mensch so nah am Thema war und tagtäglich erlebte, welche positiven Auswirkungen der Job mit sich brachte. Mir war klar: Nach erfolgreichem Abschluss meiner Berufsausbildung kann es für mich nur den Weg zur Marine geben. Und genau so kam es auch.

Ich durchlief das klassische Bewerbungsverfahren. Zuvor ging ich aber noch auf einen Infotag, um zu schauen, ob ich das wirklich wollte. Ich fuhr einen Tag an die Ostsee zur Nachwuchsgewinnung und schaute mir Boote an. Und ja, ich wollte immer noch. Nicht die Boote sollten es sein, sondern Fregatte. Für mich gab es kein Halten mehr. Die Bewerbertage waren überstanden und nach langen Testszenarien, psychologischen Gesprächen und Übungen kam die alles entscheidende Mitteilung: »Frau Engel, wir können Sie in Ihrer Wunschverwendung einstellen. Allerdings ist ihre angestrebte Verwendungsreihe 63 in der Materialbewirtschaftung mit viel Wartezeit verbunden.« Hinzu kam, dass mir Testergebnisse eröffnet wurden, die deutlich aufzeigten, dass meine Stärken eigentlich ganz woanders lagen. Das hat mich übrigens bis heute nachhaltig beeindruckt. Denn daraufhin änderte sich mein gesamter Plan. Später im Buch gehe ich noch einmal tiefer auf die Thematik der Erkennung von Stärken und Schwächen ein. Auf einmal war ich in einer operativen Funktion geplant. Ich würde zum nächstmöglichen Zeitpunkt also in der Verwendung 23, Luft- und Seeraumüberwachung an Bord tätig sein.

Zum Zeitpunkt des Geschehens im Schiffslazarett, also des oben beschriebenen Ereignisses, war ich bereits seit mehreren Jahren an Bord meiner Einheit stationiert. An Bord der Fregatte KÖLN hatte ich nicht nur meine derzeitige berufliche Erfüllung gefunden, sondern auch ein Umfeld, das über die Maßen kameradschaftlich als Botschafter der Meere seinen Dienst verrichtete. Eine Besatzung von meist über 200 Menschen. Eine

Besatzung mit ungefähr 150 bis 200 See- und Auslandshafentagen im Jahr. Eine Besatzung, die eins wurde.

Wenn wir uns nun vorstellen, dass die Zusammengehörigkeit auf einmal massiv eingeschränkt wird, dann tut das weh. Eingeschränkt, nicht weil jemand einen Fehler gemacht hatte, sondern weil auch gute Führungskräfte nicht immer die richtigen Entscheidungen treffen.

Die Tränen liefen, weil mir zwei Tage vor einem sechsmonatigen Einsatz eröffnet wurde, dass ich aufgrund fehlender Dokumente eigentlich keine Bordtauglichkeit habe und somit nicht mitkommen könne. Das haut rein. Wie, nicht mitkommen? Ich verstand nicht. Dazu muss ich noch einmal ein wenig zurückgehen. Ein Jahr zuvor hatte ich einen sehr langen Krankenhausaufenthalt. In dieser Zeit musste ich auf die Ärzte vertrauen, dass ich so schnell wie möglich wieder einsatzfähig werde. Nach ungefähr fünf Wochen kehrte ich wieder zurück an Bord. Die Bordtauglichkeit wurde zu diesem Zeitpunkt nicht infrage gestellt, ich war einfach wieder da und fuhr mit. Somit durchlief ich auch das gesamte Ausbildungsprogramm, das für den Einsatz Voraussetzung war. Dieses Programm muss jedes Schiff der Deutschen Marine vorab absolvieren. Andernfalls hat es keine offizielle Genehmigung, in ein Einsatzgebiet verlegen zu dürfen. Ich war also wieder vollends in die Besatzung integriert, Teil des großen Ganzen und freute mich auf unsere herausfordernde Aufgabe: die internationalen Seewege zu überwachen und zu ihrer Sicherung beizutragen. Aber was war passiert? Was hatte sich verändert von der Ausbildungsphase zum

Auslandseinsatz? Ich verstand zunächst einmal gar nichts. Ich hörte zu und versuchte zeitgleich zu verstehen, was die beiden mir die ganze Zeit sagen wollten. Hatte ich doch meine gesamte Ausrüstung schon an Bord. Meine Nachbarin wusste, wie meine Blumen zu gießen waren, und meine Mutter hatte ebenfalls schon längst meinen Wohnungsschlüssel übernommen. Alle möglichen Zeitungen waren abbestellt und um die Post wurde sich gekümmert. Und ich, ich war bereit für den Einsatz.

Wenn Soldaten und Soldatinnen der Deutschen Marine in den Einsatz gehen, bedeutet das meist sehr viel Planung und Organisation im Vorfeld. Da es zu damaligen Zeiten außer E-Mails keine Kommunikationsmöglichkeiten an Bord gab (im Vergleich zum heutigen WLAN), hat man sich auf vieles noch intensiver vorbereiten müssen. Generell sind Einsatzvorbereitungen nie einfach. Das ist selbstverständlich unabhängig von der Teilstreitkraft (Luftwaffe, Heer). Telefonate in die Heimat waren nur über feste Landanschlüsse in den Auslandshäfen möglich – und diese auch nur sehr stark eingeschränkt. Hier reden wir von ca. zwei bis vier Telefonleitungen für die gesamte Besatzung.

Nun, so langsam kam es auch bei mir an: »Eva, du wirst nicht mit an Bord gehen.« Keine Bordtauglichkeit. Aktuell nicht bordtauglich zu sein, brach mir ein Stück weit mein Herz. Denn zur See zu fahren, das war doch das, was ich wollte. Ich wollte sinnstiftende Arbeit verrichten. Und nun konnte ich aufgrund der Sachlage, die zu 100 % korrekt war, nicht mit. Natürlich verfiel ich einen Moment lang in den Zustand der Anschuldigung. Wer war dafür verantwortlich, dass ich keine gültigen Unterlagen hatte? Fuhr ich doch schon seit Monaten in Vorbereitung auf den Auslandseinsatz wieder mit. Wer hätte mich über meine neue Fehlkennziffer aufklären müssen? Wurden doch vorab alle Unterlagen für den Einsatz geprüft. Ja, die Gedanken kamen mir in den Sinn. Und ich denke, das ist absolut normal. Wir suchen erst einmal einen Schuldigen. Wir versuchen, Herr der Lage zu werden. Dadurch entstehen natürlich mitunter weniger hilfreiche Gedanken. Aber auch diese Gedanken hatte ich: »Was tun wir jetzt?«

Es musste doch eine Möglichkeit geben, so schnell wie möglich aus diesem Schlamassel herauszufinden. Und vor allem ohne größeren Schaden.

Nicht mit in den Einsatz zu fahren, dies heißt für seegehendes Personal: Ausschiffung. Ausschiffung bedeutet, das Schiff zu verlassen, und fühlte sich in meinem Kontext ein wenig wie »aussortiert werden« an. Es gibt keine richtige Anlaufstelle für die Zeit der Abwesenheit an Bord. Die Aufgaben, die ich an Bord verrichtete, waren an Land nicht umsetzbar. Somit war ich nicht einsetzbar. Ich landete bei den ausgeschifften Soldaten. Ein Häuserblock auf dem Stützpunkt. Tagesdienst, Putzen, Sport. Was konnte ich tun, um so schnell wie möglich an Bord nachzukommen? Konnte ich überhaupt nachkommen? Und in der Tat: Es gibt Möglichkeiten, um ins Einsatzgebiet nachzufliegen.

Sie merken schon, eine außergewöhnliche Situation. Sie trug alle Facetten in sich, die wir auch aus Sicht der Führung beleuchten können. Doch bevor wir hier detaillierter einsteigen, möchte ich Ihnen eine der beiden anwesenden Personen in dem Gespräch einmal vorstellen.

In meiner beruflichen Laufbahn habe ich es bisher nur einmal erlebt, eine Art Mentor zu haben. Aus meiner Perspektive sind Mentoren:

»Menschen, zu denen wir nur zu gern aufschauen. Wir sind beeindruckt von ihrer Strahlkraft, der inneren Gelassenheit oder gar der Fülle an Wissen, das sie in einer Leichtigkeit auf Augenhöhe selbstlos an uns herantragen.«

Ich war jung, Unteroffizier und unglaublich dankbar, solch eine Person in meinem nahen Umfeld zu haben und gerade diese Person gleichzeitig als meinen Vorgesetzten erleben zu können. Mir selbst wurde das erst viele Jahre später bewusst. Erst nach meinem Ausscheiden aus der Bundeswehr, im Übergang in die Wirtschaft, kam mir vieles von ihm wieder in den Sinn. Er hatte Einfluss auf mich als junger Mensch, sehr guten Einfluss. Von seiner beeindruckenden Führungsqualität zehre ich noch heute. Sind es doch die kleinen Dinge, die uns zusammenwachsen lassen als Team. Und das schaffte er. Zu keinem Zeitpunkt war er nicht abrufbar oder unachtsam.

Ich erinnere mich noch gut an ein Safeguard Procedere an Bord. Safeguard bedeutet Ernstfall. Das kann ein Unfall, Person über Bord oder Ähnliches sein. Die Besatzung geht bei einer Safeguard-Durchsage sofort auf Gefechtsstation. Eine Station, die jeder Person an Bord klar zugeordnet ist, damit das Schiff im Ernstfall handlungsfähig bleibt. In diesem besagten Safeguard handelte es sich um eine Rauchentwicklung. Die Gefahr, dass ein Brand im Schiff entsteht, ist nicht weit entfernt. Zu Beginn beschrieb ich kurz, dass ich in einer operativen Verwendung tätig war. Für meinen gesamten Abschnitt und mich bedeutete das, dass wir uns in den vorderen Teil des Schiffes begeben mussten. Nicht auf die Brücke, sondern darunter. Somit war unsere Station im Notfall wohl eine der am schwersten zu verlassenden, wenn es wirklich ernst werden sollte. Wir saßen nun dort, alle aufgerödelt im Gefechtsanzug. Flammschutz, eine Art Feuerschutz, über Hände und Gesicht gezogen, Lüftung aus. Grundsätzlich laufen an Bord durchgehend Klimaanlagen. Auf einmal herrschte eine unbekannte Stille. Sie glauben nicht, wie sehr man sich an solch eine Geräuschkulisse gewöhnen kann. Die Klimaanlage ist notwendig, um die Luftzirkulation aufrechtzuerhalten. Zudem herrschen meist überall im gesamten Schiff andere Druckverhältnisse. Und jetzt hieß es warten. Warten und geduldig sein, bis der Brandabwehrtrupp eine erste Bestandsaufnahme machen konnte und entsprechende Erstmaßnahmen durchgeführt wurden. Das dauert. Die Besatzung wird über alle wichtigen Informationen über die Schiffslautsprecheranlage (SLA) auf den aktuellen Stand gebracht. Währenddessen sitzen wir in der Operationszentrale (OPZ) und warten weiter. Mir war irgendwie flau. Denn Rauchentwicklung in einem geschlossenen System ist nicht ganz ungefährlich für die Besatzung. Es war keine Unruhe zu spüren, dennoch löste die Situation bei mir Unbehagen aus. Ein sich ausbreitendes Feuer – was würde das für uns hier unten bedeuten? Ich saß an meiner Radarkonsole und versuchte, mir keine Szenarien auszumalen.

Tilo Kalski, der Schiffseinsatzoffizier, mein Vorgesetzter und Mentor, ging durch die OPZ. Er blieb bei mir stehen und fragte: »Ist alles in Ordnung?« Dazu sei noch erwähnt, dass in der OPZ zu damaliger Zeit kein Licht brannte. Wenn Sie sich an gute Spielfilme mit Schiffen und U-Booten erinnern wollen, ungefähr so sieht es dort unten aus. Radaranlagen und Konsolen mit Bernstein, überall Lämpchen und kleine Lichter. Durchsichtige Tafeln, auf denen mit Wachsstiften geschrieben und kommuniziert wird. Ich mochte diese Umgebung sehr gern. Und irgendwie hatte er nun beim Umhergehen bemerkt, dass ich mich nicht ganz wohlfühlte. Ich äußerte ihm gegenüber unverblümt, dass es sich für mich unbekannt anfühlte, und fragte ihn direkt, ob wir hier unbeschadet wieder rauskämen. Immer mein kleines Szenario im Kopf: Feuer im Schiff. Aus heutiger Sicht wäre ich wahrscheinlich wenig beeindruckt von dem Vorkommnis und hätte keine Zweifel daran, dass es gut ausgeht. Aber wenn wir in einer für uns neuen Situation sind, müssen wir erst einmal lernen, damit umzugehen. Unsere persönliche Leistungs- und Wahrnehmungsgrenze erweitert sich automatisch.

Er sagte nur: »Alles ist gut, mach dir keine Sorgen. Die haben alles unter Kontrolle.« Nach außen hin wirkte ich nicht angespannt, konnte aber mit der Situation aufgrund seiner kurzen Aussage deutlich besser umgehen. Ich fühlte mich wahrgenommen. Seine Worte sollten sich nur kurze Zeit später bewahrheiten. Die Rauchentwicklung war eingedämmt und der

Notfall wurde als beendet erklärt. Die Besatzung trat weg von der Gefechtsstation und der normale Tagesdienst ging weiter.

Reflexion über Führung und Gemeinschaft

Wir brauchen Menschen, die uns mitnehmen. Die uns in schwierigen Momenten zur Seite stehen. Die uns zur Seite stehen, ohne den eigenen Egoverstand in den Vordergrund zu stellen. Menschen, die uns selbstlos unterstützen, wenn es angebracht ist. Und die uns zurechtrücken, wenn es ebenfalls angebracht ist. Erst dann können wir uns persönlich weiterentwickeln. Es ist demnach mehr als von Bedeutung, dass führende Personen zunächst einmal sich selbst sensibilisieren, dass sie lernen, den Menschen in den Fokus zu bringen und diesen auch langfristig dort zu halten. Denn in erster Linie sind und sollten Führungskräfte leitende, aber vor allem dienende Personen sein.

Sie dienen den Menschen, die ihnen unterstellt sind. Hierbei ist es wichtig zu unterscheiden, dass der Ausdruck »unterstelltes Personal« kein Negativsprech ist. Wir dürfen wieder lernen, die Dinge beim Namen zu nennen. In den letzten Jahren – sicher auch der Pandemie geschuldet – wird zu manipulativ an der Klarheit herumgedoktert. Für nahezu alles werden neue Namen entwickelt und als innovative Ansätze neu verpackt und ausgerollt. Kurzfristig funktioniert das sicher. Es bringt zumindest einmal Aufmerksamkeit ins Spiel. Aber es bringt uns im eigentlichen Thema *Wie gut kann ich als Führungskraft sein?* nicht weiter. Menschen, die in führenden Rollen stehen, werden immer führende Personen bleiben. Aus diesem Grund werden Sie später im Buch auch keine New-Work-, New-Leadership- oder ähnliche Ausdrucksweisen finden. Denn der Kern guter Führung beginnt immer bei uns und endet beim dauerhaften Miteinander. Alles Weitere sind äußere Faktoren, die sowieso flexibel gehandhabt werden müssen. Wer auf Veränderung nicht reagieren kann, sollte zunächst im Kern schauen, woran es liegt. Wer sich daraufhin eine stabile Führungskultur aufgebaut hat, kann deutlich besser auf Veränderungen reagieren. Nur bitte nicht das Schiff auf See schicken, wenn noch Ebbe ist. Somit ist es nur logisch, dass es nicht reicht, an kurzfristig attraktiven, aber langfristig unattraktiven Punkten anzusetzen. Wir fahren Kuschelkurse in Unternehmen und wundern uns, warum es dennoch so viele Probleme gibt. Wir können nicht nur aus Gefälligkeit auf Konfrontation verzichten. Wir können es uns nicht erlauben, Problemen aus dem Weg zu gehen, aus Angst, dass der Mitarbeiter daraufhin kündigt. Wo bringt uns solch ein Führungsverhalten langfristig hin? Und was sagt solch ein Verhalten über die Qualität von Führungskräften aus? Wer nicht führt, der wird geführt. Menschliche, klare, aber auch fordernde Ansprache ist also absolut notwendig. Es bedarf immer einer Balance, einer guten Balance im Arbeitsalltag, aber auch einer Balance beim Fordern und Fördern. Führungskräfte verlassen für ihre neue Verantwortung ihren rein fachlichen Rahmen und bekommen die wohl vertrauensvollste Aufgabe übertragen: die der Menschenführung.

Kommen wir noch einmal auf die Herangehensweise und die Präzision in der Ausführung eines Safeguard Procedure zurück:

- a Klare Kommunikation
- b Klare Strukturen
- c Kontinuierliches Training
- d Fordern und Fördern
- e Fürsorge

Für die Wirtschaft ist eine solche Herangehensweise nicht weniger von Bedeutung. Natürlich werden wir im Großraumbüro kein »Person über Bord« haben. Aber auch hier lauern Gefahren. Eine Frage möchte ich hier ganz besonders herausstellen: Wer entscheidet, wann ein Menschenleben im Berufskontext mehr wert ist? Sind wir es nicht immer wert, respektvoll und auf Augenhöhe behandelt zu werden? Weder ein risikoreicher Job noch der Einsatzort oder der Kaffee in einem hippen Unternehmen sollten darüber entscheiden. Auch in einem scheinbar sicheren und vermeintlich harmonischen Umfeld geht es mitunter unterirdisch zu. Natürlich haben Soldaten andere Rahmenbedingungen und sind häufig ganz anderen Herausforderungen ausgesetzt als Menschen in einem klassischen Nine-to-five-Job. Dennoch darf sich diese Betrachtungsweise nicht auf die Schutzfunktion in weniger risikoreichen Berufsgruppen auswirken. Jeder Mensch braucht Schutz und Fürsorge. Und natürlich hat jeder Mensch es verdient, am Arbeitsplatz vernünftig geführt zu werden.

Schauen wir uns dazu einmal kurz die Thematik »Bore-out- und Burn-out-Syndrom« an. Beide Ausprägungen von Erschöpfungserscheinung sind heutzutage weder normalisiert noch entsprechend in der Gesellschaft anerkannt. Sie sind häufig ein Resultat schlechter Führung.[1]

Beim Bore-out-Syndrom leiden Mitarbeitende unter starker Unterforderung. Der Prozess bis zum Totalausfall verläuft meist schleichend und ist für die Betroffenen selbst zunächst nicht greifbar. Wenn keine Balance zwischen Fordern und Fördern besteht, verfällt der Mensch in Langeweile und schlimmstenfalls in die absolute Demotivation.[2]
Die Konsequenz: Bore-out-Syndrom
Die Symptome: u. a. Antriebslosigkeit, Selbstzweifel, Selbstwertverlust, Angstzustände

Beim Burn-out-Syndrom leiden Mitarbeitende unter starker Überforderung. Dabei sind die Erwartungen an den Mitarbeitenden erst einmal vertretbar, steigern sich aber mit der Zeit bis in die totale Erschöpfung. Eine völlig übersteigerte Erwartungshaltung der Führungskraft führt längerfristig ebenfalls zum Totalausfall.[3]
Die Konsequenz: Burn-out-Syndrom
Die Symptome: u. a. Depression, Zwangsstörungen, erhöhter Blutdruck, Isolation

Und nun wollen wir uns laienhaft ein Urteil darüber erlauben, wie gefährdet oder nicht gefährdet jemand ist? Wie sicher jemand am Arbeitsplatz ist? Nein, das können wir nicht. Führungskräfte, egal ob beim Militär, in öffentlichen Institutionen, in der Wirtschaft oder in jedem anderen Bereich, in dem gearbeitet wird, tragen demnach immer eine Mitverantwortung: die Verantwortung für Fürsorge und Sicherheit. Im Extremfall sind Menschenleben betroffen.

Meine Herausforderung, wieder an Bord zu kommen, wurde inzwischen immer größer. Mir stand jetzt erst einmal sehr viel Arbeit bevor. Ich wollte unbedingt zurück an Bord. Nachdem wir im Schiffslazarett zu dritt einen Plan erstellt hatten, welche Aufgaben mich jetzt erwarteten, um in den Einsatz nachzukommen, verlor ich keine Zeit. Am nächsten Werktag meldete ich mich umgehend bei meinem mir jetzt zugeordneten Kommando und ließ mir alle notwendigen Unterlagen geben. Für mich war klar: Ich werde keine sechs Monate auf mein Schiff warten. Ich werde nicht untätig in Wilhelmshaven herumsitzen. An den Tag des Auslaufens kann ich mich nicht genau erinnern. Ich glaube tatsächlich, dass ich nicht zum Verabschieden an die Pier gegangen bin. Mir war das wohl zu schmerzvoll. Normalerweise verlassen die Schiffe am Morgen des Auslaufens gegen 10.00 Uhr den Heimathafen. Vielleicht beobachtete ich das Geschehen aus weiterer Entfernung, um nicht erneut in eine negative Gedankenspirale zu geraten. Mein Ziel hatte ich klar vor Augen: Ich werde bald zurück sein.

Wie üblich bei der Rückkehr der Schiffe in den Heimathafen, standen auch an diesem Morgen zum Auslaufen viele Angehörige der Schiffsbesatzung auf der Pier. Freunde und Familien, denen es möglich ist zu erscheinen, machen sich häufig auf den Weg, um ihre Lieben für die kommenden Monate zu verabschieden. Manchmal ist ein Musikkorps anwesend, das den emotionalen Moment des Abschiedes musikalisch begleitet. Manchmal entdeckt man hier und dort ein paar Luftballons, Blumen werden überreicht, aber auch selbst gebastelte Plakate sind zu sehen. Dieser Moment ist für Seefahrer einerseits pure Freude, denn endlich geht es wieder los. Auf der anderen Seite bedeutet es jedoch auch viel Verzicht und wenig Kontakt mit den Liebsten zu Hause. Und das für eine sehr lange Zeit. Die Stelling, der Zugang zum Schiff, geht ein. Die Leinen sind ebenfalls los und ein. Die Schlepper ziehen das Schiff langsam von der Pier. Ein letztes Mal steht die Besatzung geschlossen an Oberdeck. Ein letzter Blick in Richtung Festland. Ein letztes Winken, bis das Schiff nach und nach am Horizont verschwindet.

In meinem neuen Kommando angekommen, wurde mir eine Stube zugewiesen. Diese teilte ich mir mit anderen Soldatinnen, die aus ähnlichen Gründen vorerst nicht zur See fahren konnten. Schon beim Bezug der Stube wusste ich: Nein, das geht nicht. Hier kann ich unter gar keinen Umständen bleiben. Über einen kurzen Zeitraum kann so eine kleine Auszeit bestimmt mal ganz entspannt sein, aber doch bitte nicht über mehrere Monate. Ab diesem Zeitpunkt hatte ich es also selbst in der Hand. Ich studierte die Listen hoch und runter. Diese waren mit so vielen Punkten versehen, dass ich zunächst dachte: »Das werde ich niemals schaffen. Die ganzen Punkte kann ich gar nicht alle abarbeiten. Bis die abgearbeitet sind, ist das Schiff zurück.« Denn um nun wirklich die Genehmigung zu erhalten, brauchte ich zu alledem auch die Zustimmung des obersten Admiralsarztes der Deutschen Marine in der Einsatzflottille. Allein dieser Gedanke war heftig. Hatte ich zuvor doch nie in irgendeiner Weise mit solchen Vorgehensweisen zu tun. Ähnlich wie im beschriebenen Safeguard Procedere mit dem Feuer würde mich das heute wahrscheinlich kaum beeindrucken. Dinge, die wir zum ersten Mal tun, werden automatisch danach einfacher. Und wenn alle Formalitäten vorhanden sind, warum sollte es dann ein Hindernis geben? Wer sollte mich am Nachkommen hindern? Natürlich hatte ich Respekt, im Alleingang durch alle Instanzen zu gehen. Aber ich tat es einfach. Ich dachte nicht über die kleinen Schritte nach. Ich ging sie stattdessen.

Auf dem Weg zur Genehmigung

Unbeirrt und voller Stolz markierte ich jetzt akribisch jeden Punkt, den ich bereits als erledigt abhaken konnte. Zudem markierte ich alles, was mir unmittelbar und ohne große Anstrengung bevorstand. Das sind in der Regel organisatorische Dinge, die uns vor allem Zeit kosten. Und auf einmal sah die Liste schon gar nicht mehr so umfangreich aus.

Ein Punkt war zum Beispiel das Kleiderschwimmen. Das ist eine wichtige, jährlich wiederkehrende Maßnahme, um die körperliche Verfassung der Besatzungsmitglieder zu beurteilen. Früher ging es dafür auf einen Fünf-Meter-Sprungturm. Halleluja, meine Euphorie hielt sich jedes Mal deutlich in Grenzen. Aber da mussten alle durch, wenn wir die Bordeignung erhalten wollten. Also sprang ich. Die Schwimmweste, es handelte sich hierbei um einen Ganzkörperanzug, wurde erst im Wasser angezogen. Zusätzlich wurde im Schwimmbad eine Art Seegang inszeniert. Denn jetzt war es notwendig, sich nicht nur in Klamotten und Ganzkörperschwimmweste fortzubewegen, sondern auch in das nächstgelegene Rettungsboot zu kommen. Das erfordert körperliche Höchstanstrengung und Teamgeist. Heute ist das Verfahren etwas anders. Die Schwimmweste wird schon vor dem Sprung angezogen. Und auch die Schwimmweste ist anders konzipiert.

Als ich den Punkt mit der Schwimmweste auf dem Zettel sah, dachte ich nur: »Mist, jetzt muss ich dafür noch mal einen Termin machen. Wer weiß, wann ich diese Übung selbstständig und ohne eigene Besatzung durchziehen kann.« Ich war allein von dem Gedanken schon fix und fertig. Hier wäre ein immenser Aufwand notwendig gewesen, da sich die Einrichtung nicht in Wilhelmshaven befindet. Aber ich hatte Glück. Meine bereits absolvierte Übung aus dem vergangenen Jahr war noch gültig. Und ernsthaft, ich flippte innerlich regelrecht aus vor Freude. Denn dadurch verlor ich keine wertvolle Zeit und konnte mich auf die nächsten Punkte konzentrieren. Zwischendrin putzte ich und ging hin und wieder zum Dienstsport. Ich meldete mich morgens wie befohlen und füllte meinen Tag mit meinen eigenen Aufgaben. Ein Tagesdienst im Tagesdienst quasi. Dafür bin ich meinen damaligen Vorgesetzten noch heute sehr dankbar. Denn ich konnte schalten und walten, wie ich wollte. Mir wurden an dieser Stelle keine Steine in den Weg gelegt.

Was stand als Nächstes auf dem Zettel? Jetzt war es wichtig, einen Schiffsarzt zu finden, der mich untersuchte und mir bestätigte, dass ich auf jeden Fall mit einer Ausnahmegenehmigung uneingeschränkt zur See fahren durfte. Also jemanden, der mich betreute. Keine leichte Aufgabe, einfach auf ein anderes Schiff zu gehen und zu sagen: »Entschuldigung, können Sie mir bitte dabei helfen, mich ins Einsatzgebiet zu bringen?« Zumal die im Hafen liegenden Schiffe auch einen geregelten Jahresplan mit Abwesenheitstagen haben. Ich brauchte also ein Schiff, das jetzt mindestens ein paar Tage oder besser noch Wochen vor Ort war und auf dem der Posten des Schiffsarztes auch besetzt war. Das herauszufinden kostete ebenfalls viel Energie. Ich musste meine Geschichte immer wieder erklären und auf Verständnis hoffen. Denn jede Instanz, die ich durchlief, hätte am Ende das Aus bedeuten können. Aber so kam es nicht. Gut für mich. Ich begegnete einer Ärztin, die mich ebenso schnell unterstützte, wie ich mich um all das Ganze kümmerte. Ich bekam meine Papiere und die Medikamentenversorgung war ebenfalls sichergestellt. Alles, was jetzt noch fehlte, war eine letzte Unterschrift. Eine letzte Unterschrift auf dem wohl wichtigsten Schriftstück.

Ich kann gar nicht genau sagen, woher die ganze Energie zu all dem kam, aber ich war einfach nur von Grund auf motiviert. Der Kontakt zum Schiff konnte währenddessen lediglich über E-Mail erfolgen. Somit gab es meist einen Zeitverzug und keine Möglichkeit zu direktem Feedback oder Austausch. Ich ging mit all meinen Unterlagen unterm Arm zum Büro des obersten

Entscheiders. Natürlich sprach ich nicht persönlich mit ihm. Aber die Mappe mit den Papieren war übergeben. Ich sah mich gedanklich schon längst im Flieger sitzen. Ich konnte es regelrecht fühlen. Bis hierher gab es keine Anzeichen, dass es nicht klappen könnte. So sollte es schlussendlich auch sein: Ich erhielt innerhalb kürzester Zeit meine Ausnahmegenehmigung. Die Genehmigung, um weiterhin an Bord einer Fregatte meinen Dienst verrichten zu dürfen, und die Berechtigung, unter bestimmten Auflagen unverzüglich ins Einsatzgebiet nachfliegen zu können. Und ich? Ich ließ mich nicht lange bitten. Jetzt konnten endlich die Schritte erledigt werden, die mir das Gefühl gaben, wieder dazuzugehören. Flüge mussten gebucht werden. Das Schiff und meine Vorgesetzten mussten per E-Mail über die erfreuliche Nachricht informiert werden. Bis ich dann tatsächlich im Flugzeug nach Afrika, konkret nach Dschibuti, saß, vergingen noch mal ein paar Tage. Das lag allerdings nur an den wenigen verfügbaren Flügen. Ab diesem Zeitpunkt war ich aber richtig tiefenentspannt. Die ganze Aufregung, die ganze Ungewissheit, wie es weitergeht, war wie weggeblasen. Ich fühlte mich fantastisch. Was glauben Sie, in welchem Zeitraum sich das Ganze abgespielt hat? Wie lange habe ich mich bei den ausgeschifften Soldaten aufgehalten? Ich kann mir gut vorstellen, dass es zeitlich gar nicht so leicht einzuschätzen ist.

Zwischen zwei Meeren – Navigation durch den Suezkanal

Die Route des Schiffes verlief inzwischen von der Nordsee hinüber nach Frankreich, Spanien und Portugal, weiter über die Straße von Gibraltar, über den engsten Punkt zwischen Europa und Afrika, durchs Mittelmeer bis zum Suezkanal. Der Suezkanal ist, ähnlich wie der Panamakanal in Südamerika, einer der wichtigsten Schifffahrtskanäle der Welt. Wichtig für den Welthandel und wichtig aus Zeitgründen. Denn dadurch ersparen sich Schiffe den extremen Umweg in den Indischen Ozean über den Nordatlantik. Die Route bin ich mit dem Schiff auch schon gefahren. Es ist eine unglaublich lange Route. Allein 12 % des weltweiten Seehandels erfolgt über den Suezkanal. Heute hat er eine Länge von knapp 200 Kilometern. Hier durchzufahren ist für Schiff und Besatzung nicht ganz ungefährlich.

Zunächst einmal wird dem Schiff ein Warteplatz vor dem Kanal zugewiesen. Und vor der Kanaleinfahrt ist es meist richtig voll. Man könnte fast sagen, es gibt einen Stau auf See. Die Schiffe werden am nächsten Morgen in einer Art Konvoi durch den Kanal geführt. Aufgrund der Kanalenge und der fehlenden Ausweichmöglichkeiten ist jetzt die gesamte Besatzung gefordert. Die Schutzmaßnahmen an Bord werden während der Durchfahrt erhöht. An Oberdeck wird z. B. zusätzliches Personal gestellt. Dieses behält vor allem die Umgebung und die Anlegestellen im Blick. Zudem dürfen Militärs keine Stopps einlegen und müssen den Kanal in einem Durchgang passieren. Auch muss jedes Schiff eine Gebühr entrichten. Diese bewegt sich locker im mittleren sechsstelligen Bereich, pro Durchfahrt.

Wie Sie sehen, zur See zu fahren und von einem Weltmeer ins nächste zu wechseln, das ist gar nicht so einfach.

Vielleicht können Sie es sich in etwa vorstellen, wie lange das Schiff nun vom Heimathafen bis zum Suezkanal ungefähr gebraucht hat.

Inzwischen hielt ich meine Flugtickets in der Hand. Alle Taschen und Koffer waren gepackt. Ich machte mich auf den Weg nach Dschibuti. Das war übrigens auch der Ort, der für den Auslandseinsatz zum Anlaufhafen Nummer eins wurde. Insgesamt siebenmal sind wir hier in sechs Monaten eingelaufen. Und mein Flieger sollte direkt in Dschibuti landen. Vorhin erwähnte ich schon einmal kurz, dass die Kommunikation nicht sehr gut lief. Die Technik war auf einem ganz anderen Niveau, als wir es heute gewohnt sind. Somit wusste ich gar nicht so genau, wie es nach meiner Landung in Dschibuti weitergehen sollte. Wer wird mich abholen? Den Flughafen einen Flughafen zu nennen, wäre damals übertrieben gewesen. Bevor ich endgültig ins Flugzeug stieg, informierte ich mich noch ausgiebig über die Gegebenheiten vor Ort. Sehr hohe Temperaturen, kulturelle Unterschiede. Aus Respekt hielt ich mich an die Hinweise und kleidete mich entsprechend. Dann ging es los. Air France brachte mich nach Afrika. In Kürze würde ich wieder auf die Besatzung treffen, die ich beim Auslaufen nur aus der Ferne verabschiedet hatte und die ich inzwischen einfach nur vermisste. Der Flug verging zum Glück gefühlt sehr schnell. Da das Fliegen nicht meine Lieblingsbeschäftigung ist, war ich sehr erleichtert, als die Maschine endlich auf afrikanischem Boden aufsetzte.

Jetzt ging alles ganz schnell. Ich versuchte, mich zu orientieren. Der Weg vom Flieger über das Rollfeld zum kleinen Abfertigungsgebäude war wirklich mitten im Nichts. Im Nichts von Wüste, einer Affenhitze und wieder im Nichts. In dem Moment sah ich ihn schon auf mich zukommen: Tilo Kalski. Da war er wieder, mein Vorgesetzter und Mentor. Er holte mich an jenem Tag wirklich vom Flughafen ab. Ich hatte keine Ahnung, dass er es sein würde. Umso größer war die Freude über das Wiedersehen. Auf der einen Seite hatte ich solch einen Respekt, auf der anderen Seite hätte ich vor Freude losheulen können. Damit hatte ich nicht gerechnet. Diese Wertschätzung mir gegenüber habe ich bis heute nicht vergessen.

Ich hatte schon immer ein starkes Werteempfinden. Vertrauen, Gerechtigkeit, Zusammenhalt. Werte, die nie ihre Gültigkeit verlieren. Werte, die eine Basis für ein kollegiales Umfeld schaffen. Durch ihn werde ich immer wieder an diese Art des Führens, des menschlichen Miteinanders erinnert. In schwierigen Situationen frage ich mich heute noch manchmal: »Wie würde er jetzt reagieren? Was würde Tilo in diesem Fall machen?« Wir hatten wahrlich viele Erlebnisse an Bord, die in einer Gemeinschaft auf See anders zu handhaben sind als an Land. Dennoch ist der Kern von aufrichtiger Führung überall gleich.

Wer an Bord keine faire Person ist, wird es an Land ebenso wenig sein. Wer sich nur in bestimmten Momenten augenscheinlich korrekt und fördernd verhält, hinter verschlossenen Türen aber die cholerische Sau rauslässt, der ist schlichtweg keine gute (Führungs-)Person. Somit ist der Mensch als Individuum selbstverständlich überall als gleichwertig zu betrachten und wahrzunehmen. Das sollte der Anspruch einer jeden Führungskraft sein. Das sollte der Mindestanspruch an sich selbst sein.

Triumph der Hartnäckigkeit

Innerhalb von nur zweieinhalb Wochen erhielt ich meine Ausnahmegenehmigung, um wieder zur See fahren zu dürfen. Und nach nur drei Wochen landete ich in Dschibuti.

Das Schiff hatte zu diesem Zeitpunkt den Transit ins Einsatzgebiet bereits hinter sich gebracht. Wir sind quasi fast gleichzeitig unten angekommen. Die Besatzung über den Seeweg, ich über Luftlinie. Zurück an Bord wurde ich mit Willkommensgrüßen, vor allem aus dem eigenen Abschnitt, geradezu überhäuft. Die Freude war groß. Natürlich auch, weil mein Posten nicht nachbesetzt worden war und endlich Unterstützung kam. Es war einfach nur schön. Auch das gehört zum Teamgedanken dazu: gemeinsam Herausforderungen zu meistern.

Noch am selben Abend stieg eine kleine Willkommensparty. Das mag für Sie aus sicherer Distanz vielleicht etwas übertrieben erscheinen. Allerdings ist es kein leichter Weg, in so kurzer Zeit einsatzfähig zu werden. Mit mir sind noch einige andere Kameraden aus verschiedenen Gründen vor dem Auslandseinsatz ausgeschifft worden. Ich war demnach sogar mit Kameraden vom Schiff in Wilhelmshaven geblieben. Doch keiner meiner Kameraden folgte. Ich war das einzige

Besatzungsmitglied, das den Weg über die Ausnahmegenehmigung ging und in den Einsatz nachgeflogen wurde. Ich habe es nie bereut.

Ein seegehendes Resümee: Führung im Fokus

Die letzten Wochen und Monate waren für mich eine beispiellose Reise des persönlichen Wachstums. Eine Reise, die meine Überzeugungen über Führung und Selbstbestimmung durch das Schreiben dieses Buches noch einmal vertiefte. Im Herzen der Deutschen Marine, als eine der ersten Frauen in einer überwiegend männlichen Umgebung, war mir schon sehr früh klar, dass die Kernprinzipien von Führung – Klarheit, Fürsorge, Kommunikation und gegenseitiger Respekt – universell sind.

Echte Führung bedeutet bei Weitem nicht, Befehle zu erteilen, sondern das Vertrauen und die Loyalität der Menschen zu gewinnen. Es geht darum, für andere da zu sein und ihnen besonders in unsicheren Zeiten zur Seite zu stehen. Das war nicht immer einfach und ich musste oft gegen Widerstände und Zweifel ankämpfen. Der Stolz, in der Marine gedient zu haben, und die tiefe Wertschätzung für die Führungskompetenzen, die ich dort erworben habe, sind unermesslich.

Meine Geschichte ist ein Zeugnis dafür, wie wichtig Durchhaltevermögen, der Glaube an sich selbst und gute Führung sind. Ich hoffe, dass mein Weg noch viele Menschen inspirieren wird.

KAPITEL 1

GRUNDLAGEN ZEITGEMÄSSER FÜHRUNG

Vom Vorgesetzten zum Vorbild

Erst in den kritischen Momenten an Bord wurde mir bewusst, was Führung und Macht wirklich bedeuten. Die Führung von Menschen, die weit darüber hinausgeht, lediglich Anweisungen zu erteilen oder Richtlinien festzulegen, ist vielmehr ein aufeinander aufbauendes System. Wir können das Feld nicht von hinten aufrollen und erwarten, dass wir als Führungsperson ab Tag eins alles im Griff haben. Wir können nicht erwarten, dass uns das Team sofort und uneingeschränkt folgen wird. Auch können wir nicht voraussetzen, dass wir sofort eine Einheit bilden. Ebenso wenig wird sich automatisch Vertrauen einstellen. Wir müssen zunächst mit unseren Kompetenzen und unserem Einfühlungsvermögen dafür sorgen, dass sich ein Vertrauensverhältnis aufbauen kann. Als Führungskraft bin ich bereits jetzt in der Verantwortung, für ein Umfeld zu sorgen, wo all das möglich werden kann. Das mag für Sie jetzt vielleicht etwas überspitzt erscheinen, aber wenn Sie sich bis zu Ihrem Antritt als Führungskraft bisher keine Gedanken darüber gemacht haben, empfehle ich gern, dies jetzt in Ihre Gedanken einzubeziehen.

Gerade in schwierigen Zeiten zeigt sich der wahre Charakter einer Führungskraft. Wie oft sind wir begeistert von Menschen, die uns offen und selbstsicher entgegentreten. Die wir als aufrichtig und ganzheitlich denkend wahrnehmen. Kennen Sie solche Persönlichkeiten? Ich denke, wir alle haben solche Personen jetzt definitiv vor Augen. Können Sie mir auch sagen, wie diese Personen reagieren, wenn etwas Unvorhergesehenes passiert? Wie würde deren Verhaltensportfolio aussehen? Was macht eine Stresssituation mit uns Menschen? Zu wem werden wir in diesem Moment? Das sind Fragen, die wir uns sehr gern selbst stellen und beantworten dürfen.

Darum sage ich auch gern: »Wir werden erst in Ausnahmesituationen sehen, wie Personen wirklich reagieren.« Wie oft habe ich es selbst erlebt, dass ich zu 100 % sicher war, dass diese oder jene Führungskraft in Ausnahmesituationen einen kühlen Kopf bewahren würde – und dem war nicht so. Was der Körper mit uns macht, wenn wir mit Stresssituationen konfrontiert sind, und wie wir damit besser umgehen können, dazu kommen wir in den nachfolgenden Kapiteln noch ausführlicher. Nur sei schon einmal so viel gesagt: Wir haben es immer selbst in der Hand, ob wir in schwierigen Situationen ruhig und mit Bedacht handeln wollen oder nicht.

Wir selbst entscheiden uns dazu. Das gilt übrigens für alle Ebenen – für Mitarbeiter genauso wie für Führungskräfte. Wie widerstandsfähig ist die Person, die aktuell die Verantwortung für ein Team trägt? Und wie widerstandsfähig sind alle Teammitglieder? Auch das ist die Aufgabe der Führungskraft, dies mit der Zeit herauszufinden und ihre Teammitglieder entsprechend einzusetzen.

An dieser Stelle möchte ich kurz an meine Einstiegsgeschichte anknüpfen. Es hilft uns nicht, Dinge zu beschönigen und Wahrheiten nicht auszusprechen. Sie schützen damit nicht Ihr Umfeld, sondern Sie schaden ihm. Denn in dem Moment, in dem wir nicht korrekt und offen kommunizieren, werden wir keine realen Ergebnisse erzielen können. Hier zeigt sich bereits deutlich, ob Sie lediglich Anweisungen geben oder ein echtes Vorbild sind. Ein Vorbild zu sein bedeutet nicht nur, eine Richtung vorzugeben, sondern auch mit Integrität, Vertrauen und Empathie zu handeln:

a **Integrität:**
Integrität steht für Ehrlichkeit und Gradlinigkeit. Als Vorbild müssen wir uns konsequent und aufrichtig verhalten. Nur so können alle Teammitglieder darauf vertrauen, dass Entscheidungen transparent und fair getroffen werden.

b **Vertrauen:**
Ein Vorbild zu sein bedeutet, Vertrauen sowohl zu geben als auch zu verdienen. Erst gegenseitiges Vertrauen schafft ein Umfeld, in dem die Teammitglieder bereit sind, Risiken einzugehen. Sie werden außerdem eher kreative Lösungen vorschlagen und offen mit Ihnen kommunizieren, weil sie wissen, dass sie unterstützt werden.

c **Empathie:**
Durch Empathie zeigen wir Verständnis und Mitgefühl für die Bedürfnisse und Gefühle anderer. Ein empathisches Vorbild kann sich in seine Mitarbeiter hineinversetzen. Das wiederum führt zu einer stärkeren Bindung und Zusammenarbeit im Team.

Wir dürfen uns zu jeder Zeit daran erinnern, dass sich Menschen weniger an Worten als an Taten orientieren, nämlich an Ihren Taten.

Nehmen wir einmal an, Sie haben die Leitung eines Teams übernommen. Lassen Sie uns diesen Moment genauer betrachten: Wie stellen Sie sich Ihrem neuen Team vor? Stellen Sie sich vor und erzählen erst einmal mit voller Überzeugung, wer Sie sind und was Sie bis hierher alles geleistet haben? Oder sind Sie gewillt, zunächst Ihrem Team zuzuhören und dieses kennenzulernen?

Vielleicht erscheinen Ihnen meine Fragen hin und wieder etwas suspekt oder Sie fühlen sich sogar davon getriggert. Beides ist absolut in Ordnung und wird Ihnen dabei helfen, sich selbst besser zu verstehen. Das kann Ihnen mit diesem Buch noch öfter passieren. An vielen Stellen in diesem Buch werden Fragen zum aktuellen (Kapitel-)Thema auftauchen, die Sie unterstützen und in die Selbstreflexion bringen sollen. Erst wenn wir selbst wissen, wer wir sind und wo wir hinwollen, können wir auch andere Menschen führen.

Nicht nur Selbstreflexion spielt beim Führen von Menschen eine große Rolle, sondern auch das Nachahmen, also das unbewusste Kopieren von Verhaltensweisen seitens der Teams, Mitarbeiter oder Kollegen. Wie oft haben wir den Satz gehört: »Kinder sehen mehr, als wir denken, und ahmen nach, was sie sehen«? Diese Weisheit, um noch mal auf das Thema Handeln zurückzukommen, verliert auch im Erwachsenenalter nicht an Gültigkeit. Unser Gehirn ist so programmiert, dass es unbewusste Verhaltensweisen nachahmt. Was wir beobachten, nehmen wir an. Somit haben wir eine deutliche Erklärung dafür, warum wir Menschen unbewusst ähnlicher werden.[4]

Wenn Sie sich z. B. in Ihrem Freundeskreis umschauen, ist Ihnen bestimmt schon aufgefallen, dass sie sich alle ähnlich kleiden, die gleichen Interessen verfolgen und sich über die Jahre immer mehr angleichen. Genauso ist es auch im beruflichen Umfeld.

Solch eine Nachahmung aufgrund unseres Verhaltens lässt sich noch besser anhand der X-Y-Theorie von Douglas McGregor beschreiben. Der Sozialpsychologe entwickelte in den 1960er Jahren die Theorien X und Y als zwei grundsätzlich unterschiedliche Ansichten von Führungspersonen in Bezug auf ihre Untergebenen. McGregor argumentierte, dass Führungskräfte entweder mit einer X- oder Y-Haltung auf ihre Mitarbeiter blicken würden. Das wiederum kann das Führungsverhalten erheblich beeinflussen. Die Theorie besagt nämlich, dass die Y-Führung als moderner und förderlicher angesehen, während die X-Führung oft als veraltet und weniger effektiv betrachtet wird. Demnach steuert eine Führungskraft entweder ein positives Verhalten oder ein nicht positives Verhalten.[5]

Theorie X geht davon aus, dass Mitarbeiter im Allgemeinen faul sind, ihre Arbeit vermeiden wollen und ständig überwacht und kontrolliert werden müssen. Hierbei wird angenommen, dass externe Kontrolle oder Zwang nötig sind, um die Mitarbeiter zur Arbeit zu motivieren.

Theorie Y ist das genaue Gegenteil und geht davon aus, dass Mitarbeiter in der Regel ehrgeizig sind, ihre Arbeit gern machen und Verantwortung übernehmen wollen. Hierbei wird angenommen, dass die Arbeit für sie so natürlich ist wie ihre Freizeitgestaltung. Unter den richtigen Bedingungen sind sie selbstmotiviert und kreativ.

Eine weitere Erklärung, warum wir unserem Umfeld ähneln bzw. wir uns unbewusst den Personen um uns herum angleichen, sind Spiegelneuronen. Spiegelneuronen sind spezialisierte Neuronen in unserem Gehirn, die sowohl dann aktiviert werden, wenn wir eine Handlung ausführen, als auch dann, wenn wir jemand anderen diese Handlung ausführen sehen. Sie sind beispielsweise der Grund dafür, warum wir Gähnen ansteckend finden und warum wir uns in einem spannenden Film so sehr mit der Hauptfigur identifizieren können. Wir gleichen uns an. Wir übernehmen automatisch Denkweisen, Ansichten und Handlungen.[6]

Die Relevanz von Spiegelneuronen in der Führung sollte nicht unterschätzt werden. Bedienen Sie ein negatives Umfeld und sprechen als Führungskraft ausschließlich negativ, wird sich dieses Verhalten ganz unweigerlich auf Ihr Team übertragen. Haben Sie einen cholerischen Führungsstil oder legen Sie ein unethisches Verhalten an den Tag, wird Ihr Team dieses Verhalten früher oder später übernehmen. Unsere Umgebung wird zu einem Spiegelbild unseres eigenen Verhaltens. Dies kann zu einer toxischen Arbeitsumgebung führen, in der Negativität, Missgunst und ineffiziente Arbeitsweisen zum Standard werden.

Im Gegensatz dazu kann eine positive, empathische und integre Führungskraft ein Arbeitsumfeld schaffen, in dem Mitarbeiter sich unterstützt und motiviert fühlen. Das Verhalten der Führungskraft wird zum Vorbild für das gesamte Team. Hierin liegen eine große Verantwortung und eine große Chance, dieses zu erkennen und umzusetzen. Wer die Macht der Spiegelneuronen erkennt und diese für sich zu nutzen weiß, öffnet Türen zu einem Arbeitsumfeld, in dem Menschen aus Leidenschaft und Überzeugung zusammenkommen.

Authentizität – Die Brücke zum Vertrauen mit dem SELF-Modell

Mangelnde Authentizität kann in dem anspruchsvollen Umfeld eines Marineschiffes und der damit einhergehenden Enge schnell zu Misstrauen und Spannungen führen. Authentizität ist nicht nur eine Tugend, sondern auch eine Notwendigkeit. Sie kann mitunter die gesamte Besatzung sowohl in der Teamdynamik als auch in der Effizienz erheblich beeinträchtigen.[7] In Büros und auch im Homeoffice können wir uns zum Teil abschotten. Nicht immer sind wir rund um die Uhr abrufbar und müssen uns ganz zeigen. Wir schließen die Türen und beenden unseren Arbeitstag nach Feierabend. Wir gehen nach Hause und führen unser privates Leben weiter. Ohne Einblicke von außen. Das geht auf einem Schiff nicht. Über Wochen und Monate hinweg teilen wir uns Räumlichkeiten, die so klein sind wie manch eine Abstellkammer. Wir atmen dieselbe Luft, die uns die Luftzirkulation der Klimaanlagen zur Verfügung stellt, und sitzen buchstäblich alle in einem Boot (Fregatte in meinem Fall). Und es führt kein Weg daran vorbei, sich nicht zu zeigen. Wir können uns nicht vor unserer eigenen Wahrheit verstecken.

Das Großartige daran? Jetzt können und dürfen auch die letzten Masken fallen. Das klingt total dramatisch, ist am Ende jedoch nur die Wahrhaftigkeit der eigenen Persönlichkeit. Jedes Besatzungsmitglied an Bord lernt jeden anderen Seefahrer in seiner rohesten und unverfälschtesten Form kennen. Als meine Zeit in der Marine begann und ich zum ersten Mal zur See fuhr, erkannte ich schnell: Wir sind, was wir sind. Natürlich versuchen wir, uns anfangs noch zaghaft anzupassen und unserer Authentizität nicht gänzlich freien Lauf zu lassen, aus Selbstzweifel, was die anderen wohl über uns denken könnten. Allerdings kann dies über einen längeren Zeitraum nicht aufrechterhalten werden. Diese direkte und unverblümte Ehrlichkeit wurde zum Grundpfeiler meiner eigenen Führungsphilosophie. Meine Erfahrung zeigt mir, dass Menschen nicht nach Perfektion suchen, sondern nach Echtheit. Sie wollen wissen und spüren, dass die Menschen, die sie anführen, real sind – mit all ihren Stärken und Schwächen.

Auch heute kann ich nicht gänzlich von mir behaupten, dass ich immer zu 100 % authentisch bin, aber zumindest merke ich sehr schnell an meinen eigenen Reaktionen, ob ich gerade authentisch war oder nicht. Selbstverständlich hatte ich auf dem Schiff auch mal weniger authentische Momente, besonders als ich junge Menschen zu Beginn meiner Karriere ausbildete und sie z. B. in Ausbildungszügen an Bord anleitete. Natürlich habe auch ich nicht immer richtig reagiert und die ein oder andere Fehlentscheidung getroffen. Manche dieser Situationen konnte ich im Nachhinein auflösen, was es wieder authentisch machte, da ich die Gespräche suchte. Andere Situationen wiederum ließen sich nicht immer aufklären. Dann war es zumindest eine Lernerfahrung für mich. Letztendlich zählt, wer wir sind und wie wir uns selbst in den unterschiedlichsten Situationen reflektieren.

Die Frage, die wir uns jetzt stellen können, ist: Wie übertragen wir diese rohe Authentizität, die in der Ganzheitlichkeit eines Schiffes fast selbstverständlich ist, auf andere Arbeitsumgebungen? Wie stellen wir sicher, dass wir nicht nur als Führungskräfte, sondern auch als Menschen gesehen werden?

Zunächst einmal bedarf es hier Mut. Wir brauchen Mut und Selbstvertrauen, um uns offen und authentisch zeigen zu können. Dieses Selbstvertrauen können wir nicht von außen beziehen, wir können es uns nur selbst geben und aufbauen. Da es heute noch viel wichtiger erscheint, selbstsicher und authentisch aufzutreten, lastet manchmal auch ein enormer Druck auf uns, all den Erwartungen an unsere Person standhalten zu können. Für Führungskräfte sind die Erwartungshaltungen mittlerweile immens. Die sozialen Medien pushen diese Haltung unweigerlich hoch. Dass das manchmal beängstigend und erdrückend sein kann, ist nachvollziehbar. Und erst wenn wir all dem gerecht werden, können wir Vertrauen zu unseren

Teams aufbauen? Ganz so radikal ist es natürlich nicht. Wir müssen nicht erst vermeintlich perfekt sein, bevor uns das Team oder die Kollegen vertrauen. Wie eingangs erwähnt, spielt die persönliche Haltung, sich echt zu zeigen, mitunter bereits die wichtigste Rolle. Führung ist komplex und wir haben unglaublich viele Ansätze, die wir berücksichtigen müssten, um auch nur annähernd an diesen Perfektionismus heranzukommen. Selbst dann würde uns nicht jeder, der uns gegenübersteht, als perfekt bezeichnen. Einfach, weil wir alle verschieden sind. Was für den einen perfekt ist, erreicht und berührt den anderen vielleicht gar nicht. Aufgrund dieser Komplexität greife ich Mut und Selbstvertrauen später noch einmal in den Folgekapiteln auf und stelle sie detaillierter dar.

Wenn wir nun von Offenheit und Authentizität sprechen, müssen wir hier zunächst unterscheiden. Denn Offenheit ist nicht das Gleiche wie Authentizität.

Authentizität – Mehr als nur Offenheit

In der heutigen Zeit zeigen uns die sozialen Medien Tag für Tag unzählige dieser »echten Momente« und »authentischen Geschichten«. Sie glauben, das alles ist wahr? Das Konzept der Authentizität ist in der heutigen schnelllebigen Zeit, die von online getriebenen Trends und Veränderungen geprägt ist, in Gefahr. Ja, es ist sogar völlig überstrapaziert und mittlerweile zum Teil entwertet worden. Aber was bedeutet Authentizität wirklich, insbesondere in einem Führungskontext?

Schauen wir uns einmal die wahre Bedeutung von Authentizität an:

Authentizität stammt von dem griechischen Wort »authentikos«. Das bedeutet so viel wie »original« oder »echt«. Im Kontext von Führung bedeutet Authentizität, dass Sie sich selbst treu bleiben, Ihre Werte leben und Ihre wahren Gedanken und Gefühle mit anderen teilen. Somit gelangen wir wieder an den Ausgangspunkt zurück – sich selbst zu erkennen, zu akzeptieren und auszudrücken. Obwohl Authentizität und Offenheit oft Hand in Hand gehen, sind sie nicht dasselbe. Menschen können offen über ihre Meinungen und Gedanken sprechen, ohne dabei zwangsläufig authentisch zu sein. Wie ist das möglich?

Stellen Sie sich einmal folgendes Szenario vor: Ein Manager spricht offen darüber, was in seinem Team schiefgelaufen ist, allerdings nicht über die Verantwortung, die er an dem Szenario hat. Er übernimmt nicht aktiv die Verantwortung für das Problem, sondern schreibt es vielmehr dem Team zu. Kennen Sie solche Herangehensweisen? Ich denke, diese oder ähnliche Momente kennen wir alle. Er mag zwar offen in seiner Kommunikation gewesen sein, aber er ist nicht authentisch im Umgang mit dem Problem und vermutlich auch nicht mit der Problemlösung. Der Manager hat nicht die volle Wahrheit über seine Rolle in der Situation ausgesprochen und das Team hat mitunter ein weiteres Problem: ein Vertrauensproblem.

Sie ahnen vermutlich bereits, warum es unerlässlich ist, sich nicht nur offen, sondern auch authentisch zu zeigen – die Authentizität einer Führungskraft fördert Vertrauen und Respekt unter den Teammitgliedern. Wenn Mitarbeiter spüren, dass ihr Vorgesetzter echt und aufrichtig ist, sind sie viel eher bereit, offen zu kommunizieren. Allein die Bereitschaft, Risiken einzugehen, steigt automatisch. Menschen haben mitunter auch mehr Freude daran, sich neuen Herausforderungen zu stellen. Unterstützen Sie diese Methoden bewusst.

Authentizität in der Praxis

Authentizität im Führungskontext bedeutet nicht, dass Sie ständig Ihre innersten Gefühle und Gedanken teilen müssen. Es geht auch nicht darum, immer emotional offen und verfügbar zu sein. Es geht darum, in der Kommunikation ehrlich und transparent zu sein und sich den eigenen Werten und Überzeugungen verpflichtet zu fühlen. Authentizität in der Führungsrolle bedeutet auch, konsequent zu sein. Ihre Handlungen sollten Ihre Worte widerspiegeln. Wenn Sie beispielsweise von Teamarbeit sprechen, sollten Sie selbst ein Teamplayer sein und nicht einzelne Mitarbeiter bevorzugen. Sie werden es an den Ergebnissen und dem Miteinander erleben, wenn Sie diese Punkte beherzigen und umsetzen. Im Rahmen dieses Kapitels habe ich während meines Schreibprozesses ein kleines Modell für Sie entwickelt. Dieses Modell kann Ihnen dabei helfen, sich selbstreflektiert offen und gleichzeitig authentisch zu zeigen und sich den Herausforderungen zu stellen, die Ihre Position als Führungskraft an Sie stellt.

Das SELF-Modell: Während meiner Zeit als Marinesoldatin und durch verschiedene Führungserfahrungen wurde mir schon früh klar: Wir brauchen mehr Authentizität. Der Kompass kann Ihnen helfen, Ihr wahres Naturell in Ihren Führungsstil zu integrieren. So werden Sie nicht nur einfach als Vorgesetzter wahrgenommen, sondern auch als Vorbild.

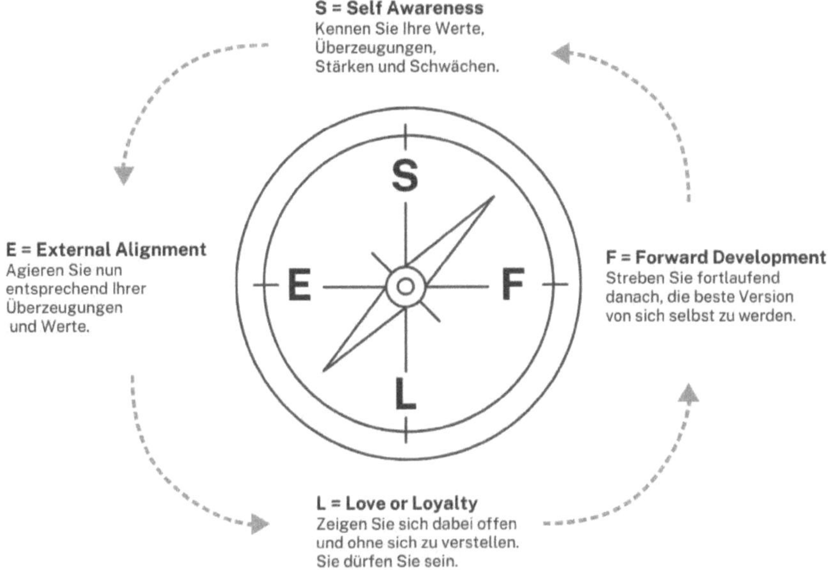

INTERVIEW 1

mit Hans-Christian Witthauer – Aktuelle Einblicke in Führungsparadigmen

Vorstand der Bayerischen Verwaltungsschule, Autor, ehem. Generalstabsoffizier

Das erste Interview für dieses Buch habe ich mit Hans-Christian Witthauer geführt. Er ist ehemaliger Generalstabsoffizier und bekleidete unter anderem Positionen im Bundesministerium der Verteidigung (BMVg). Nach seiner militärischen Laufbahn baute er die Führungsakademie der Bundesagentur für Arbeit auf. Knapp 5000 Führungskräfte haben das Trainingsprojekt »In Führung gehen« absolviert. Heute treibt Hans-Christian Witthauer weitere wichtige Digitalisierungsprojekte akribisch voran. Das Interview zeigt uns verschiedene Blickwinkel und Führungsansätze für den sofortigen Gebrauch.

Eva Engel: *Was ist besonders wichtig, wenn wir von Führung sprechen?*

Hans-Christian Witthauer: In Bezug auf Führung bin ich der festen Überzeugung, dass Wertschätzung eine zentrale Rolle spielt. Der Begriff »Human Resources« mag in gewisser Weise umstritten sein, da die Vorstellung, den Menschen als

Ressource zu betrachten, diskutiert wird. Jedoch sehe ich darin tatsächlich ein wesentliches, unersetzbares Element. Wenn wir über Führung und Verantwortung sprechen, ist Wertschätzung für mich einer der wichtigsten Aspekte.

Eva Engel: *Gibt es einen Unterschied in der Wertschätzung zwischen Militär und Wirtschaft?*

Hans-Christian Witthauer: Ja, ich sehe definitiv einen klaren Unterschied in dieser Hinsicht. Zwischen dem Militärischen und dem Zivilen gibt es zwei signifikante Unterscheidungsmerkmale. Beim Militär steht die Kameradschaft im Vordergrund, die sogar im Soldatengesetz verankert ist. Im zivilen Bereich hingegen sprechen wir von Kollegen. Die Präsenz eines Kameraden im militärischen Umfeld, der auch rechtlich in einem Kameradschaftsverhältnis steht, reflektiert meiner Ansicht nach viel mehr. Es spiegelt Aspekte wie Wertschätzung und Vertrauen wider. Sowohl in Bezug auf diejenigen, die man führt, als auch in umgekehrter Richtung, wenn man selbst geführt wird. Hierbei sind das Vertrauen in die Führungskraft und die gegenseitige Wertschätzung von entscheidender Bedeutung. Dieses dynamische Spannungsfeld durchzieht das gesamte Führungsumfeld.

Eva Engel: *Wie könnte das in der Wirtschaft vorangetrieben werden?*

Hans-Christian Witthauer: Es reicht bei Weitem nicht aus, etwas auf ein Stück Papier zu schreiben, sei es ein Leitbild oder Sonstiges. Das Wichtige ist, dass wir diese Grundsätze nicht nur theoretisch akzeptieren, sondern auch aktiv leben. Wenn wir nicht bereit sind, sie anzunehmen und danach zu handeln, verliert das Geschriebene jeglichen Wert. Ich bin der festen Überzeugung, dass zahlreiche Faktoren in den Streitkräften eine besondere Atmosphäre schaffen. Diese Faktoren führen dazu, dass Menschen näher zusammenrücken. Kollektive Erfahrungen, sei es im Auslandseinsatz oder durch gemeinsam durchgestandene Entbehrungen, schmieden enge Bindungen. Selbst in vermeintlich simplen Situationen, wie einem Marsch, bei dem vielleicht der eine Kamerad dem anderen die letzten Meter mit dessen Rucksack hilft, entstehen besondere Bande.

Auch zeremonielle Anlässe, wie beispielsweise Beförderungen, haben eine tiefere Bedeutung. Wenn eine Beförderung vor dem ganzen Team, oft vor Ort vor der sogenannten Front, erfolgt und symbolisch zelebriert wird, betont dies die Bedeutung des Zusammenhalts und der Anerkennung. Solche Elemente sind im zivilen Umfeld weniger präsent. Formale Strukturen, die sich mit Fragen der Führung, der Führungsverantwortung und der individuellen Stellung auseinandersetzen, sind seltener anzutreffen. Diese spezielle Art von Gemeinschaftsgefühl, aufeinander angewiesen zu sein und einander wirklich zu kennen, scheint meiner Meinung nach im zivilen Umfeld überwiegend zu fehlen.

Eva Engel: *Wie können wir den Teamgeist im Berufsalltag positiv beeinflussen?*

Hans-Christian Witthauer: In traditionellen Bürotätigkeiten sehe ich sicherlich weniger direkte Anlässe für eine intensive Teamdynamik. Allerdings sind heute zahlreiche Möglichkeiten vorhanden, um gezielt an Teambildung zu arbeiten. Wenn wir uns aktiv mit dem Begriff »Teambildung« beschäftigen, finden wir schnell eine Vielzahl von Angeboten, die darauf abzielen, Teambildung und -entwicklung zu fördern. Der Seminarmarkt ist hierbei ein wichtiger Faktor, der solche Prozesse unterstützen kann.

Eine Methode, die ich persönlich anwende und empfehle, ist, die bewusste Zeit für das Team einzuplanen. Wenn ich beispielsweise ein neues Team habe oder Teams in meiner Organisation neu formiert werden, schlage ich vor, sich zwei bis drei Tage Zeit zu nehmen. Als jemand, der in München ansässig ist, ziehe ich gern das Bild einer Berghütte heran. Dort können sich Teammitglieder wirklich zusammensetzen, ohne Ablenkung. In diesem Rahmen können sie ihre Visionen, Ziele und Vorgehensweisen besprechen. Auch wenn sich dies nicht mit einer Extremsituation vergleichen lässt, wie es im militärischen Kontext manchmal der Fall ist, kann so dennoch eine starke Teamdynamik entstehen. Darüber hinaus lassen sich weitere Aspekte auf Teamebene gestalten, seien es eine Beförderung, das Aussprechen von Lob oder die Planung für den Übergang in den Ruhestand. Solche Ereignisse müssen nicht im stillen Kämmerchen abgehandelt werden. Diese können im Teamumfeld stattfinden und stärken dadurch den Gemeinschaftssinn zusätzlich.

Eva Engel: *Wie offen sind Mitarbeiter für Teambuilding-Maßnahmen?*

Hans-Christian Witthauer: Der erste Gedanke ist oft: Wie lange wird das dauern und muss ich über Nacht bleiben? Dieser erste Reflex ist ganz normal. Aber wenn wir uns dazu entscheiden, ist ein gewisses Maß an Überzeugungsarbeit erforderlich. Wenn wir uns abends zusammensetzen, ohne Anzug und Krawatte, vielleicht in bequemen Hüttenschuhen vor einem Lagerfeuer, erkennen wir, dass es eine außergewöhnliche Veranstaltung war. Wir sind aus dem gewohnten Rahmen ausgebrochen. Wir haben uns besser kennengelernt und möglicherweise auch private Einblicke in die Gedanken und Verhaltensweisen der anderen erhalten.

Die Rückblicke und Erfahrungen sind im Nachhinein oftmals positiv. In meiner Erfahrung habe ich festgestellt, dass sich Menschen solche Gelegenheiten wünschen. Sie schlagen vor, sich ein- oder zweimal im Jahr aus dem Büroalltag auszuklinken. An einen neuen Ort zu gehen, um einen anderen Rahmen zu schaffen. In solchen Momenten ist niemand in Eile. Ich persönlich habe damit ausschließlich positive Erfahrungen gemacht.

Eva Engel: *Die Pandemie hat die Art des Arbeitens und die Möglichkeiten des Teambuildings beeinflusst. Wie hat sich daraufhin die Führungskultur verändert?*

Hans-Christian Witthauer: Die Coronapandemie hat einen Einfluss auf die Art und Weise genommen, wie wir arbeiten. Mir hat ein CIO mal gesagt, dass die eigentliche treibende Kraft COVID-19 war. Viele Dinge sind in die digitale Welt verlagert worden. Das führte dazu, dass selbst Bereiche, die zuvor dem Homeoffice skeptisch gegenüberstanden, es heute nahezu einheitlich akzeptieren. Ein Zurück zu alten Arbeitsweisen ist daher eher unwahrscheinlich.

Die Dimensionen des Arbeitens haben sich definitiv verändert. Insbesondere mit Blick auf das Arbeiten von zu Hause. Diese Veränderung hängt jedoch stark von der organisatorischen Eignung ab. Während einige Berufe flexibles Arbeiten ermöglichen, ist dies in anderen Berufsfeldern kaum umsetzbar. Als Führungskraft wurden neue Herangehensweisen erforderlich. Die Pandemie hat uns gezwungen, unser Führungsverhalten anzupassen. Ein Paradigmenwechsel ist spürbar, bei dem Führung mehr über Aufträge und Projektmanagement erfolgt. Das Schaffen von Freiräumen und die Förderung offener Kommunikation sind von größter Bedeutung.

Vor der Pandemie konnten wir einfach ins Büro gehen und Mitarbeitende vor Ort treffen. Heute sitzen sie möglicherweise zu Hause. Dies erfordert eine differenzierte Herangehensweise an die Führung. Die Art der Kommunikation und Informationsweitergabe hat sich gewandelt. Das stellt eine klare Veränderung

dar, die sich nicht mehr rückgängig machen lässt. Insgesamt hat die Pandemie eine Gelegenheit geschaffen, wie wir Arbeit und Führung kontinuierlich neu bewerten und anpassen.

Eva Engel: *Jetzt sind die ersten Jahre vergangen. Welches Resümee können Sie ziehen?*

Hans-Christian Witthauer: Während dieser Phase waren besonders Führungskräfte mit traditionellem Führungsverständnis stark betroffen. Diejenigen, die darauf bestanden, dass alle Mitarbeitenden um 08:00 Uhr physisch im Büro präsent sein müssen, erlebten erhebliche Herausforderungen. Sie spürten den Verlust der direkten Kontrolle und hatten Schwierigkeiten, die Arbeitsleistung der Mitarbeitenden zu beurteilen, die nicht mehr ständig sichtbar waren. Andererseits hatten Führungskräfte, die einen delegierenden Führungsstil praktizieren, weniger Probleme. Dennoch möchte ich eine wichtige Nuance hinzufügen. Es geht nicht nur um die Erfüllung von Aufgaben, sondern auch um zwischenmenschliche Aspekte. Vor der Pandemie konnte ich durch persönliche Begegnungen mit meinen Mitarbeitenden ein Gefühl dafür bekommen, wie es ihnen geht – mal besser, mal schlechter. Dieses Gefühl geht mit der verstärkten digitalen Arbeit teilweise verloren. Ein Beispiel dazu: Früher konnte ich einfach durch das Büro gehen, jemandem in die Augen schauen und fragen: Wie geht es Dir? Wenn ich jedoch jemanden zu Hause anrufe und frage, wie es ihm geht, kann das merkwürdig wirken.

Ich bin der Ansicht, dass Homeoffice niemals eine hundertprozentige Lösung sein kann. Wir verlieren ein Stück der zwischenmenschlichen Verbindung und des Wissens über unsere Kollegen. Es muss regelmäßige Zeiträume geben, in denen wir uns physisch treffen und direkt austauschen. Das ist der Schlüssel für eine erfolgreiche Arbeitsbeziehung. Vertrauen, Wertschätzung und Delegation.

Eva Engel: *Wie können wir die Motivation der Mitarbeiter fördern und aufrechterhalten?*

Hans-Christian Witthauer: In jeder Arbeitsumgebung bleibt Kommunikation ein essenzielles Element. Die Art und Weise der Kommunikation wird besonders bedeutsam, wenn die Teammitglieder weniger physisch zusammenkommen, wie es oft im Homeoffice der Fall ist. In dieser Hinsicht sehe ich Kommunikation als einen zentralen Pfeiler. Das reicht von intensiver Kommunikation bis hin zur klaren Information, dass es momentan keine neuen Entwicklungen gibt. Denn selbst die Mitteilung, dass es keine Neuigkeiten gibt, ist an sich eine wichtige Information. Diese Klarheit halte ich für äußerst relevant.

Gerade wenn die physische Nähe der Teammitglieder fehlt und sie hauptsächlich im Homeoffice tätig sind, gewinnen unterschiedliche Kommunikationsformate enorm an Bedeutung. Es ist von großer Wichtigkeit, die Mitarbeitenden einzubinden und sicherzustellen, dass sie über die laufenden Geschehnisse informiert sind. Das trägt dazu bei, dass sie den Kontext ihrer täglichen Arbeit verstehen und wissen, zu welchem Zweck sie das tun.

Die Delegation von Aufgaben und Verantwortung ist ein starkes Instrument. Wenn Mitarbeitenden Aufgaben übertragen werden und sie innerhalb eines definierten Rahmens eigenständig handeln können, entsteht nicht nur mehr Verantwortungsbewusstsein, sondern auch eine höhere Zufriedenheit.

Eva Engel: *Glauben Sie, es gibt in der Wirtschaft Generationskonflikte im Arbeitsalltag?*

Hans-Christian Witthauer: Die aktuelle Situation, insbesondere die Auswirkungen der Pandemie und die zunehmende digitale Arbeitsweise, scheint die Bedeutung von Altersunterschieden zu verwischen. Die digitale Arbeit macht es oft schwierig, das Alter einer Person zu erkennen, wenn man nur E-Mails und digitale Kommunikation hat. Bei neuen Mitarbeitenden, die direkt ins digitale Arbeiten einsteigen, könnte es eine gewisse Distanz geben, da man sie vielleicht nicht so gut kennt wie in der traditionellen Arbeitsweise. Die Frage nach dem Alter und den Generationen bleibt also ständig präsent.

Allerdings ist das Alter auch eng mit Erfahrung verknüpft. Je älter wir werden, desto mehr Erfahrungen sammeln wir. Diese Erfahrungen können wertvoll sein und an jüngere Generationen weitergegeben werden. Es ist ratsam, auf den Erfahrungsschatz der Älteren zu blicken und von ihrer Expertise zu profitieren. Dennoch ist Kompetenz nicht zwangsläufig an das Alter gebunden. Eine ausgewogene Mischung aus verschiedenen Generationen kann produktiv und sehr effizient sein.

Ein Beispiel aus meiner militärischen Vergangenheit verdeutlicht dies. Als ich nach meinem Studium als junger Oberleutnant begann, stellte ich mir bewusst einen älteren Oberstabsfeldwebel zur Seite. Obwohl ich formal über ihm stand, suchte ich seine Erfahrung und seinen Rat, um mich in meiner Position zurechtzufinden. Er bot mir in den ersten Jahren wertvolle Unterstützung, was sich als äußerst hilfreich erwies. Das verdeutlicht, dass man nicht unbedingt alle Fehler selbst machen muss. Man sollte offen für den Rat von Personen sein, die mehr Erfahrung oder eine andere Expertise haben, selbst wenn sie in der Hierarchie unter einem stehen. In der Führung ist es wichtig zu erkennen, dass man nicht alles weiß und auch von anderen lernen kann. Die Bereitschaft, auf unterschiedliche Perspektiven zu hören, unabhängig von der Hierarchie, ist ein wichtiger Aspekt der erfolgreichen Führung.

Eva Engel: *Was können wir tun, damit Fordern und Fördern nicht in Über- und Unterforderung ausartet?*

Hans-Christian Witthauer: In der Tat sehe ich hierbei die Kommunikation wiederum als einen entscheidenden Faktor. Es geht darum, die richtigen Informationen zur richtigen Zeit zu kommunizieren. Insbesondere im digitalen Zeitalter wird deutlich, dass eine unpersönliche E-Mail an eine oder zwei Personen und 20 weitere in »cc« wenig mit effektiver Kommunikation und Informationsvermittlung zu tun hat.

Wenn wir uns stattdessen darauf konzentrieren, wer welche Informationen zu welchem Zeitpunkt benötigt, und diese

zielgerichtet und überlegt kommunizieren, können diese Aspekte besser beherrscht werden. Es ist wichtig, sich nicht dazu verleiten zu lassen, Massenmails zu versenden und zu hoffen, dass die relevanten Personen sich das schon herausfiltern werden. Dies steht im Zusammenhang mit dem Prinzip von »Hol- und Bringschuld«. Wir müssen aktiv organisieren, wer welche Informationen benötigt, und gezielt zustellen.

Wenn wir uns auf eine effiziente und zielgerichtete Kommunikation konzentrieren, lässt sich das Ganze besser strukturieren. Das trägt auch dazu bei, vermeintlichen Stress und Druck zu reduzieren. Indem wir die Kommunikation bewusst steuern und auf die Bedürfnisse der Empfänger abstimmen, können viele der Herausforderungen gemeistert werden.

Eva Engel: *Wie kann ich mich als Führungskraft hinsichtlich des schnellen Wandels angemessen verhalten? Wie können wir besser werden?*

Hans-Christian Witthauer: Eine persönliche Strategie zur Selbstführung kann in jedem Fall hilfreich sein, unabhängig von der Position als Führungskraft. Eine bewährte Methode ist beispielsweise, den eigenen Tagesablauf zu strukturieren und mit To-do-Listen zu arbeiten. Aufgaben können besser priorisiert und abgearbeitet werden.

Bezüglich des angemessenen Verhaltens als Führungskraft glaube ich, dass Verlässlichkeit und Beständigkeit in den getroffenen Entscheidungen eine zentrale Rolle spielen. Als Führungskraft ist es wichtig, klare Entscheidungen zu treffen und

diese nicht leichtfertig zu revidieren. Eine Führungskraft, die am Vormittag eine Entscheidung trifft und sie am Nachmittag wieder zurückzieht, kann das Vertrauen in ihre Führungsqualitäten beeinträchtigen. Das bedeutet nicht, dass Entscheidungen nicht revidiert werden dürfen, sondern dass diese transparent gemacht werden. Eine offene Kommunikation über die Beweggründe für die Entscheidungsänderung kann das Verständnis fördern. Als Führungskraft ist es auch wichtig, die Fähigkeit zu besitzen, eigene Fehler einzugestehen. Sich vor das Team zu stellen und zuzugeben, dass eine Entscheidung fehlerhaft war, das zeigt Stärke und Authentizität. Beides wiederum fördert das Vertrauen und die Glaubwürdigkeit der Führungskraft.

Eva Engel: *Das sind überwiegend Punkte, die in der Bundeswehr sehr stark gefördert werden. Wie entscheidungsfreudig ist die Wirtschaft?*

Hans-Christian Witthauer: In der Tat gibt es einen Spruch in den Streitkräften: »Lieber eine falsche Entscheidung als gar keine Entscheidung.« Allerdings lässt sich das nicht pauschal auf alle Bereiche übertragen. Es hängt stark von der Art des Unternehmens ab. Zum Vergleich mit den Streitkräften: Strategische Ausrichtungen von Verteidigungsministerien erfolgen nicht über Nacht, sondern erfordern Tage der Arbeit. Streitkräfte sind auf Risiko, Stress und schnelles Handeln ausgelegt. Hier werden Führungselemente und Entscheidungsmechanismen fortlaufend entwickelt. Diese sind auf Schnelligkeit und strukturiertes Vorgehen unter Druck ausgerichtet.

Im Gegensatz dazu scheint in der Industrie und Wirtschaft eine strukturierte Herangehensweise nicht immer in gleichem Maße vorhanden zu sein. Entscheidungen sind nicht dem Zufall überlassen, aber sie sind möglicherweise nicht immer so strukturiert und nachvollziehbar wie in den Streitkräften.

Ein weiterer Punkt betrifft die zeitliche Dimension. Eine Besprechung in den Streitkräften, die über eine Stunde dauert, könnte bereits als ineffizient betrachtet werden. Während in der Industrie und Wirtschaft Besprechungen von zwei oder sogar drei Stunden keine Seltenheit sind. Die Effizienz und Effektivität von Entscheidungsprozessen in diesen Bereichen werfen mitunter Fragen auf.

Eva Engel: *Was möchten Sie uns abschließend zum Thema Führung mit auf den Weg geben?*

Hans-Christian Witthauer: Zwei Aspekte stehen hier im Vordergrund. Zum einen geht es immer um Menschen – das ist von enormer Bedeutung. Zum anderen ist Führung erlernbar. Interessanterweise gibt es nur wenige Organisationen, die ihre Führungskräfte systematisch in Führungsthemen schulen. Ein gutes Beispiel hierfür sind die Streitkräfte. Sie qualifizieren ihr Personal kontinuierlich über alle Ebenen hinweg. Dabei spielt die strukturierte Qualifizierung eine zentrale Rolle.

Unterschiedliche Führungskräfte bringen unterschiedliche Qualitäten mit sich. Einige sind sogenannte »Natural Leader«, während andere ihre Führungsfähigkeiten mühsam erlernen müssen. Die Möglichkeit, Führung zu erlernen, ist jederzeit

gegeben. Ein wichtiger Aspekt ist auch das konstruktive Feedback. Feedback hilft, die eigenen Führungskompetenzen zu entwickeln und diese stetig zu verbessern.

Es wäre erstrebenswert, wenn in Industrie und Wirtschaft ein vergleichbarer Ansatz verfolgt würde: systematische Qualifizierung von Führungskräften über verschiedene Ebenen. Leider sind diese Strukturierung und der Fokus auf die kontinuierliche Entwicklung von Führungskompetenzen nicht immer so ausgeprägt oder sogar teilweise gar nicht vorhanden. Es wäre sicherlich förderlich, diesen Ansatz verstärkt in anderen Organisationen zu etablieren, damit allgemeine Führungsqualitäten aufgebaut und langfristig angewendet werden können.

Eva Engel: *Vielen Dank.*

KAPITEL 2

BESTANDTEILE MODERNER FÜHRUNG

Menschentypen im 21. Jahrhundert

Ursprünglich hatte ich für dieses Kapitel einen Blick auf die Weiten und in die Tiefen der Ozeane geplant. Ich hatte schon viele Zeilen aus meinen alten Seefahrertagen wieder herausgekramt und fand den Vergleich mit dem Menschen ganz hervorragend. Wahrscheinlich ist er das auch. Denn wenn wir genauer darüber nachdenken, was wir imstande sind zu verstehen, ist es doch meist die Oberfläche, die wir wahrnehmen. Was uns in den Tiefen erwartet, können wir nicht beurteilen, geschweige denn klar formulieren. Somit sind wir beim nächsten komplexen Thema angelangt, das uns Menschen betrifft: den ganz unterschiedlichen Menschentypen.

Ich dachte mir, es ist doch viel spannender in diesem Zusammenhang aufzuschreiben, mit wie vielen Menschen ich in den vergangenen 20 Jahren bisher zu tun hatte. Genauer gesagt, Begegnungen, die mindestens über eine Bekanntschaft hinausgingen. Bekanntschaften sind in der Regel eher oberflächlich und es entsteht kaum Engagement, um die zwischenmenschliche Beziehung weiter auszubauen. Es wird wenig vertraut und wir sind meist nicht sehr nah beieinander. Wir würden vermutlich für die uns gegenüberstehende Person keine Partei ergreifen, wenn notwendig. Wir alle kennen diesen Zustand. Würde es sich hier um einen Zustand im Führungskontext handeln, wäre das äußerst schlecht. Nur was passiert, wenn man über dieses Verhältnis hinaus bereits unzähligen Menschen begegnet ist? Zunächst habe ich alle Lebensstationen betrachtet und hochgerechnet, mit wie vielen Menschen ich es hier tatsächlich zu tun habe. Allein durch die Marine und meine unterschiedlichen Jobs in der Wirtschaft, plus diverse Nebenjobs, war mir im Vorfeld schon klar, es müsste eine lange Liste werden. Und so sind es wohl an die 2.500 Menschen, denen ich bis heute allein im Berufsumfeld begegnet bin und mit denen ich zusammengearbeitet habe. Vermutlich sind es sogar noch deutlich mehr. Ich habe nur grob überschlagen. Und je länger ich diese Zeilen für Sie schreibe, umso bewusster wird mir wieder, warum ich mit der Zeit automatisch die Kompetenz entwickelt habe, Menschen zu lesen. Und nicht nur das, auch die emotionale Intelligenz ist stetig mitgewachsen. Wer heute noch glaubt, fachliche Expertise reiche aus, um eine gute Führungskraft zu sein, der irrt. Warum das für Sie als Führungskraft relevant ist, dazu kommen wir jetzt.

Auch wollte ich in diesem Kapitel ursprünglich ein paar gängige Menschentypenmodelle aufführen. Ich beschränke mich jedoch auf das DISG-Modell. Dieses wurde ursprünglich von dem Psychologen William Marston in den 1920er Jahren entwickelt. Seine Theorie zu dem Modell wurde in den 1970er Jahren von John Geier abgeleitet. Vielleicht kennen Sie die gängigen Tests bereits. Diese lassen sich kostenfrei im Internet finden. Für Unternehmen können umfangreichere Tests dieses Modells hilfreich sein, um zukünftige Führungspersonalien besser einzuschätzen. Gänzlich auf jegliche Art solcher Modelle zurückzugreifen, ist eher nicht optimal. Ein Mix aus Eindruck, Leistung und Modell wäre sicher ein guter Ansatz, um bestmöglich alle Bereiche in der Entscheidungsfindung abzudecken.

Das DISG-Modell teilt die Menschen grob in vier Hauptverhaltenstypen ein.[8] Es lässt sich leicht mit einem einschlägigen Farbschema erklären:

DISG-MODELL (Menschentypenmodell)

1 **Dominant (D) = Farbe: Rot**
Hauptmerkmale: durchsetzungsfähig, direkt, risikofreudig, selbstsicher, ungeduldig
Möchte: Kontrolle, Ergebnisse, Herausforderungen

2 **Intuitiv (I) = Farbe: Gelb**
Hauptmerkmale: gesellig, enthusiastisch, dynamisch, optimistisch, impulsiv
Möchte: soziale Anerkennung, Freiheit von Detailarbeit, Lob

3 **Stetig (S) = Farbe: Grün**
Hauptmerkmale: geduldig, beständig, ruhig, loyal, methodisch
Möchte: Stabilität, Anerkennung, Zeit zum Anpassen an Veränderungen

4 **Gewissenhaft (G) = Farbe: Blau**
Hauptmerkmale: präzise, analytisch, gewissenhaft, vorsichtig, systematisch
Möchte: Genauigkeit, systematische Vorgehensweisen, Dinge richtig machen

Dieses Modell kann auch dabei unterstützen, die Teamarbeit zu fördern. Denn hier zeichnen sich bereits klare Ausprägungen ab. Zu den vier Ausprägungen wurden 16 weitere Mischtypen definiert. Diese können Sie bei Interesse ebenfalls im Internet genauer nachlesen. Denn wir Menschen sind von Natur aus weder nur das eine noch das andere. Wir handeln nach unseren Mustern, die uns mitgegeben wurden und die uns zum Teil nicht bewusst sind.[9] Das hat mich auch dazu bewogen, in diesem Kapitel eher weniger auf Modelle einzugehen. Vielmehr halte ich es für notwendig, Sie an grundlegende Thematiken heranzuführen.

Menschentypen – was soll das eigentlich sein? Wer bestimmt, welcher Mensch welchen Typ bedient? Grundsätzlich lassen sich die Ausprägungen schon über sogenannte Typenmodelle darstellen. Diese helfen uns zunächst, vor allem uns selbst besser einzuschätzen. Dennoch möchte ich gern mit Ihnen einen anderen Ansatz verfolgen.

Das Kapitel heißt: Menschentypen im 21. Jahrhundert. Glauben Sie, die Menschen hätten sich im 21. Jahrhundert in ihrer Grundanlage tatsächlich geändert? Vielleicht hilft die nachfolgende Betrachtung, das menschliche Verhalten etwas besser zu verstehen.

Es gibt nicht nur Modelle über die Menschen, die über viele Generationen hinweg entwickelt wurden, sondern auch Lehren, die aus ganz anderen Bereichen stammen. Eine davon ist die Statuslehre. Sie wurde vom Theatermacher Keith Johnstone entwickelt. Nicht nur als Schauspieler, sondern auch im Berufsumfeld allgemein befinden wir uns durchweg in einem von ihm dargestellten Status. Einen entsprechenden Status einzunehmen, kann uns helfen, uns schneller auf Augenhöhe zu begegnen. Ziel ist es auch, in Stress- und Konfliktsituationen bewusster und professioneller zu reagieren.[10] Johnstone hat folgende vier Statustypen identifiziert: **Hochstatus** vs. **Tiefstatus.**

a **Innen hoch – Außen hoch** = Selbstinszenierung Sie treten überzeugend und dominant auf, ohne von ihrem Standpunkt abzuweichen. Während dies charismatisch und führungsstark wirken kann, nehmen Sie dabei die Bedürfnisse anderer nicht wahr. Das kann Sie mitunter Sympathie kosten und eher zu Distanz führen.	b **Innen hoch – Außen tief** = Präsenzmagnet Mit hohem Selbstwert treten Sie sicher und gleichzeitig sympathisch auf. Obwohl Sie in Ihrem Auftreten freundlich sind, sind Sie in der Sache entschieden und ohne Kompromisse, was Ihnen großen Respekt einbringt.
c **Innen tief – Außen hoch** = Egomaskerade Trotz innerer Unsicherheiten versuchen Sie, diese durch Hochstatusgehabe oder ein polterndes Auftreten zu kompensieren. Das allerdings lässt Sie hilflos wirken und führt dazu, dass Sie weder Respekt noch Sympathie gewinnen. Man könnte Sie unter Umständen nicht ernst nehmen.	d **Innen tief – Außen tief** = Harmoniezwang Sie zeigen Empathie und möchten es allen recht machen, treffen aber keine Entscheidungen und setzen sich nicht durch. Während Ihr unterwürfiges oder übertrieben freundliches Auftreten kurzfristig Sympathie bringen kann, kostet es Sie letztlich Respekt.

Bei näherem Betrachten erkennen Sie sicher die Bedeutung hinter der dargestellten Lehre. Sie haben Personen um sich herum, die vielleicht selbstsicher wirken, allerdings bei genauerem Hinsehen doch eher unsicher sind. Bestimmt haben Sie schon Menschen kennengelernt, die Ihnen immer zustimmen und jegliche Konflikte vermeiden. Diese und weitere Betrachtungsweisen lassen sich mit dem Hoch- und Tiefstatus erklären. Jetzt kommt der gute Punkt: Wir können aktiv Einfluss nehmen. Wenn wir uns darüber bewusst werden und uns in Selbstreflexion üben, können wir den Status je nach Situation anpassen.

Ein weiterer Aspekt, den ich hier einbringen möchte, ist die frühe Entwicklung in der Kindheit. Denn auch diese beeinflusst in hohem Maße Ihr Erwachsenendasein. Je nachdem, wie Sie aufgewachsen sind, so sind Sie auch im späteren Leben. Grundsätzlich lassen sich hier zwei Ausprägungen unterscheiden: das Bedürfnis im Kindesalter nach Autonomie und das Bedürfnis nach Bindung.

Was genau hat das jetzt mit Führung zu tun?

Wenn Sie z. B. sehr früh selbstständig werden mussten, konnte der Autonomieanteil früh ausgeprägt werden. Das wiederum bedeutet aus meiner persönlichen Herleitung, dass wir uns nicht dauerhaft in einem Tiefstatus befinden können. Wir haben die Anteile, das Selbstbewusstsein bereits im Kindesalter erworben. Ob das nun immer ein Hochstatus ist, sei einmal dahingestellt. Da wir nicht nur gute Tage, sondern auch weniger gute Tage im Leben haben, sind der Status und unser Bindungsverhalten ein Aufeinandertreffen der jeweiligen Empfindungen. Das spiegelt sich im beruflichen, aber auch im privaten Umfeld wider. Fördern die Eltern den Autonomieanteil im Kindesalter nicht ausreichend und verhätscheln das Kind durchweg, können sich dadurch starke Unsicherheiten entwickeln. Zunächst scheint das Kind gut aufgehoben, nur fehlen ihm jetzt wichtige Instinkte, die es später im Berufsleben braucht, um sich durchzusetzen und nicht jedem gefallen zu wollen. Gleiches gilt auch umgekehrt, dann überschätzen wir uns später selbst. Hier spielt nur das Ego eine Rolle, die Mitarbeiter sind eher egal.

Wird einem Kind die Bindung entzogen und nicht viel Wert auf die Beziehungsarbeit zum Kind gelegt, hat das ebenfalls Auswirkungen auf das Erwachsenendasein. Diese Auswirkungen zeigen sich wieder im Verhalten am Arbeitsplatz. Unsicherheiten sind in beiden Punkten starke Treiber. Die einen gehen auf Vermeidung, die anderen klammern und wollen alles recht machen.[11] Da Sie diese Einblicke vermutlich nie zu Gehör bekommen, kann ich Ihnen als Führungskraft nur empfehlen, sich stärker damit zu befassen. Oftmals sind unsere ersten Eindrücke nicht die richtigen. Wir schätzen Menschen falsch ein und transferieren unser Halbwissen in ihre Arbeitsleistung und ihr Verhalten. Haben Sie Geduld. Seien Sie offen und betrachten Sie Ihre Mitarbeiter vielleicht einmal aus einer anderen Perspektive.

Moderne Führungsstile – Was sie wirklich bewirken

Moderne Führungsstile sind vielfältig und werden oft je nach dem jeweiligen Kontext und den individuellen Bedürfnissen der Mitarbeiter angewendet. Mit zunehmender Erfahrung werden mehrere Führungsstile intuitiv kombiniert und je nach Situation eingesetzt. Da es den einen perfekten Führungsstil nicht gibt, stelle ich Ihnen heute ein paar wichtige Führungsstile vor:

Transformationale Führung

a) Beschreibung: Führungskräfte inspirieren und motivieren ihre Mitarbeiter durch eine gemeinsame Vision, persönliche Aufmerksamkeit und geistige Stimulation.[12]

b) Effektivität: Dieser Führungsstil funktioniert am besten in Umgebungen, in denen Veränderungen erforderlich oder wünschenswert sind.

c) Marine vs. Zivil: In der Marine kann dieser Führungsstil dazu beitragen, die Moral hochzuhalten und die Crew durch herausfordernde Zeiten zu führen. Im zivilen Kontext fördert die Führungskraft Innovation und treibt den organisatorischen Wandel voran.

Servant Leadership

a Beschreibung: Hier steht das Erkennen der Bedürfnisse der Mitarbeiter im Vordergrund. Führungskräfte verstehen sich als dem Team dienende Persönlichkeiten.[13]

b Effektivität: Der Führungsstil ist besonders effektiv in Organisationen, in der Teamarbeit und in der Mitarbeiterentwicklung.

c Marine vs. Zivil: In der Marine könnte dieser Führungsstil als Sorge um das Wohl der Besatzung interpretiert werden. In zivilen Organisationen fördert er eine kollaborative und unterstützende Kultur.

Laissez-faire-Führung

a Beschreibung: Führungskräfte überlassen ihren Mitarbeitern die Entscheidungen und führen eher passiv – oft bei Führungskräften zu beobachten, die zum ersten Mal eine Führungsposition einnehmen, da die Fähigkeit, mehrere Führungsstile anzuwenden, noch nicht ganz ausgeprägt ist.[14]

b Effektivität: Dieser Stil ist häufig im kreativen und technischen Umfeld vertreten. Auch in hoch motivierten und sehr qualifizierten Teams ist der Führungsstil hin und wieder zu finden.

c Marine vs. Zivil: In der Marine kann dieser Stil in bestimmten Szenarien riskant sein, insbesondere in Krisensituationen. Im zivilen Kontext könnte dieser Führungsstil in Start-up-Kulturen oder in Forschung und Entwicklung vorteilhaft sein.

Partizipative Führung

a Beschreibung: Führungskräfte beziehen die Mitarbeiter aktiv in den Entscheidungsprozess ein, fördern die Teamarbeit und sammeln Feedback.[15]

b Effektivität: Der Führungsstil ist in Umgebungen zu finden, in denen die Mitarbeiterbeteiligung gewünscht ist, um Moral und Produktivität zu steigern.

c Marine vs. Zivil: In der Marine kann dieser Stil verwendet werden, um die Meinungen der Besatzung zu bestimmten Entscheidungen zu sammeln. In zivilen Unternehmen fördert er das Zusammengehörigkeitsgefühl.

Situative Führung

a Beschreibung: Führungskräfte passen ihren Führungsstil den Fähigkeiten und der Motivation ihrer Mitarbeiter an. Der Stil variiert je nach Situation.[16]

b Effektivität: Situatives Führen kommt in ständig wechselnden Umgebungen zum Einsatz – oder wenn unterschiedliche Teammitglieder unterschiedliche Voraussetzungen haben.

c Marine vs. Zivil: In der Marine ist dieser Führungsstil besonders nützlich. Unterschiedliche Situationen erfordern unterschiedliche Führungsansätze. In zivilen Szenarien ist das situative Führen ebenso relevant.

Es gibt noch deutlich mehr Führungsstile als die hier aufgeführten. Ich denke, für die heutige Zeit sind diese zunächst unerlässlich. Sie zu kennen und sich mit ihnen zu identifizieren, wird Ihnen langfristig helfen, sich als Führungskraft hervorragend zu entwickeln. Es ist mir wichtig, darauf hinzuweisen, dass nur ein Weg nie die Gesamtlösung sein wird. Auch das Thema Konsequenz sollte nicht gänzlich vergessen werden. Der autoritäre Führungsstil hat grundsätzlich ausgedient, gute Kommunikation und wertschätzende Zusammenarbeit sind gefragt. Dennoch ist es wichtig zu wissen, wann ein klares Wort notwendig ist. All diese Dinge im Hinterkopf zu behalten, erfordert Mut und Ausdauer. Sie schaffen das.

INTERVIEW 2

mit Tilo Kalski – Führung und Vertrauen in Ausnahmesituationen

Marineoffizier, ehem. Kommandant, Familienvater

Tilo Kalski ist seit 1995 Soldat mit über 17 Jahren Seefahrt auf Schiffen der Deutschen Marine. Seine Einsatzerfahrung umfasst neben den üblichen Marineeinsätzen der letzten drei Dekaden auch einen Einsatz mit dem französischen Heer in Bosnien und Herzegowina sowie in der Einsatzgruppe Afghanistan des Einsatzführungskommandos. Über drei Jahre leitete er die Einsatzausbildung deutscher Kriegsschiffe beim »Flag Officer Sea Training« in Plymouth, UK, und führte als Kommandant erstmalig eine deutsche Fregatte in UN-Überwachungseinsätzen gegen Nordkorea im Süd- und Ostchinesischen Meer. Aktuell ist Tilo Kalski als Lehrstabsoffizier am U.S. Naval War College in Newport, Rhode Island, tätig. Er erzählt über grundsätzliche Ansätze zum Thema Führung und deren Entwicklung im Laufe der letzten Jahrzehnte.

Eva Engel: *Was ist für dich der wichtigste Aspekt beim Thema Führung?*

Tilo Kalski: Für mich steht Führung im Kontext von zwischenmenschlichen Beziehungen immer im Zeichen des Vertrauens. Die Basis jeder Führung ist das Vertrauen, das zwischen mir und den Menschen, die ich leite, besteht. Von Anfang an ist es meine Aufgabe als Vorgesetzter, dieses Vertrauensfundament zu legen. Es ist ein fortlaufender Prozess. Dieser beginnt nicht damit, dass ich mich einfach hinstelle und Anweisungen gebe. Es erfordert vielmehr eine kontinuierliche Anstrengung, die auf verschiedenen Faktoren beruht, nämlich Vertrauen zu erlangen und dieses dauerhaft aufrechtzuerhalten.

Ich sehe mich in der Rolle als Führungskraft nicht von Beginn an mit uneingeschränktem Vertrauen ausgestattet. Vielmehr ist es eine Reise, auf der ich mir das Vertrauen meiner Teammitglieder Stück für Stück verdienen muss. Dieser Prozess beruht nicht auf oberflächlichen Gesten, sondern auf einer authentischen, respektvollen und kooperativen Interaktion. Nur wenn ich das Vertrauen der Menschen gewinne, die ich leite, kann ich gemeinsam mit ihnen unsere Ziele erreichen. Das ist der eigentliche Kern von Führung.

Das gemeinsame Ziel, das wir verfolgen, ist zentraler Bestandteil von Führung. Ich glaube fest daran, dass niemand ohne ein klares Ziel bereit ist, sich von jemandem führen zu lassen. In meiner Sichtweise auf Führung gibt es viele andere subtile Aspekte, die jedoch alle auf die zentrale Bedeutung des Vertrauens hinauslaufen. Klarzustellen, warum wir ein bestimmtes

Ziel verfolgen, wie jeder Einzelne dazu beitragen kann und wie seine individuelle Arbeit ins Gesamtbild passt, sind ebenfalls essenzielle Schritte.

Führung ist ein Prozess, der Zeit, Geduld und authentische Führung erfordert. Vertrauen ist das Herzstück jeder erfolgreichen Führung. Es ist keine Gabe, die mir am ersten Tag automatisch gegeben wird, sondern eine Verantwortung, die ich kontinuierlich pflegen und entwickeln muss.

Eva Engel: *Wie viel Zeit ist notwendig, um Führungsverantwortung zu entwickeln?*

Tilo Kalski: Die Dynamik der Führung kann komplex sein und hängt von verschiedenen Faktoren ab. Insbesondere in heutigen Zeiten, in denen Aspekte wie Telearbeit, Remote-Arbeit und Büropräsenz eine Rolle spielen. Der Grad der Nähe und Zusammenarbeit spielt eine entscheidende Rolle. Beispielsweise funktioniert die Entwicklung von Vertrauen an Bord eines Schiffes, während es auf See fährt, oft schneller. Gleichzeitig kann es auch in engen räumlichen Gegebenheiten passieren, dass das Vertrauen nicht leicht aufgebaut werden kann. Eine Führungsposition an einem entfernten Standort zu haben, könnte es theoretisch einfacher machen, Vertrauen aufzubauen. Gleichzeitig kann es auch schwieriger sein, Inkompetenz oder Schwächen zu verbergen, da die Interaktion weniger präsent ist. Es ist schwierig, einen festen Zeitrahmen für den Aufbau von Vertrauen zu definieren, da viele Faktoren eine Rolle spielen. Persönliche Vorlieben und Meinungen sind unterschiedlich, und nicht

jeder wird unbedingt jeden Kollegen mögen. Dennoch können selbst diejenigen, die meine Persönlichkeit weniger schätzen, mich als Führungskraft respektieren und mir vertrauen.

Ein wichtiger Faktor ist die Entwicklung im Laufe der Zeit. In militärischen Strukturen beispielsweise gibt es oft eine Grundlage des Vertrauens aufgrund der Befehlsstruktur. Allerdings erfordert es Zeit, um endgültiges Vertrauen aufzubauen, da es nicht nur darum geht, Befehle zu befolgen, sondern auch darum, eine tiefere Verbindung und Anerkennung der Führungsperson zu entwickeln.

Letztendlich lässt sich kein genauer Zeitrahmen festlegen, da der Prozess des Vertrauensaufbaus und der Entwicklung einer erfolgreichen Führungsdynamik sehr individuell ist. Es ist ein steter Entwicklungsprozess, der von verschiedenen Faktoren beeinflusst wird, und er erfordert sowohl Geduld als auch die Bereitschaft, sich auf zwischenmenschliche Beziehungen einzulassen.

Eva Engel: *Wie hat sich Führung im Militär und in der Wirtschaft im Laufe der Jahre verändert?*

Tilo Kalski: Etwas hat sich ganz drastisch verändert, und zwar die Ressource: der Mensch. Diese Veränderung ist bemerkenswert, da die menschliche Ressource zunehmend knapp geworden ist. Diese Situation war vor etwa 20 Jahren in diesem Ausmaß nicht gegeben. Früher wurden uns durch die Wehrpflicht neue Bewerber »zugeteilt«, und wir hatten die Möglichkeit, bei auftretenden Problemen entsprechende Maßnahmen zu ergreifen.

Konkret ausgedrückt hatten wir die Freiheit, diese Personen zu versetzen oder sie in manchen Fällen positiv in eine andere Verwendung zu überführen, wie es oft genannt wurde. Dieses Vorgehen war damals in gewisser Weise eine gängige Praxis, die aufgrund der Verfügbarkeit von Bewerbern und des Systems der Wehrpflicht möglich war.

Die heutige Situation im zivilen Bereich ähnelt in gewisser Weise derjenigen in den Streitkräften. Auch hier fehlt es an Personal. Das führt dazu, dass wir mit den vorhandenen Ressourcen anders umgehen müssen als früher. Die Personaldecke ist dünner geworden, und das bedeutet, dass wir vorsichtiger mit den verbleibenden Ressourcen umgehen müssen. Die Art und Weise, wie einige meiner Kollegen und Kolleginnen führen, hat sich angesichts dieser Veränderungen angepasst.

Das hat zweifellos Einfluss auf den Führungsstil genommen. Führungskräfte sind vorsichtiger geworden und tragen eine größere Verantwortung für ihre Entscheidungen und ihre Interaktion mit den Teammitgliedern. Ich persönlich habe meinen Führungsstil jedoch nicht grundlegend verändert. Ich trete nach wie vor genauso an Menschen heran wie vor 20 Jahren. Jede Person, die mit mir im Dienst steht, verdient meinen Respekt und meine Anerkennung. Respekt ist für mich ein grundlegender Wert, der stets relevant bleibt, unabhängig von den Veränderungen in der Umgebung und der Technologie.

Eva Engel: *Wie wichtig ist es für Führungskräfte, sich den unterschiedlichen Generationen anzupassen?*

Tilo Kalski: Für mich persönlich ist dieses Thema nicht besonders präsent. Ich betrachte junge Menschen, die an Bord kommen, und sehe keinen grundlegenden Unterschied zu meiner Generation. Auch ich habe mich damals gefragt, warum ich diesen Weg eingeschlagen habe. Warum ich an Einsätzen teilnehme. Ich finde es schwer, pauschale Aussagen über eine »Generation XYZ« zu treffen. Ich sehe nicht, dass diese Generation im Allgemeinen desinteressierter oder fauler ist. Das entspricht nicht meinen Beobachtungen.

Ich beobachte das Verhalten meiner Töchter, ihrer Freunde und Freundinnen. Ich sehe, dass sie genauso bestrebt sind, ihr Leben zu gestalten und aktiv zu sein. Natürlich gibt es immer Personen, die aus dem Rahmen fallen und eine andere Einstellung haben. Das könnte daran liegen, dass wir als Arbeitgeber aktuell nicht besonders attraktiv sind und somit einige Talente nicht zu uns finden.

Ähnlich wie in meiner Zeit, als ich an Bord kam, wurden damals bereits Anpassungen vorgenommen, wie das Bereitstellen von Steckdosen für persönliche Geräte. Heutzutage geht es um Dinge wie Wi-Fi, um mit der Zeit Schritt zu halten. Ich finde es völlig normal, dass man sich in der modernen Arbeitswelt anpasst und mit den technologischen Entwicklungen geht. Das hat auch Einfluss auf die Führung. Der ungehinderte Zugang zu sozialen Medien rund um die Uhr beeinflusst die Dynamik der Führung, sei es an Bord oder an Land.

Allerdings sehe ich das nicht als etwas, woran ich mich als Führungskraft grundlegend anpassen muss. Hier liegt die Verantwortung eher beim Dienstherrn oder Arbeitgeber. Als Führungskraft ist es meine Aufgabe, angemessen mit diesen Entwicklungen umzugehen und die Fähigkeit zu haben, sie in meine tägliche Arbeit zu integrieren. In Bezug auf die oft diskutierte »Generationen«-Thematik finde ich es bedenklich, Menschen in Schubladen zu stecken, die möglicherweise gar nicht dort hineinpassen oder sich darin nicht wiederfinden möchten. Jeder Mensch ist individuell, unabhängig von einer bestimmten Generation.

Eva Engel: *Wie kann ich als Führungskraft bewusster mit Stress umgehen?*

Tilo Kalski: Der Umgang mit Stresssituationen hängt stark von der jeweiligen Situation ab. Wenn ich die Situation unter Kontrolle habe, finde ich es äußerst hilfreich, sich einen Moment Zeit zu nehmen, sich zurückzuziehen und darüber nachzudenken. Das kann manchmal schon mit einer kurzen Pause von fünf Minuten erreicht werden. In solchen Fällen ist es vorteilhaft, den Druck zu mindern, indem man einen Schritt zurücktritt und reflektiert.

Wenn ich jedoch eine Situation nicht mehr in der Hand habe, bedeutet das, dass ich gewissermaßen der Situation ausgeliefert bin. In solchen Momenten ist es wichtig, dass ich mir später Zeit nehme, mich erneut mit der Situation auseinanderzusetzen. Das ermöglicht mir, Spannungen oder Stressspitzen,

wie man sie nennen möchte, abzubauen. In länger andauernden, belastenden Situationen finde ich es ebenfalls von großer Bedeutung, Möglichkeiten zu haben, mich mit anderen auszutauschen. Ich persönlich glaube nicht an die Behauptung, »Führung macht einsam«, da mein Ansatz auf gegenseitigem Vertrauen beruht. Wenn ich nach diesem Prinzip handle, habe ich stets Menschen in meiner Nähe, mit denen ich Gespräche führen kann, bei denen ich mich öffnen kann.

Es ist herausfordernd, Probleme, die in unserer speziellen beruflichen Nische auftreten, zu Hause zu besprechen. Die Grundkenntnisse und das Verständnis dafür können fehlen, da unsere Lebens- und Arbeitswelt oft sehr spezifisch ist. Daher war es mir immer wichtig, an meinem Arbeitsplatz Menschen zu haben, mit denen ich reden konnte. Der Umgang mit Stress variiert also abhängig von der Situation. In akuten Stresssituationen, wenn alles chaotisch wird oder sich schlecht anfühlt, bleibe ich oft überraschend ruhig. Das ermöglicht mir, die Situation sachlich und gelassen anzugehen und schneller Lösungen zu finden.

Mein Ansatz ist es, niemand anderen in diese stressige Dynamik hineinzuziehen. Das ist der entscheidende Punkt. Eine Stresssituation tritt auf, wenn etwas anders verläuft, als ich es geplant oder vorhergesehen habe. Mein Ziel ist es dann, die Situation so zu bewältigen, dass ich den Stress nicht noch auf andere übertrage.

Es ist wichtig, sich bewusst zu sein, dass der Stress, den ich bei anderen erzeuge, letztlich auch auf mich zurückfallen kann. Wenn ich anderen Menschen Stress bereite und diese ausfallen

oder überlastet sind, stehe ich irgendwann möglicherweise allein da und werde dem Druck nicht mehr standhalten können. Dieses Bewusstsein treibt mich an, verantwortungsbewusst mit Stresssituationen umzugehen.

Interessanterweise habe ich festgestellt, dass Stress oft auf Erfahrungen basiert. Ich habe gelernt, dass ich in solchen Situationen besser agieren kann, indem ich Ruhe bewahre und meinen Fokus darauf richte, den Stress auf ein Minimum zu reduzieren.

Eva Engel: *Während der Pandemie hast du eine Fregatte um den halben Erdball gefahren, bis nach Australien. Wie hast du die Motivation deiner Besatzung erzeugt und hochgehalten?*

Tilo Kalski: Wir waren sieben Monate unserer Seefahrt inmitten der COVID-Pandemie unterwegs. Es handelte sich um eine diplomatische Mission. Wir haben sowohl im Ostchinesischen Meer als auch in der UN-Überwachung gegen Nordkorea agiert. Eine Mission, die zuvor von keinem Schiff der deutschen Marine durchgeführt wurde. Der Schwerpunkt lag auf der diplomatischen Seite, wobei wir trotz der Herausforderungen der COVID-Pandemie Hafenbesuche absolvierten.

Die Fregatte Bayern hatte sich im Vorfeld auf diese Mission vorbereitet, inklusive Anpassungen der Fähigkeiten und einer intensiven Einsatzvorbereitung. Zu diesem Zeitpunkt war ich bereits über zwei Jahre als Kommandant tätig. Ich kannte die Stammbesatzung sehr gut.

Rückblickend muss ich sagen, dass es möglicherweise von Vorteil war, mit einer verkleinerten Besatzung zu fahren. Wir

sind mit 130 Personen an Bord gestartet. Im Vergleich zur regulären Stärke von 216 Mannschaftsmitgliedern schien der Zusammenhalt in der kleinen, eingeschworenen Gemeinschaft gestärkt zu sein. Selbstverständlich hatten wir auch zusätzliche Kräfte an Bord, wie Boarding-Teams, aber die eingespielte Kernbesatzung hat hervorragend funktioniert. Das Vertrauen untereinander war zu diesem Zeitpunkt bereits außerordentlich hoch. Die Herausforderungen waren anspruchsvoll.

Es ist bemerkenswert, dass es für diese Mission keine finanzielle Entschädigung oder besondere Anerkennung gab. In dieser Situation war es von entscheidender Bedeutung, Motivation aus anderen Quellen zu schöpfen. Diese Motivation wurde nicht allein von mir aufrechterhalten, sondern von einem Team von Unteroffizieren und Offizieren.

Die Aufgabenverteilung in einer kleinen Besatzung war anders als gewohnt. Jeder war bereit, sich spontan einzubringen, um fehlende Positionen abzudecken. Eine bemerkenswerte Selbstverständlichkeit und ein starkes Zusammengehörigkeitsgefühl entstanden. Sowohl während der Fahrt als auch bei zahlreichen Veranstaltungen und Empfängen an Land haben sich Soldaten und Soldatinnen freiwillig engagiert. Die Bereitschaft, sich einzubringen, war außergewöhnlich hoch. Das hat mich tief beeindruckt und bewegt.

Ein weiterer wichtiger Faktor war die klare Aufgabenteilung und die Vermeidung von Alleingängen. Niemand wurde mit Problemen allein gelassen. Wenn es um Schiffsangelegenheiten ging, haben wir die Verantwortlichkeiten umstrukturiert und

neu verteilt. Ich habe persönlich bei Proviantübernahmen geholfen und stand bei Müllabgaben in der Kette, um das Signal zu setzen, dass wir das gemeinsam bewältigen. Die Besatzung war sich bewusst, dass der Erfolg dieser Fahrt das Ergebnis der kollektiven Anstrengungen ist. Diese Botschaft haben wir stets kommuniziert und wir haben glücklicherweise auch positives Feedback von externen Stellen erhalten.

In Demut stehe ich vor der Leistung dieser Besatzung, die diese Mission so engagiert durchgeführt hat. Die Frage, was ich persönlich dafür getan habe, kann ich nicht abschließend beantworten. Es waren die außergewöhnliche Hingabe und der Gemeinschaftssinn dieser Gruppe, die zu diesem herausragenden Erfolg geführt haben.

Eva Engel: *Inwieweit unterscheidet sich die Führung eines Teams auf See von der an Land?*

Tilo Kalski: Grundsätzlich ist die Führung an Bord eines Schiffes im normalen Tagesablauf einfacher, da wir physisch enger beieinander sind. Die Besatzungsmitglieder sind Tag und Nacht zusammen. Diese räumliche Nähe ermöglicht es, die Mannschaft besser kennenzulernen. Dadurch werden Probleme früher erkannt. Man kann oft an einem Gesichtsausdruck ablesen, wenn jemand ein Anliegen hat oder gestresst ist. Das ist eine Art Luxus, den nicht jeder in leitenden Positionen an Land hat, besonders nicht in größeren Einheiten.

Allerdings sind wir auf See auch stark von der Mannschaft abhängig – und das in direktem Zusammenhang mit unserem

eigenen Leben. Jede Handlung an Bord könnte das Schiff oder die Crew in Gefahr bringen. In einem Bataillonsumfeld ist dieser Aspekt nicht so unmittelbar gegeben. Daher könnten die Führungsdynamiken unterschiedlich sein.

Unsere enge Nähe an Bord führt zu einem besonderen Verhältnis unter den Besatzungsmitgliedern. Wir teilen Tag und Nacht miteinander und verbringen sogar die Ruhezeiten gemeinsam. Das führt dazu, dass eine andere Art von Bindung und Vertrauen entsteht.

Insgesamt ist die Beziehung zwischen Besatzungsmitgliedern an Bord eines Schiffes aufgrund der intensiven gemeinsamen Zeit und der räumlichen Nähe eher familiär geprägt. In der Tat war ich während meiner Seefahrtszeit oft mehr an Bord als bei meiner eigenen Familie zu Hause, was eine einzigartige Dynamik schafft.

Eva Engel: *Welche Worte hast du abschließend für uns zum Thema Führung?*

Tilo Kalski: Ich beziehe den Anfang mit ein und somit schließt sich der Kreis: Führung, insbesondere Menschenführung, basiert auf Vertrauen. Ein zentraler Aspekt dabei ist, dass die Soldaten und Mitarbeiter, die mir unterstellt sind, Vertrauen in mich haben. Das vermittelt ihnen das Gefühl, dass ihre Arbeit wertvoll ist und sie zu einem gemeinsamen Ziel beitragen. Dieses Vertrauen kann ich mir nur verdienen und erhalten, indem ich jedem Einzelnen Respekt entgegenbringe, unabhängig von der Art der Arbeit. Jeder verdient Respekt dafür, dass er sich morgens erhebt und seinen Beitrag im Team leistet.

Ich kann mich nicht daran erinnern, jemals in einer Situation gegenüber Untergebenen laut geworden zu sein. Ich halte es für unnötig, weil ich nicht schreien muss, um verstanden zu werden. Selbst in hektischen oder stressigen Momenten kann ich meinen Befehl klar und respektvoll kommunizieren. In meinem Ansatz steht das Miteinander im Vordergrund, und ich ermutige gern zum Dialog. Ein »Bitte« kann genauso effektiv sein wie ein strenger Befehl.

In meinen Augen ist Respekt das zentrale Element, und dieser basiert auf Vertrauen.

Eva Engel: *Vielen Dank.*

KAPITEL 3

SOUVERÄNE FÜHRUNGS-PHILOSOPHIE

Kognitive Verzerrungen: Die Individualität des Menschen verstehen

Während meiner sechsjährigen Zugehörigkeit auf der Fregatte KÖLN habe ich in ganz unterschiedlichen Unterkünften gewohnt. Ein Schiff von knapp 140 Metern Länge ist zwar kein Luxusliner, dennoch gab es immer wieder Veränderungen innerhalb der Schiffsorganisation und somit auch bei den persönlichen Unterkünften. Ganz zu Beginn meiner Seefahrerzeit war ich in einem 8er-Deck mit bis zu sieben weiteren Frauen untergebracht. Die Spitzenbelegung von acht Personen erreichten wir allerdings eher selten. Höchstens auf Ausbildungsfahrten oder Auslandseinsätzen kam die Vollbelegung zustande. Der Frauenanteil auf Schiffen generell lag damals bei ungefähr 5–10 %. Bei einer Gesamtbesatzung von rund 200 Personen ist diese Anzahl eher gering. Dieser prozentuale Anteil an Frauen hat sich auch bis heute kaum verändert. Später war ich dann über längere Zeit in einer sogenannten Kammer untergebracht. Die Kammer teilten wir uns zu viert. Hier gab es dann schon eigene Waschräume und etwas mehr Platz war auch dabei.

Vielleicht bekommen Sie gerade ein erstes Gefühl dafür, warum ich Ihnen das erzähle. Wenn wir einen gemeinsamen Auftrag verfolgen, wenn wir die neue Strategie eines Unternehmens umsetzen wollen oder wenn wir als Menschen vor ganz besondere Herausforderungen gestellt werden – wir haben es immer mit Individuen zu tun. Das vergessen wir sehr häufig, wenn es darum geht, gute Führungsphilosophien in unseren

Alltag einfließen zu lassen. Die Frage, die Sie sich bestimmt stellen, ist: Was kann ich tun, um mehr Bewusstsein in meine Führungsrolle einfließen zu lassen?

Auf engstem Raum zu leben und zu arbeiten, verlangt seefahrendem Personal sehr viel ab. Ohne klare Strukturen und Verhaltensregeln wird sich vermutlich kein Leben unter solch außergewöhnlichen Bedingungen führen lassen. Nur spielt hier noch etwas anderes Wichtiges mit hinein: der Wille und die Notwendigkeit von Akzeptanz. Nicht nur zwischen dem führenden Personal und den unterstellten Soldaten, sondern in alle Richtungen. Wir haben es hier mit einer Philosophie zu tun, die weitaus mehr ist, als sich für acht Stunden im Büro zu ertragen und dann frustriert nach Hause zu gehen. Hier werden Entscheidungen für das »Wir« getroffen. Ich selbst habe mich viele Male gefragt, warum eine solche Philosophie in der Deutschen Marine funktioniert, in der Wirtschaft jedoch nicht? Die Wirtschaft leidet auf ihre ganz eigene Art und Weise, und das nicht zu knapp. Hohe Fluktuation, unerreichbare Ziele und Vorgaben, toxischer Umgang miteinander, vielleicht fehlt es grundsätzlich an Ressourcen. Anstatt nun die uns zur Verfügung stehenden Kräfte zu bündeln und als Kollegen, Mitarbeiter und führende Persönlichkeiten gemeinsam gegen das Problem anzukämpfen, werden die Kämpfe untereinander ausgetragen. In neun von zehn Unternehmen (eigene Erfahrung) geht man sich lieber gegenseitig an die Gurgel, statt auf das eigentliche Problem zu schauen. Und das ist meistens eben nicht der Faktor Mensch. Eine vertrauensvolle Führungsphilosophie zu etablieren, ist kein einfaches Vorhaben. Wenn Sie die Möglichkeit haben, sich hier führend als Vorbild zu zeigen, dann nutzen Sie jede Gelegenheit. Sie können sicher nicht alle Probleme aus der Welt schaffen, Sie können sich aber für das Miteinander entscheiden. Wer sich aufrichtig und wertschätzend seiner Belegschaft gegenüber zeigt, wird automatisch zum Vorbild. Sollten Sie sich in einem Unternehmen befinden, in dem Ihre ganz persönlichen Werte nicht gelebt werden, dann wird es kaum möglich sein, diese langfristig zu etablieren. Bevor wir also in unsere Führungsrolle gehen, sollten wir zunächst einmal überprüfen: Was möchte ich? Wer möchte ich als Führungskraft sein? Trägt mein Umfeld dazu bei, dass ich alle meine Überzeugungen auch leben und an meine Mitarbeiter weitergeben kann?

Als Soldaten lernen wir gegenseitigen Respekt sehr schnell. Das Wort »Kameradschaft« ist hier keinesfalls eine 08/15-Floskel. Kameradschaft hat auch nichts mit Aussehen, Geschlecht, Herkunft oder Alter zu tun. Kameradschaft ist ein Wort für »wir«, das man in der Wirtschaft vergebens sucht. Denn das Miteinander lebt von dieser Kultur. Jeder steht für den anderen ein, wenn es notwendig ist. Und das sogar ganz ohne Gegenleistung. Dazu muss man sich nicht immer mögen. Hier zählt vielmehr, wie miteinander umgegangen wird. Ein ähnliches Verhalten konnte ich in der Wirtschaft bisher und nach mehr als 14 Jahren im zivilen Berufsleben kaum oder gar nicht beobachten. Ich kann mir allerdings gut vorstellen, dass die Art der Kameradschaft bei Polizei, Feuerwehr und ähnlichen Institutionen deckungsgleich ist.

Ich habe sehr viele verschiedene Menschen kennenlernen dürfen, und auch ich neige hin und wieder dazu, diverse Schubladen meiner Denkweise zu bedienen. Davon werden wir uns auch nicht gänzlich befreien können. Dennoch: Wenn wir uns bewusst werden, dass wir wieder einer Person eine bestimmte Rolle zuweisen wollen, sollten wir kurz innehalten. Gerade in Führungssituationen passiert es schnell, dass wir falsch urteilen. Denn hier haben wir es häufig mit kognitiven Verzerrungen zu tun.

»Kognitive Verzerrungen sind meist unbewusster Natur und führen zu Annahmen, die deutlich von der Realität abweichen. Durch die Abweichung interpretieren wir Situationen oder Personen nicht korrekt. Somit kann die Interpretation von Informationen verzerrt sein, was letztlich zu falschen Schlussfolgerungen führt.«[17]

Und diese Schlussfolgerungen nennen sich auch Vorurteile oder Neigungen = Bias. Ich möchte Ihnen die wichtigsten Bias vorstellen:

Overconfidence Bias: Die Illusion der Selbstsicherheit

Dieser Bias ist Ihnen vielleicht gar nicht so unbekannt. Zumindest lässt er sich häufig eher bei anderen beobachten, als dass wir dieses Verhalten bei uns selbst sehen würden. Umso wichtiger ist es, diesen Bias als ersten zu erwähnen. Gerade in der Führung und im Unternehmensumfeld ist er von entscheidender Bedeutung. Er tritt nämlich immer dann auf, wenn

Führungskräfte ihre eigenen Fähigkeiten und Entscheidungen gnadenlos überschätzen. Die Auswirkungen können weitreichend sein, da Führungskräfte oft diejenigen sind, die die Strategie und die Richtung des Unternehmens bestimmen.

Mitunter gehen Führungskräfte zu hohe Risiken ein. Sie glauben, die Lage besser zu verstehen, als sie es wirklich tun. Spannend hierbei ist, dass diese hochgeschätzten Experten oft falsch liegen. Ebenfalls interessant ist, dass dieses Verhalten bei Männern viel stärker ausgeprägt ist als bei Frauen.[18] Was nicht ausschließt, dass Frauen ebenso unangenehm selbstüberschätzend sein können. Ein Beispiel dafür ist der mittlerweile stark etablierte Begriff »alte weiße Männer«. Es gibt wahrlich auch alte weiße Frauen, die nicht weniger gefährlich sind. Über diese wird nur nicht so offen kommuniziert.

Für Führungskräfte ist es somit von entscheidender Bedeutung zu wissen, was der Overconfidence Bias ist und wie sie dem bewusst entgegenwirken können. Die Förderung einer offenen Feedback-Kultur kann Führungskräften helfen, sich kritischer mit anderen Perspektiven im Entscheidungsprozess auseinanderzusetzen.

Groupthink: Wie wir Vielfalt ablehnen, damit alle dasselbe denken

Der nächste Bias, den wir uns anschauen, ist das Gruppendenken. Sie sitzen im siebten Meeting des Tages und möchten eine Entscheidung herbeiführen. Es scheint, als seien sich so gut wie alle Anwesenden einig und als könne die Entscheidung schnell und unkompliziert gefällt werden. Auf den ersten

Blick vielleicht. Auf den zweiten wohl kaum. Das Phänomen des Gruppendenkens wird schon seit den 1970er Jahren erforscht. Aus Angst, etwas Falsches zu sagen, passen wir uns eher der Mehrheit an, als dass wir auf Konfrontation gehen bzw. eine andere Meinung vertreten. Wenn nun in der Meetingrunde häufig die Zustimmung für eine Richtung erfolgt, wird kaum jemand seine entgegengesetzte Meinung kundgeben, auch wenn diese womöglich zu einer besseren Entscheidung geführt hätte. Diese unbewussten gruppendynamischen Prozesse laufen aus ganz unterschiedlichen Gründen ab. Es kann z. B. sein, dass der Erwartungsdruck zu hoch ist oder die eigenen Fähigkeiten aufgrund der vorherrschenden Dynamiken unterschätzt werden. Auch taktische Vorgehensweisen sind mitunter Grund dafür, dass wir unsere tatsächliche Meinung verschweigen.[19] Als Führungskraft sollte man diese Wirkung unbedingt beachten und vor allem beobachten. Sie findet tagtäglich statt und verzerrt fortlaufend Ergebnisse und Entscheidungen, die somit nicht zu 100 % real sind. Hier kann es hilfreich sein, vielfältiger zu denken. Machen Sie auch dann den Raum auf, um erneut nach mehreren Perspektiven zu schauen und sich daraufhin für das Optimum zu entscheiden, wenn sich ein einheitliches Bild abzeichnet. Auch der Wunsch nach Harmonie hat auf dieser Ebene nichts zu suchen. Wenn Sie alle Optionen auf dem Tisch liegen haben wollen, hören Sie alle Ansichten vorurteilsfrei an und entscheiden Sie im Sinne der Aufgabe.

Affinity Bias: Weil wir uns selbst am meisten mögen

Eine der subtilsten und gleichzeitig tiefgreifendsten kognitiven Verzerrungen in der Führung ist der Affinity Bias. Dieser Bias ist gefährlich. Er ist gefährlich, weil er dafür verantwortlich ist, dass wir Menschen bevorzugen, die uns ähnlich zu sein scheinen. Wir finden Menschen sympathisch, die so ticken wie wir. Wir bewerten Menschen möglicherweise positiver, weil uns ihr Aussehen gefällt. Umgekehrt neigen wir dazu, Menschen zu benachteiligen, die wir nicht sympathisch finden. All diese Verzerrungen sind real. Wir können sie aufgrund unseres unbewussten Verhaltens jedoch nicht aktiv wahrnehmen. Wir reagieren nur darauf. Interessanterweise kann unser Umfeld dieses Verhalten von außen betrachtet oft sehr gut einordnen.[20] Denn wie oft haben wir uns schon gedacht: »Warum wurde XY befördert und ich nicht? Ich wäre fachlich die deutlich bessere Wahl gewesen.«? Diese Entscheidungen können mit dem Affinity Bias zu tun haben, was sich im Führungskontext deutlich negativ auf ihr Umfeld auswirkt. Beobachten Sie sich einmal selbst: Wie gehen Sie mit Menschen um, die Sie auf der persönlichen Ebene nicht mögen? Ändert sich Ihr Ton? Reden Sie vielleicht mit spitzer Zunge und schauen kritischer auf die Arbeitsergebnisse? Vielleicht neigen Sie auch dazu, demjenigen erst gar nicht richtig zuzuhören? Es gibt viele Beispiele, derer sich der Affinity Bias bedient. Die Wurzel allen Übels liegt in unserer menschlichen Natur. Wir werden somit ganz automatisch von unseren persönlichen Präferenzen geleitet, ohne es zu bemerken. Um dieses Verhalten zumindest einzudämmen, ist es wichtig, neutrale Maßstäbe und Kriterien zu setzen. Nur so haben Ihre Mitarbeiter und Kollegen unabhängig von dieser Verzerrung eine faire Chance.

Halo-Effekt: Warum wir oft zu flachen Urteilen neigen

Im Gegensatz zu den anderen Verzerrungen ist der Halo-Effekt hier und dort schon recht bekannt. Er zielt darauf ab, nicht übereilt Rückschlüsse zu ziehen. Ich kenne ihn seit meiner Berufsausbildung im Jahr 2000. Das damalige Beispiel meiner Ausbilder war Folgendes: Ein 16-jähriges Mädchen, hübsch und sehr motiviert, absolviert ein Praktikum. Sie sieht etwas erwachsener aus, als sie wirklich ist. Allein dadurch wird ihr mehr Kompetenz zugesprochen, als sie tatsächlich hat. Sie erhält Aufgaben, die sie nicht richtig bewältigen kann. Dieser Überstrahlungseffekt begegnet uns tatsächlich sehr häufig. Hier ist es besonders wichtig, sich nicht von oberflächlichen Annahmen leiten zu lassen. Nur weil eine Person eine Sache gut kann, bedeutet das nicht, dass sie alles Weitere in der gleichen Qualität liefert. Auch hier spielt die endlose Debatte hinein, Fachexperten in Führungsrollen zu befördern. Die Annahme, das Führen von Menschen gehe automatisch mit Fachexpertise einher, ist schlichtweg falsch. Bevor Sie sich also von schnell zugänglichen Verhaltensweisen oder allein vom Aussehen leiten lassen, schauen Sie bewusst hin. Meist trügt der erste Eindruck.[21] Er zählt zwar für die meisten Menschen, der Halo-Effekt widerspricht dem dennoch ganz deutlich. Wir dürfen und sollten vor allem einen zweiten, dritten oder gar vierten Blick wagen, bevor wir entscheiden.

Sie sehen, unser Unterbewusstsein spielt uns nicht in die Karten, wenn es um Fairness, Gleichbehandlung oder Neutralität geht. Umso wichtiger ist es, sich dieser Themen anzunehmen und sich auch über dieses Buch hinaus mit den verschiedensten Ausprägungen unseres Naturells zu beschäftigen. Das Aufzeigen dieser kognitiven Verzerrungen soll Sie keinesfalls demotivieren. Wir dürfen uns davon freimachen, dass wir diese Mechanismen aufgrund unseres Unterbewusstseins ganz abschaffen können. Aber allein darüber nachzudenken und die selbst erlebten Situationen Ihres Arbeitsalltags zu reflektieren, unterstützt Sie dabei, nicht auf den Halo-Effekt hereinzufallen.

Von Boomer bis Zoomer: Generationen (wieder) vereinen

Wann genau hat sich eigentlich der Wandel vollzogen, dass wir ältere Generationen nicht mehr als diejenigen einordnen, die uns noch Werte und Lebenserfahrung an die Hand gegeben haben? Wenn wir uns die Lage genauer anschauen, haben wir es in unserer heutigen Zeit eher mit Ablehnung als mit Zuneigung zu tun. Die Kluft zwischen Jung und Alt schien nie größer. Mich persönlich macht das ehrlich gesagt sehr traurig. Aber schauen wir uns das einmal genauer an. Meine ganz persönliche Schlussfolgerung ist, dass die Coronapandemie eine Lawine an Veränderungen losgetreten hat. Wir sprechen von einer rasanten Anpassungsgeschwindigkeit, der viele Menschen so schnell gar nicht folgen konnten. Und das liegt absolut in unserem Naturell. Der Mensch braucht von Natur aus schon lange, um sich an neue Gegebenheiten anzupassen. Das hat nichts mit »wollen« oder »nicht wollen« zu tun. Es wurde digitalisiert, was das Zeug hält. Beinahe alles wurde in Windeseile auf neue Technik umgezogen. Für die heutige erste Generation, die sogenannten Digital Natives oder auch GenZ, ist das sicher eine gute und vorteilhafte Situation. Denn sie ist quasi mit dem goldenen digitalen Löffel im Mund geboren worden. Für die älteren Generationen hingegen passierte hier etwas ganz anderes Wichtiges. Hier hat ein Übergang stattgefunden von der alten Welt, einer Welt, die offline gelebt wurde, zu einer neuen Welt, die nun überwiegend digital gelebt wird. Dieses Extrem darf nicht unterschätzt werden. Ich selbst stamme aus den Achtzigerjahren und empfinde diesen extremen Wandel manchmal als Generationsdepression. Die jungen Menschen haben keine Ahnung, wie es ist, ohne digitale Tools zu leben, sich zu beschäftigen und sozial miteinander zu sein, ohne soziale Medien daran teilhaben zu lassen. Was ich damit ausdrücken möchte: Nur weil uns äußere Umstände dazu nötigen, uns extremen Veränderungen stellen zu müssen, bedeutet das nicht, dass die eine oder die andere Generation besser oder schlechter ist.

Mir ist wichtig, dass verschiedene Perspektiven dazu eingenommen werden. Denn auch das Wertesystem hat sich aufgrund der ganzen Ereignisse stark gewandelt. Stehen für uns, mich, meine älteren Kollegen z. B. Vertrauen, Loyalität und Zusammenhalt im Wertekanon ganz oben auf der Liste, so sind es für die heute jüngeren Generationen eher Vielfalt, Gleichberechtigung oder Nachhaltigkeit. Diese sind keineswegs weniger wichtig, dennoch fehlt es ganzheitlich an Tiefe, die uns die digitale Welt nimmt. Die Kommunikation läuft anders. Sie ist deutlich kurzlebiger und inhaltsloser geworden. Das liegt am fehlenden Emotions- und Informationsfluss, da häufig nur noch getextet statt gesprochen wird. Wenn wir diese Punkte ernsthaft durchdenken, wird schnell klar, dass vieles, was früher eine gewisse Wertigkeit hatte, heute nur noch schwer aufrechtzuerhalten ist. Ich bin weder für noch gegen etwas, und dennoch möchte ich das Bewusstsein schärfen, dass wir nur gemeinsam dagegensteuern können. Wir brauchen mehr denn je gegenseitige Akzeptanz. Wir sollten den älteren Generationen deutlich mehr Respekt zollen, dass Sie überhaupt in der Lage sind, mit gravierenden Veränderungen mitgehen zu können. Gleichermaßen gilt der Respekt den jungen Generationen, wie sie all die Herausforderungen der heutigen Zeit meistern.

Erst kürzlich hatte ich eine Unterhaltung mit einer Kollegin, natürlich in Microsoft Teams. Ich erzählte ganz selbstverständlich davon, dass ich es vermisse, einfach mal ein Büro weiter zu gehen und zu reden. Wir sitzen den ganzen Tag vor dem Rechner und haben irgendwie dazu auch noch verlernt, selbstständig unseren Tag zu durchleben. Denn für alles und jede kurze Sprachsequenz wird ein Meeting angesetzt. Sie sagte daraufhin zu mir: »Ich kenne es nur so.« Und genau das macht mich traurig. Wie viel geht auf diese Weise verloren? Wie sollen unter solchen Bedingungen einmal starke, empathische und selbstbewusste Führungskräfte entstehen? Die digitale Welt ist nicht mehr umkehrbar, aber wir sind immer noch Menschen und wir dürfen die damit einhergehende soziale Komponente nicht gänzlich sterben lassen. Menschen zu führen – und davon bin ich überzeugt – war nie herausfordernder als in der heutigen Zeit.

Um einen Teil dazu beizutragen und mehr Einblicke zu erhalten, wie wir mit den neuen Bedingungen und Herausforderungen umgehen können, dazu habe ich mit Felix Behm gesprochen. Ein großartiges Interview, das viele wichtige Punkte aufgreift, die uns helfen werden, Führung auch hier wieder besser einordnen zu können. Direkt im Anschluss an dieses Kapitel steigen wir mit dem GenZ-Experten in das Interview ein. Viel Freude dabei.

INTERVIEW 3

mit Felix Behm – Generation Z und Führung

GenZ-Experte, Keynote-Speaker, Autor

Felix Behm ist ehemaliger Personaler und Führungskraft aus der Gesundheitsbranche. Durch seine Expertise im Führen von Teams entdeckte er sein besonderes Interesse für die Generation Z. Mit einer klaren Haltung, die besagt: »Lieber arbeitslos als ein sinnloser Job«, klärt Felix Behm heute als Keynote-Speaker leidenschaftlich über die Werte der jungen Generationen auf. Er geht der Frage auf den Grund, wie die Generation Z tickt und welche Ansichten und Bedürfnisse ihr am Herzen liegen. Als Gastgeber des Podcast »GenerationZ-Talk« versteht er sich als Brückenbauer. Damit möchte er das Verständnis und die Akzeptanz für unterschiedliche Generationen fördern.

Eva Engel: *Kannst du uns die Unterschiede in der Arbeitskultur zwischen der Generation Z und den vorherigen Generationen näher erläutern?*

Felix Behm: Es gibt Unterschiede, die in zwei entscheidende Aspekte unterteilt werden können. Zunächst einmal ist die geringe Anzahl junger Menschen von großer Bedeutung. Das allein könnte für ausgedehnte Diskussionen darüber sorgen, wie sich der Arbeitsmarkt verändert. In einem zunehmenden

Arbeitnehmermarkt werden die Arbeitsweise und die Arbeitskultur von jungen Menschen stark geprägt. Sie sind bereit, anspruchsvollere Bedingungen zu stellen oder sich anderweitig umzuschauen, wenn ihnen etwas nicht zusagt. Das wiederum wirkt sich natürlich auf die Art und Weise aus, wie sie ihre Arbeit angehen. Die Arbeitsumgebung möchte hier schon mitgestaltet werden.

Der zweite wichtige Punkt ist die Tatsache, dass die GenZ erstmals vollständig mit der digitalen Welt aufgewachsen ist. Mit dem Erscheinen des ersten iPhones im Jahr 2007, als viele von ihnen etwa zehn Jahre alt waren, sind Smartphones zu einem festen Bestandteil des Alltags geworden. Laut der Postbank Digitalstudie interagieren sie mit ihren Smartphones im Durchschnitt täglich vier bis sechs Stunden oder sogar länger. Das prägt ihre Denkweise sowie die Herangehensweise an Aufgaben. Ein Beispiel hierfür ist die Aufmerksamkeitsspanne, die sich aufgrund der digitalen Prägung deutlich verändert hat.

Eva Engel: *Wie lang ist bei der GenZ im Schnitt die Aufmerksamkeitsspanne?*

Felix Behm: Tatsächlich sehr kurz. Sie liegt so ungefähr bei acht Sekunden, was eine Sekunde kürzer ist als bei einem Goldfisch. Angesichts dieser Tatsache stellt sich die Frage, wie wir Botschaften und interessante Themen effektiv vermitteln können – sei es am Arbeitsplatz oder auch im Marketing. Es geht darum, neue Wege zu finden. Die Inhalte sollten für die GenZ so schnell wie möglich als relevant wahrgenommen werden.

Hier sprechen wir von einem Zeitfenster von höchstens zwei Sekunden, in dem diese Relevanz bewusst wahrgenommen wird.

Eva Engel: *Gibt es erkennbare Unterschiede bei den erworbenen Abschlüssen?*

Felix Behm: Ich habe kürzlich mit einem Schulsozialarbeiter einer Werkrealschule und Hauptschule aus dem Süden Deutschlands gesprochen. Dieses Gespräch war äußerst interessant. Der Sozialarbeiter machte darauf aufmerksam, dass die Wahrnehmung in den Medien, die ich zuvor erwähnte, nicht immer zutrifft. Oftmals wird die GenZ als fordernd dargestellt und mit unrealistischen Forderungen und Wünschen in Verbindung gebracht. Doch auf Hauptschulen z. B. ist die Situation meist ganz anders. Die Schülerinnen und Schüler sind sich durchaus bewusst, dass ihre Chancen begrenzter sind und sie weniger Auswahlmöglichkeiten haben. Ihre Forderungen sind daher eher realistisch. Zum Beispiel wollen sie eine handwerkliche Ausbildung machen und in einem Beruf wie dem des Bäckers tätig sein. Sie setzen sich klare Ziele, die in ihr Umfeld passen, während auf Gymnasien beispielsweise die Option einer Berufsausbildung in den letzten Jahren seltener in Betracht gezogen wird. Hier gehen die Schülerinnen und Schüler oft davon aus, dass sie studieren werden, um später leitende Positionen zu erreichen. Das kann manchmal etwas abgehoben wirken. Es gibt also eine klare Diskrepanz zwischen verschiedenen Schulformen.

Diese Situation wird sich in den kommenden Jahren voraussichtlich noch mal stärker verändern. Und natürlich, wenn die Generation Alpha heranwächst, wäre es sicherlich interessant, ein neues Interview durchzuführen, um die Veränderungen und Entwicklungen zu diskutieren.

Eva Engel: *Wie kann die Brücke zwischen Führungskräften und den verschiedenen Generationen geschlagen werden?*

Felix Behm: Damit ältere Generationen die Jüngeren verstehen, kann ein erster Schritt darin bestehen, die eigenen Prägungen zu hinterfragen und zu reflektieren. Dabei spielt folgende Frage eine entscheidende Rolle: »Was hat mich eigentlich geprägt?«. Dieses Konzept ist äußerst bedeutend, denn es erfordert eine Auseinandersetzung mit der eigenen Erziehung. Die damaligen äußeren Einflüsse und Umstände haben die persönliche Entwicklung von Werten stark beeinflusst.

Wenn dieses Verständnis gewonnen wurde, kann ein Gespräch auf Augenhöhe mit jungen Menschen geführt werden. Durch diesen Ansatz entsteht eine Atmosphäre, in der die GenZ und die nachfolgenden Generationen das Gefühl bekommen, ernst genommen zu werden, das Gefühl, dass echtes Interesse an ihrer Perspektive besteht. Der entscheidende Punkt hierbei ist: Eine erfolgreiche Kommunikation erfordert auch, dass sich Führungskräfte aktiv bemühen, die Denkweisen und Erfahrungen der jungen Generation zu verstehen.

Eva Engel: *Wie fühlen sich die älteren als auch die jüngeren Generationen gleichermaßen wertgeschätzt und verstanden?*

Felix Behm: Interessant festzustellen ist, dass die Wünsche und Forderungen der GenZ oft nur auf Dinge hinauslaufen, die bei anderen Generationen ebenfalls positiv ankommen. Diese Punkte existieren an sich schon sehr lange. Vielen Menschen fehlte jedoch bisher meist der Mut, ihre Bedürfnisse auszusprechen. Daher gestaltet sich der Anfang oft unkomplizierter, wenn wir uns direkt zusammensetzen und überlegen, wie diese Aspekte in das Unternehmen integriert werden können. In meinen Vorträgen betone ich immer wieder folgende drei Schlüsselbereiche:

1. Sinnhaftigkeit
2. Wertschätzung
3. vielfältige Perspektiven für alle Mitarbeiter, angefangen bei Führungskräften über reguläre Mitarbeiter bis hin zum Praktikanten

Die Entwicklungsarbeit wird effektiver, wenn die Firma klare Ziele definiert, in welche Richtung sie insgesamt gehen möchte. Diese Investitionen kommen allen zugute und führen oft unweigerlich zu einer intrinsischen Motivation. Erfolg wird durch wöchentliche Meetings gefeiert, durch Mitarbeiterveranstaltungen, Fortbildungen und Team-Events gefördert. Dadurch entsteht eine natürliche Verbindung, ohne dass diese Frage aktiv gestellt werden muss.

Meine persönlichen Erlebnisse zeigen, dass z. B. die Einstellung eines Geschäftsführers eine wesentliche Rolle spielt. Wenn meine Denkweise nicht mit der des Geschäftsführers übereinstimmt, kann es schwierig werden. Führungskräfte stehen häufig hinter der Meinung des Geschäftsführers und das wiederum kann zu Problemen in der Kommunikation führen.

Es geht hier um Wertschätzung – und zwar in unterschiedlichster Ausprägung. Besonders interessant ist, dass die GenZ unter dem Begriff »Wertschätzung« oft eine Art Anerkennung mit persönlichem Zugang versteht. Das wird oft als »Kuschelfaktor« bezeichnet. Daher ist es wichtig, verschiedene Interpretationen der Wertschätzung in Einklang zu bringen.

Die GenZ ist in einer Kultur der Zustimmung aufgewachsen – sie ist vertraut mit ‚Likes', aber nicht mit ‚Dislikes'. Dieser Unterschied ist tatsächlich ein bedeutendes Merkmal. Es könnte sogar als einer der essenziellsten Punkte betrachtet werden. Denn hierbei handelt es sich um einen Aspekt, der oft eine gewisse Aufmerksamkeit hervorruft, wenn ich in meinen Gesprächen darauf zu sprechen komme.

Eine überlegenswerte Frage ist: Wo finden wir Plattformen, auf denen ‚Dislikes' vorhanden sind? Auf YouTube wurde diese Funktion abgeschafft, auf Instagram gibt es die Möglichkeit, beleidigende Kommentare auszublenden. Diese Besonderheit der fehlenden negativen Rückmeldungen kann durchaus Auswirkungen auf die psychologische Dynamik der GenZ haben. Das sollte unbedingt in Betracht gezogen werden, wenn es darum geht, die Perspektiven und Verhaltensweisen zu verstehen.

Die GenZ erwartet Rückmeldungen. Jedoch geht es dabei nicht nur um einfache Zustimmung via ‚Likes'. Ein einzelnes ‚Like' hat nicht die gleiche Bedeutung wie zehn oder sogar 50 ‚Likes'. Später betritt diese Generation die Unternehmenswelt und erfährt gefühlt Ablehnung durch fehlende Aufmerksamkeit. Es wird nicht als Wertschätzung wahrgenommen. Wenn zu Beginn einer neuen Tätigkeit im Unternehmen Kritik geäußert wird, kann das eine negative Dynamik erzeugen. Das ist nicht das, was die GenZ sich vorstellen oder hören will.

Eva Engel: *Können wir davon ausgehen, dass die Generation Z durch ihr Aufwachsen in der digitalen Welt deutlich reifer ist?*

Felix Behm: Gute Frage, hatte ich so noch nie in einem Interview. Ich würde sagen, die GenZ ist vielseitiger aufgestellt. Dank der unmittelbaren Verfügbarkeit von Informationen über Online-Plattformen können wir uns schnell und gezielt über Dinge informieren. Das hat zweifellos unser kognitives Verständnis stark vorangebracht. Die Möglichkeit, Wissen auf Knopfdruck zu erlangen, ist ein Fortschritt.

Wir verlieren möglicherweise das Gleichgewicht, da viele von uns viel Zeit vor dem Smartphone verbringen. Dadurch könnten andere Fähigkeiten und Aktivitäten vernachlässigt werden. Ein Beispiel wäre die Vernachlässigung von Sport oder anderweitigen Hobbys. Ein interessanter Bezugspunkt wäre hier z. B. die Bundeswehr. Die Idee, dass wir dort eine Zeit lang physische und mentale Fähigkeiten außerhalb der digitalen Welt stärken könnten, ist faszinierend. Es geht immer um das Finden einer

Balance, die in der heutigen Zeit oft verloren geht. Die Frage ist gar nicht so einfach zu beantworten. Ich würde sagen, ja. Sie sind weiter, aber auf einem sehr schmalen Grat. Damit gehen auch psychische Belastungen in einem Umfang einher, den wir so noch nie hatten.

Eva Engel: *Welche Ansätze haben sich deiner Meinung nach als praktikabel im Umgang mit der Generation Z erwiesen?*

Felix Behm: Kürzlich stieß ich auf die Anzeige eines Unternehmens in der Zeitung. Sie warb damit, dass man in dieser Firma mehr verdienen könne. Diese Art von Ansatz funktioniert beispielsweise nicht mehr. Es ist nicht praktikabel, mit solchen Argumenten zu kommen, ohne sich zuvor mit Studien und Umfragen auseinandergesetzt zu haben. Wir müssen lernen, die Bedürfnisse der GenZ zu verstehen. Geld ist laut meinen Podcast-Gästen und Umfragen eher weniger wichtig heutzutage.

Es lässt sich allgemein sagen, dass eine individuelle Herangehensweise unerlässlich ist. Unternehmen müssen sich mit jedem Einzelnen befassen. Hier gilt es herauszufinden, wie jeder als ein wertvolles Zahnrad in das Unternehmen eingebunden werden kann. Der Versuch, universelle Ansätze wie Gehaltserhöhungen oder monatliche Fitnessstudio-Gutscheine für alle umzusetzen, wird nicht erfolgreich sein. Dafür sind die Wünsche und Bedürfnisse der GenZ zu vielfältig und individuell. Die individuelle Betrachtung wird in den kommenden Jahren meiner Ansicht nach noch bedeutender werden, da dies oft vernachlässigt wurde.

Eva Engel: *Wie wirkt das folgende Zitat von Paul Watzlawick, Psychotherapeut und Kommunikationswissenschaftler, auf dich: »Im Laufe der Zeit stellt sich immer wieder heraus, dass sich wellenförmig größere Gruppen von Menschen davon überzeugen, dass die Generationenlücke geschlossen werden kann und daher muss. Das, meine Damen und Herren, schafft ungeahnte Probleme. Der Versuch, die Lücke zu schließen, ist das Problem.«?*

Felix Behm: Mittlerweile haben sich ganze 19 Generationen entwickelt, wenn wir die Geschichte verfolgen. Schon in der Vergangenheit gab es immer wieder Generationskonflikte. Bereits vor über 5000 Jahren äußerte Konfuzius ähnliche Gedanken wie heute.

Doch die Welt ist bis heute nicht untergegangen. Dieses Muster bleibt bestehen. Dies ist jedoch auch ein Zeichen dafür, dass Interaktion und Auseinandersetzung miteinander notwendig sind. Es gibt Arbeitsumfelder, die als Top-Arbeitgeber gelten, und solche, die nicht für jeden passen. Gleiches gilt für den privaten Bereich. Die Generationskonflikte wurzeln oft in ungelösten Problemen der Vergangenheit, die von den Eltern an ihre Kinder weitergegeben werden. Mit der Zeit entfernen wir uns von diesen Vorprägungen, doch gewisse Auswirkungen können weiterhin spürbar sein.

Paul Watzlawick hatte recht: Die Generationslücke wird wohl nie komplett geschlossen werden, und das ist völlig in Ordnung. Dennoch sollten wir Verständnis für beide Seiten haben.

Die Älteren können den Jüngeren wertvolle Erfahrungen vermitteln, während sie gleichzeitig von deren modernem Wissen profitieren können. Es entsteht eine wechselseitige Beziehung des Lernens und Lehrens, die auch für kommende Generationen wertvoll sein wird.

Eva Engel: *Was wird sich mit der Generation Alpha im Arbeitsumfeld verändern?*

Felix Behm: In der Zukunft werden sich verschiedene Aspekte der Arbeitswelt ständig verändern. Ein deutlicher Trend wird in Richtung projektbasiertes Arbeiten gehen. Das bedeutet, dass Festanstellungen seltener werden. Projekte werden abgeschlossen und der Rest wird von künstlicher Intelligenz übernommen – eine Entwicklung, die wir uns heute schwer vorstellen können. Aber sie zeichnet sich bereits ab. Plattformen, auf denen Freelancer ihre Dienste für begrenzte Projekte anbieten, werden zur Norm. Diese Veränderung betrifft natürlich auch die GenZ. Für die GenAlpha wird das in Zukunft selbstverständlich sein. Ständige Weiterentwicklung wird in verschiedenen Formen sowohl privat als auch beruflich eine Rolle spielen. Individuelle Förderung ist der Ursprung dieses Ansatzes. Dieser wird sich bei der GenAlpha fortsetzen.

Die GenAlpha wird als erste Generation hautnah miterleben, wie Berufe, die heute existieren, morgen möglicherweise nicht mehr am Markt gefragt sind. Das wird voraussichtlich in den nächsten fünf bis zehn Jahren geschehen. Ein beträchtlicher Teil der heutigen Mittelstandsberufe wird transformiert oder

ersetzt werden. Neue Berufsbilder, wie beispielsweise der E-Commerce-Kaufmann, werden entstehen. Die Entwicklung wird stark in Richtung Kreativität und Rhetorik gehen. Das sind Bereiche, welche die KI vorerst nicht übernehmen kann.

Das alles fällt unter den Oberbegriff der ständigen Veränderung. Wenn sich die nächste Generation auf die genannten Aspekte konzentriert und sich darin weiterentwickelt, wird sie sich den Herausforderungen des Arbeitsmarktes und auch des privaten Lebens erfolgreich stellen können. Ein weiterer Punkt, den ich ansprechen möchte: Die GenAlpha wird die erste Generation sein, die Gedanken nahezu unmittelbar von einem Smartphone in das Gehirn übertragen kann. Eine unglaubliche Vorstellung. Mithilfe implantierter Chips im Kopf ist das bereits heute machbar.

Eva Engel: *Werden sich die Anforderungen an die Arbeitsleistung ändern?*

Felix Behm: In der Tat wird sich das Anforderungsprofil in der Zukunft verändern, insbesondere weil viele Arbeitsplätze wegfallen werden. Wir befinden uns in einer Zeit, in der maschinelles Lernen und automatisierte Prozesse immer stärker zum Einsatz kommen. Das hat zur Folge, dass bestimmte Jobs von Maschinen und Robotern erledigt werden können. Dies führt wiederum dazu, dass sich das Anforderungsprofil für Arbeitskräfte ändern wird. Es wird noch wichtiger sein herauszufinden, in welchen Bereichen man wirklich brilliert. Um in diesem veränderten Arbeitsumfeld erfolgreich zu sein, ist es unerlässlich, die eigenen Stärken genau zu kennen und zu nutzen.

Die zukünftige Arbeitswelt erfordert von den Individuen ihre wirklichen Talente und Fähigkeiten. Sie müssen sie erkennen und optimal einsetzen. Unternehmen werden verstärkt nach Mitarbeitern suchen, die eine klare Expertise in einem bestimmten Bereich aufweisen. Diese Anpassung ist vonnöten, da Jobs, die rein mechanische Aufgaben erfordern, vermehrt wegfallen werden. Es wird zunehmend wichtiger, zu wissen, was man wirklich kann und wie diese Fähigkeiten im Unternehmenskontext eingesetzt werden können.

Eva Engel: *Welche Botschaft zum Thema Führung und natürlich in Bezug auf die GenZ möchtest du uns mit auf den Weg geben?*

Felix Behm: Die heutige und zukünftige Arbeitswelt stellt die Anforderung an Führungskräfte, flexibel zwischen unterschiedlichen Rollen zu wechseln. Die Beziehung zwischen Mitarbeitern und Führungskräften spielt eine entscheidende Rolle für das Engagement und die Bindung der Mitarbeiter an das Unternehmen. Für Führungskräfte wird es immer wichtiger, nicht nur als Vorgesetzte, sondern auch als Coach, Mentor und Vorbild aufzutreten. Führungskräfte sollten die unterschiedlichen Rollen geschickt ausfüllen und eine unterstützende, inspirierende und fördernde Atmosphäre schaffen. Sie können maßgeblich dazu beitragen, dass sich Mitarbeiter im Unternehmen wohlfühlen. Mitarbeiter verlassen oft nicht das Unternehmen selbst, sondern ihren Vorgesetzten.

Eva Engel: *Vielen Dank.*

»Wenn Mobbing, Diskriminierung, Sexismus oder Machtmissbrauch in unser aller alltäglichen Arbeitssituation stattfindet und niemand Veränderung herbeiführt – dann werden wir alle zu Tätern. Jeder ist mitverantwortlich.«

Eva Engel

MOTIVIERT ZU STARKER FÜHRUNGS-KULTUR

Getränkt in Gefahr – Die Schattenseite der Unterhaltungsindustrie

Im ersten Abschnitt dieses Buches, im Kapiteleinstieg »Neuanfang auf Umwegen«, habe ich Ihnen erste Einblicke in die Deutsche Marine gegeben. Wir sind gemeinsam auf die Reise gegangen, sogar bis nach Afrika. Sie haben ein erstes Gefühl dafür bekommen, wie es sich anfühlt, als Soldatin bei der Marine zu sein. Sie haben Einblicke in die Führungskultur erhalten und wissen, dass sehr viel Wert auf Kameradschaft, Werteverständnis und Miteinander gelegt wird. Der Beruf der Soldatin war für mich viel mehr als nur eine Tätigkeit. Es war mir schon immer ein Anliegen, etwas Positives zu meinem Berufsumfeld beitragen zu können. Durch die internationalen Seevorhaben konnte ich dieses Bedürfnis vollends ausschöpfen. Und somit kann ich heute sagen: Ich würde mich immer wieder für die Marine entscheiden.

»Bitte beachten Sie die Triggerwarnung: Es kann zu für Sie unangenehme Wortlaute in Bezug auf Drogenkonsum und sexuelle Äußerungen kommen.«

Gemeinsam haben wir die ersten drei Kapitel erschlossen und schauen jetzt zusammen auf den nächsten Abschnitt: »Motiviert zu starker Führungskultur«. Und damit herzlich willkommen im zweiten Abschnitt dieses Buches. Auch dieser Kapiteleinstieg »Getränkt in Gefahr« wird Ihnen wieder viele Perspektiven bieten, Führung neu einzuordnen.

Vom Meer zur Wirtschaft: Ein mentaler Wechsel

An dieser Stelle vollziehen wir einen mentalen Switch von der Marine in die Wirtschaft. Wie es zu meinem Wechsel in die Wirtschaft kam – obwohl ich von der Marine so stark überzeugt bin –, das erfahren Sie gleich. Auch hier wird es sehr transparent und nachvollziehbar weitergehen. Wir befinden uns nun im Wirtschaftsumfeld. Ich bin mir sicher: Erst wenn wir offen über unterschiedliche Führungserlebnisse sprechen, kann sich etwas verändern. Veränderung findet, wie so häufig, in zwei Richtungen statt. Es kann sein, dass sich das Umfeld zum Negativen entwickelt oder aber, und das ist der deutlich angenehmere Part, dass sich vieles in unserem Arbeitsumfeld in eine positive Richtung entwickelt. Leider ist es so, dass wir, wenn es um Führung und Kultur geht, größtenteils keinen direkten Einfluss darauf haben. Es sei denn, wir sind bereits die Person, die das Unternehmen, die Institution oder Ähnliches leitet. Wir können lediglich im Rahmen unserer Möglichkeiten als Vorbild agieren.

Hierzu können Sie auch noch einmal einen Blick in die ersten drei Kapitel werfen. In diesen Kapiteln geht es ausschließlich um die eigene Wahrnehmung und die so notwendige Selbstreflexion. Weiterhin werden Ihnen dort schon Auszüge aus den ersten drei Experteninterviews passend zum Kapitel zur Verfügung gestellt.

Wir können negative Verhaltensweisen in Unternehmen nicht gänzlich steuern. Meist sind diese Verhaltensweisen so fest verankert, dass nur der Austausch, also ein genereller Wechsel der obersten Führungsebene, zu einer Veränderung beitragen würde. Ich sehe das größte Hindernis im Wandel zu besseren Bedingungen hauptsächlich darin, dass extreme Führungsbeispiele gar nicht erst kommuniziert werden. Sie werden allgemein als gegeben hingenommen. Das ist ein Problem. Vor allem in der Wirtschaft.

Kommt Ihnen gerade ein unangenehmes Beispiel in den Kopf? Haben Sie schon einmal eine respektlose Führungskraft erlebt oder sich gefragt: »Wie kann jemand nur so drauf sein? Das ist ja total unmenschlich. Also wirklich.«?

Ich bin mir sicher, dass wir alle bereits mit absolut untragbaren Situationen zu tun hatten. Leider, und das soll nicht entmutigend sein, werden wir auch weiterhin damit stark konfrontiert sein. Denn schlimme Führungsbeispiele werden oft nicht kommuniziert, z. B. aus Angst, den Arbeitsplatz zu verlieren. Sie werden nicht kommuniziert, aus Angst, verurteilt zu werden. Oder sie werden nicht kommuniziert, weil das Machtgefüge zu stark ausgeprägt ist und somit von vornherein keine Veränderung in Aussicht gestellt werden kann. Macht an sich ist ein sehr attraktives Tool, um Menschen aktiv zu steuern. Genau ein solches unangebrachtes Privileg ist auch in der heutigen Zeit überall zu finden. Es wird nur besser verschleiert. Die sozialen Medien helfen heutzutage dabei, über diese Tücken hinwegzutäuschen. Die Reputation wird auf Fehlinformationen aufgebaut. Auch ist diese Art von Machtverhältnissen immer noch zu stark verwurzelt. Die Führungsleistung selbst wird dabei häufig außer Acht gelassen oder gar nicht berücksichtigt. Das bedeutet, dass selbst bei unangebrachten Führungsmethoden meist der Status einer Person die treibende Kraft ist, über dieses Fehlverhalten hinwegzusehen. Konsequenzen bleiben somit aus. Dieses Verhalten sollte hinterfragt werden. Jede Person, die ein unangebrachtes Verhalten duldet, ist mitverantwortlich. Woran genau das liegt? Das lasse ich an dieser Stelle so stehen. Auch hier kann ich mir gut vorstellen, dass Sie bereits das ein oder andere passende Bild vor Augen haben.

Laute Musik dröhnte durch die Event-Location. Feiernde Menschen tanzten zu ihren Lieblingssongs. Die Bar war gut besucht, der VIP-Bereich überschaubar gefüllt. Ein klassischer Abend am Wochenende. Die Security am Eingang wägte immer noch ab, wer in die Location darf und wer nicht.

Und ich? Ich drehte meine Runden und guckte, ob soweit alles in Ordnung war. Jetzt könnte man vermuten, ich würde hier mit einem Nebenjob ein paar Euro dazuverdienen, aber nein. Tatsächlich gehörte diese Art der Arbeit für eine Weile zu meinen Aufgaben in Festanstellung als Marketingmanagerin – am Freitag oder Samstag in der Location vor Ort zu sein. Und zwar im entsprechenden Outfit: möglichst hohe Schuhe, Rock oder Kleid und natürlich so freundlich wie nur möglich. Sie fragen sich, was das für ein Job gewesen sein soll? Dazu kommen wir gleich.

Grenzen und Hindernisse überwinden

Zunächst einmal fiel eines Tages, während meines Dienstes an Bord, folgende Entscheidung: Ich werde meine Dienstzeit nicht verlängern. Meine Dienstzeit im Militär betrug acht Jahre. Ich werde demnach alle Mittel, die mir die Bundeswehr zur Verfügung stellt, nutzen und studieren. Da ich vor meiner aktiven Zeit in der Marine bereits eine Berufsausbildung abgeschlossen hatte, war das mit eine der besten Optionen. Der Berufsförderungsdienst ist unter anderem für die Wiedereingliederung von Soldaten zuständig. Eine großartige Unterstützung, wenn man sie in Anspruch nimmt, um von der Bundeswehr in die Wirtschaft zu wechseln. Dennoch habe ich viele Kameraden erlebt, die diese Förderung nicht in Anspruch genommen haben. Sie haben das breite Weiterbildungsangebot leider nicht für sich entdecken können.

Warum also kam ich überhaupt auf den Gedanken, den zivilen Weg einzuschlagen? Ich hatte die besten Beurteilungen, sogar Sonderbeurteilungen waren dabei. Diese gibt es nur für besondere Leistungen. Und ich wurde von meinen Vorgesetzten mehrfach mit überdurchschnittlichen Beurteilungen in die Auswahlverfahren für die nächste Laufbahn geschickt. Im Grunde kann man sagen, in der Bundeswehr gibt es vier Laufbahngruppen:

Laufbahn der Mannschaften

Laufbahn der Unteroffiziere

Laufbahn der Unteroffiziere mit Portepee

Offizierslaufbahn

Um nun in die nächsthöhere Laufbahn aufzusteigen, müssen aktiv Laufbahnbeurteilungen ausgestellt werden. Diese erhielt ich u. a. vor allem im Zuge des Auslandseinsatzes. Ich berichte darüber auch ausführlich im ersten Kapiteleinstieg: »Der unerwartete Abschied«.

Mein damaliger Vorgesetzter, den ich als meinen Mentor beschreibe, stellte mir nach meiner Ankunft in Afrika eine solche Sonderbeurteilung aus. Zunächst wusste ich gar nichts davon. Für mich war es damals selbstverständlich, alle Hebel in Bewegung zu setzen, um wieder bei der Besatzung zu sein. Ich erzählte davon, dass ich sehr viele Hürden hatte umschiffen müssen, bis ich mit meiner Ausnahmegenehmigung wieder auf die Schiffsbesatzung traf. Und jetzt erhielt ich dafür eine über die Maßen ausgestellte Beurteilung. Damals verstand ich den Umfang dieser Beurteilung nicht. Wie gesagt, ich war nur froh, wieder da zu sein. Dennoch war diese Beurteilung mehr als nur eine Anerkennung.

Der letzte Satz der Sonderbeurteilung lautete: »Obermaat (OMt) Engel hat sich weitere Förderung verdient und die Marine sollte bemüht sein, diesen hoch motivierten und äußerst fähigen Unteroffizier an sich zu binden.« Das war im Jahr 2007.

Zu diesem Zeitpunkt befanden wir uns gerade im besagten Auslandseinsatz, in den ich nachgeflogen war. Ich übte meinen

Job noch leidenschaftlicher aus als ohnehin schon. Diese Beurteilung on top motivierte mich natürlich. Ich hatte bereits bildlich vor mir, wie ich die nächste Laufbahn einschlagen wollte. Wenn ein Laufbahnwechsel stattfindet, werden alle Auserwählten zunächst auf weiterführende Lehrgänge geschickt. Das kann mitunter bis zu zwei Jahre dauern. Für Offiziere kommt noch ein Studium hinzu. Fachlehrgänge, aber vor allem Führungslehrgänge sind hier Normalität. In Theorie und Praxis werden die Soldaten fortlaufend auf ihre neuen Rollen vorbereitet. Somit ist es nicht möglich, aufzusteigen und Dienstposten zu besetzen, ohne die jeweiligen Lehrgänge absolviert zu haben.

Zu Beginn meiner Karriere in der Marine kam mir außerdem meine zuvor absolvierte Ausbildung zugute. Diese Ausbildung hatte sich als wichtige Funktion herausgestellt. Denn ich war dadurch in der privilegierten Situation, mit bereits erhöhtem Dienstgrad in einer höheren Dienstgradgruppe einzusteigen. Somit war ich nicht nur eine der ersten Frauen überhaupt in der Marine in operativer Verwendung, sondern stieg auch noch höher ein. Dadurch war ich ab Tag eins in einer Vorgesetztenposition. Die damalige Wehrpflicht verstärkte diese Funktion deutlich. Denn es gab sehr viele Mannschaftsdienstgrade. Erst nach Aussetzen der Wehrpflicht im Jahr 2011 änderte sich die Struktur in den Dienstgradgruppen erheblich. Aufgrund meines Einstiegs mit höherem Dienstgrad kam es hin und wieder vor, dass sich einige Kameraden besonders herausgefordert fühlten. Das wurde oft zum Anlass genommen, mich immer und direkt in meine Vorgesetztenposition zu bringen. Ich durfte also ab Tag eins lernen, was es heißt, Menschen zu führen und diese auszubilden. So wurde ich bereits in der Grundausbildung meines Soldatendaseins immer wieder aufgefordert, meinen eigenen Zug zu führen. Eigentlich war ich ja selbst noch in der lernenden Rolle. Hierzu kann ich allerdings jetzt schon anmerken, dass ich nie schneller etwas lernte als zu dieser Zeit. Denn jemanden etwas tun zu lassen und erst im Nachgang das Ergebnis zu besprechen, ist ein genialer Ansatz, um viele Lernmethoden zu vereinen. Dieses Phänomen begleitete mich durch alle meine Fach- und Führungslehrgänge. Wenn es etwas gab, wobei sich jemand freiwillig melden konnte und ein Beispiel statuiert wurde, war ich ganz vorn mit dabei.

An alle Kameraden der damaligen Zeit: vielen Dank dafür! Dieses konsequente Fordern hat mich persönlich sehr stark entwickelt. Insgesamt kann ich heute rückblickend sagen: Ich kenne kein Umfeld, das flexibler und respektvoller im Umgang mit Veränderung war. Frauen haben sich hervorragend in die Truppe integriert und sich den Herausforderungen gestellt – ebenso wie alle männlichen Kameraden. Es ist wie überall: Es gibt diejenigen, die für ihren Job brennen, und wiederum diejenigen, die es nicht tun.

Die Suche nach Sinn und Zugehörigkeit

Jetzt war ich also kurz davor, den nächsten wichtigen Schritt in der Marine zu gehen. Ich würde einen Laufbahnwechsel erleben. Als Offizier hatte ich mich zum damaligen Zeitpunkt noch nicht gesehen, dafür war ich einfach noch nicht weit genug entwickelt. So erfreute ich mich an den Dingen, die da kommen sollten.

Es dauerte zu meinem Erstaunen gar nicht lange, bis eine Antwort kam. Um es kurz noch einmal aufzugreifen: Wir waren immer noch im Auslandseinsatz, immer noch im Einsatz im Indischen Ozean gegen Terror, Menschen-, Drogen- und Waffenhandel. Und dann flattert die Entscheidung über das Auswahlverfahren beiläufig so rein. Ich erinnere mich sehr gut, dass der Schiffswachtmeister mich zu sich rief. Ich ging also zur Schiffswachtmeisterei, an sich ein Personalbüro. Von dort werden alle persönlichen Belange bearbeitet, die Personalakten geführt und alles rund um die einzelne Person geregelt. Da ich nicht wusste, dass es sich um das Ergebnis des Auswahlverfahrens handelte, war ich auch nicht darauf vorbereitet, was gleich passierte.

Der Schiffswachtmeister schaute mich an und sagte mit leiser Stimme: »Es tut mir sehr leid. Warum sie so entschieden haben, kann ich Ihnen leider nicht sagen.« Dann sollte ich die Empfangsbestätigung unterschreiben. Somit war das Auswahlverfahren hier für mich beendet.

Da ich es nicht verstand, musste ich natürlich noch mal nachfragen, wie die Ablehnung zustande gekommen war. Interessanterweise wurde ich »nur« aus gesundheitlichen Gründen nicht ausgewählt, aus fachlichen Gründen hingegen schon. Ist das nicht verrückt? Ich befand mich mit über 200 Kameraden gerade auf See im Einsatzgebiet um Afrika, mit meiner Ausnahmegenehmigung, und wurde abgelehnt. Das war eine sehr interessante und vor allem lehrreiche Situation. Die Skurrilität dahinter verstand zu diesem Zeitpunkt tatsächlich niemand an Bord. Auch für mich ist es bis heute eine schmerzliche Erfahrung.

Wie viele andere Soldaten auch war ich zu diesem Zeitpunkt im Bundeswehrverband. Ein Verband, der Soldaten in genau solchen Belangen unterstützt. Nach dem Einsatz suchte ich hier den Kontakt, um mir eine weitere Meinung einzuholen. Aber vor allem, um die Situation noch einmal neu einordnen zu lassen. Auch hier stieß ich auf verblüffte Gesichter. Die Faktenlage war eindeutig. Das Ergebnis ließ sich nicht rückgängig machen, aber ich hatte über den Rechtsweg eine hundertprozentige Erfolgsaussicht. Da stand ich nun: Ich war 25 Jahre alt und musste entscheiden, ob ich meinen Job einklage. Keine leichte Entscheidung, glauben Sie mir. Ich habe sehr lange darüber nachgedacht. Heute noch kommen mir hin und wieder die Gedanken in den Sinn. Was wäre gewesen, wenn? Ich habe es nicht getan. Ich habe keine rechtlichen Schritte eingeleitet. Dafür gibt und gab es einige gute Gründe.

Ich fuhr zu diesem Zeitpunkt schon einige Jahre zur See. Somit war dieser Part sehr stark in meinem Privatleben verankert. Denn als Seefahrer hat man kein Privatleben. Unser Leben findet auf dem Schiff und auf den Meeren dieser Welt statt. Es gibt Auszeiten, Werftliegezeiten und Urlaubsphasen. Bei ca. 200 Abwesenheitstagen im Jahr können wir nicht mehr von einem normalen Job sprechen. Während dieser Zeit sind die Kameraden auf dem Schiff unsere engsten Vertrauten, gute Freunde und natürlich Weggefährten. Mit ihnen schippern wir um die halbe Welt, teilen die Unterkünfte und wechseln uns im Tag- und Nachtdienst ab. Vielleicht ist es sogar eine Art Parallelwelt. Ein ganz eigener Kosmos – und eine Aufgabe, die man nicht ewig machen kann. Auch hier braucht es Auszeiten. Mit diesem Hintergrundwissen stellte ich nun meine eigene Denkweise auf die Probe. Möchte ich immer Seefahrer sein oder möchte ich die Möglichkeiten, die sich unter anderem in der Wirtschaft aufzeigen, wahrnehmen? Das war eine Betrachtungsweise. Die andere Betrachtungsweise war plump: Ich war zu stolz. Ich war jung und zu stolz, um trotz aller oder genau wegen all der guten Beurteilungen gerichtlich gegen diese Entscheidung vorzugehen. Ganz nach dem Motto: Wenn ihr nicht möchtet, dann geht eine gute Person und wechselt in die Wirtschaft. Ich möchte dabei anmerken, dass es sich hier um rein formale Ereignisse handelt, die nicht im Kontext zum Thema Führung stehen.

Somit war es beschlossene Sache. Ich verließ nach Dienstzeitende die Bundeswehr. Schweren Herzens, aber ich hatte mich entschieden.

Wie ich von der Marine in eine Event-Location gekommen bin? Das frage ich mich ehrlich gesagt heute auch hin und wieder. Diese Gedanken kommen meist nur kurz. Denn wir dürfen eines nicht vergessen: Unsere eigene Entwicklung schreitet kontinuierlich voran. Heute würden wir wahrscheinlich viele Entscheidungen noch genauso treffen, wie wir es früher getan haben. Das ist auch genau richtig so. Hätte ich mich nicht für neue Wege entschieden, würden Sie dieses Buch heute nicht in den Händen halten. An dieser Stelle hiermit ein kleines Dankeschön an Sie.

Kontraste und Kulturen

Mit Ende 20 hatte ich das Studium hinter mich gebracht. Nun stand mir die ganze Welt wieder offen. Das sollte sich allerdings später nicht ganz so philosophisch darstellen, wie zuvor in meinen Gedanken ausgemalt. Ich ging nach Berlin und wollte wieder so richtig durchstarten. Marketing war damals der heiße S*it schlechthin. Nicht Onlinemarketing, sondern Marketing, klassisch und robust, vielleicht in Ansätzen digital. Genau hier suchte ich die Herausforderung. Es lag mir einfach. Sinn für das Optische, ein ausgeprägter Schreibstil, gutes Farbempfinden, Werbetauglichkeit. Ich war im siebten Himmel. Vorerst.

Denn schnell merkte ich, dass die Wirtschaft von anderen Wertvorstellungen geprägt war, als ich es zuvor aus der Bundeswehr kannte. Und zwar völlig anderen. Wo Zivilisten doch oft vermuten, in der Bundeswehr würde nur geschrien, erlebte ich genau dieses Bild jetzt in der Wirtschaft zum ersten Mal. Zu keinem Zeitpunkt in meiner gesamten Bundeswehrzeit wurde ich auch nur einmal angebrüllt oder beleidigt, erst recht nicht grundlos. Interessant, dass ich diese Erfahrung ausgerechnet jetzt machen durfte, jetzt, da ich keine Uniform mehr trug. Von cholerischen Vorgesetzten bis hin zu völlig unfähigen Führungskräften war und ist bis heute alles dabei. Dieser Missstand brachte mich schnell dazu, mich nach meinem ersten Marketingjob wieder nach einer neuen Aufgabe umzuschauen – weg von den dort herrschenden Bedingungen.

Ich verstand nicht einmal, was hier vor sich ging. Die Wirtschaft ist so komplex in ihrer Art und Weise – ebenso wie die

Bundeswehr. Mit nur einem Unterschied: In der Wirtschaft gibt es keinen Schutz. Was meine ich damit? Wenn wir zur Bundeswehr schauen, finden wir Regelungen, Gesetze, sogar eigene Führungs- und Verhaltensvorschriften. Finde ich das gut? Absolut. Sollte es deutlich mehr Regularien in der Wirtschaft geben? Ebenfalls absolut.

Ich habe inzwischen viele Jahre damit verbracht, die Situationen, in denen ich mich befand, wieder und wieder zu analysieren. Erst in den letzten Jahren verstand ich es: Die Muster, die sich unabhängig von den Branchen zeigen, sind immer gleich. Die Unfähigkeit in den Führungsetagen taucht immer wieder auf, nur in anderen Nuancen. Es spielt wahrlich keine Rolle, ob wir uns in einem hippen Agenturumfeld oder in der Produktion eines Automobilzulieferers befinden, ob wir heute in einem KI-Unternehmen den neusten S*it in den Markt begleiten oder ob wir ganz traditionell kaufmännisch arbeiten. Wir begegnen ihnen überall und in jeder Facette: Menschen in Positionen, in denen sie nicht sein sollten. Zu Beginn dachte ich noch, dass ich vielleicht einfach nur die falsche Wahl getroffen und mich für den falschen Job entschieden hätte. Aber mit der Zeit wurde es immer offensichtlicher: Die Wirtschaft hat ein Bildungs- und Führungsproblem.

»Eva, wir wollen dich gern einstellen. Das Gespräch mit dir hat uns gut gefallen. Deinen Dialekt könntest du noch etwas reduzieren und mehr hochdeutsch sprechen, aber ansonsten freuen wir uns, dich hier bald im Team zu begrüßen.«

Diesen Anruf erhielt ich also, als ich mich dazu entschied, nach einer neuen Marketingstelle zu suchen. Das Bewerbungsgespräch hatte ich hinter mich gebracht, somit stand dem nächsten Versuch, zu etwas Erfüllendem beitragen zu können, nichts im Weg. Die Erfüllung lag dabei unter anderem darin, Menschen eine gute Zeit zu verschaffen – beruflich in Form von Business-Events und privat in Form von Freizeitgestaltung. Wo genau war ich nun untergekommen? Ich war jetzt Marketingmanagerin in einer durchaus sehr bekannten Event-Location in Berlin. Mitunter fanden dort sehr medienpräsente Veranstaltungen statt. Nicht selten kamen bekannte Persönlichkeiten vorbei. Auch Michael Jackson oder Rihanna waren schon dort. Das Angebot an Musik- und DJ-Acts war stets auf höchstem Niveau. Die Zusammenarbeit mit Radiosendern war an der Tagesordnung. Vermutlich vermisste ich nach der jahrelangen Seefahrt irgendetwas, irgendeinen skurrilen Rhythmus, der mich nun glauben ließ, das sei in diesem Moment genau das Richtige für mich. Also wurde ich Teil einer Location, in der sich Menschen vergnügen und Spaß haben. Zumindest auf den ersten Blick. Wie dieser vermeintliche Spaß jedoch auch noch aussehen konnte und das Ausmaß dessen, all das war mir überhaupt nicht klar. Manchmal habe ich das Gefühl, dass ich zu dieser Zeit keine Sensoren für falsches Verhalten hatte. Das gute Gefühl, in einem sicheren Umfeld zu arbeiten, nahm ich von der Bundeswehr ganz selbstverständlich mit in die Wirtschaft.

Was meine ich damit, wenn ich hier von einem sicheren Umfeld schreibe? Hier geht es nicht um den Geldaspekt oder die Absicherung, in einem festen Arbeitsverhältnis zu stehen. Hier geht es um Vertrauen. Zu wissen, dass man seitens der Führungsriege unterstützt wird, egal um welches Thema es geht. Sich in Sicherheit zu wissen, dass niemandem bewusst schlechte Dinge herbeigeführt werden.

Ein Beispiel dazu: Wenn wir mit dem Schiff international unterwegs sind, vor allem im Einsatz, wiegen Disziplinarverfahren bei Verstößen gleich doppelt oder dreifach so schwer. Wenn also nach wochenlanger Seefahrt das Schiff wieder in den Hafen einläuft, kann es aufgrund der herausfordernden Situation, z. B. aufgrund eingeschränkter Privatsphäre, zu Machtkämpfen kommen. Führungskräfte müssen viele Faktoren berücksichtigen. Die Menschen sind monatelang von ihren Vertrauten und geliebten Personen zu Hause getrennt. Sie sind somit auch gleichzeitig Bezugspersonen. Hier bedarf es einer noch deutlich intensiveren Auseinandersetzung mit dem Bordleben und dem Leben untereinander. Drückt jemand nun seine Faust jemand anderem ins Gesicht, wird die Person umgehend am nächsten Tag vom Auslandshafen aus ausgeflogen. Ein Verbleib an Bord wäre für das weitere Seevorhaben unter gar keinen Umständen tragbar. Hier wird vor allem im Sinne der Gemeinschaft gehandelt. Das klingt jetzt erst einmal extrem und scheint nicht real im Kontext zur Wirtschaft zu stehen. Dennoch aufgepasst: Vielleicht erinnern Sie sich noch an den ersten Kapiteleinstieg: »Neuanfang auf Umwegen«. Dort beschrieb ich dieses Phänomen bereits. Es ist wahrlich interessant, dass mentale Erschöpfung, psychische Probleme und Jobwechsel aufgrund untragbarer Zustände am Arbeitsplatz weniger schwer wiegen als die

Vorkommnisse auf einem Schiff, sie aber deutlich anders eingeordnet werden. Nämlich zunächst als belanglos. Somit ist die Wirtschaft in diesem Punkt risikobehaftet.

Der Unterschied in der Marine? Dort gibt es Konsequenzen. Den Menschen wird sowohl an Land als auch auf See zu jeder Zeit der Rücken gestärkt. Niemand braucht im normalen Dienstverhältnis Angst vor jemandem zu haben. Angst vor dramatischen Entscheidungen. Angst vor Mobbing. Angst vor Erpressung. Oder auch Angst vor Unterdrückung. Das allein sind nur Ausschnitte aus meinem Erfahrungs-Portfolio, was jedem von uns jeden Tag begegnen kann. Die Liste ließe sich beliebig erweitern.

Mein Wechsel in die Wirtschaft hatte mich also rosarot auf die Welt blicken lassen. Ich war nicht in der Lage zu erkennen, dass ich mich nicht mehr in einem geschützten Raum befand. Ich vertraute quasi auf alles und jeden. Ich kannte es nicht anders. Mein Teamgeist war auf einem so hohen Niveau, dass ich es zunächst nicht bemerkte, wenn mir jemand in der Wirtschaft nicht wohlgesinnt war. Eher sah ich das Problem zunächst bei mir. Ich hielt es für unmöglich, dass diese ganzen negativen Erlebnisse, von denen ich in diesem Buch berichte, wirklich passieren könnten. Ich hätte es wahrlich nicht für möglich gehalten.

Da es in den Folgekapiteln unter anderem um Fürsorge und Schutz geht, habe ich mich bewusst für diesen Einstieg entschieden. Auch für mich werden die jetzt folgenden Zeilen nicht einfach sein. Diese Zeilen geistern mir mittlerweile viele Jahre im Kopf herum. Teilweise konnte ich das Erlebte aufarbeiten, teilweise gibt es sicherlich hier und da noch etwas Schmerz. Schmerz, weil ich nicht verstehe, wie so etwas überhaupt passieren konnte. Schmerz, weil niemand um mich herum erkannte, dass ich Schutz gebraucht hätte. Wir tauchen jetzt deutlich tiefer in die Materie ein. Dabei schauen wir uns an, was passiert, wenn diese sogenannte Sicherheit nicht mehr vorhanden ist.

Ich beschreibe es auch gern so: »In der Wirtschaft gibt es kaum Kontrollorgane. Und die Menschen mit Personalverantwortung gehen haltlos und uneingeschränkt ihren Dingen nach.«

Wenn Grenzen verschwimmen: Ethik und das Geschäft mit dem Spaß

Zu Beginn beschrieb ich die ungefähre »Kleiderordnung«, die von mir an den Wochenenden in der Location erwartet wurde. Als ehemalige Soldatin fühlte ich mich überhaupt nicht dadurch getriggert, besorgte mir die entsprechende Kleidung und verbrachte viele Wochen und Monate damit, an einem Freitag oder Samstag in der Location zu sein. Für diese Zeit wurde mir unter anderem auch die Leitung des Serviceteams zugeschrieben. Ich hatte unter der Woche keine direkte Vorgesetztenfunktion, da das Serviceteam von ca. 15–20 Personen einer Serviceleitung unterstellt war. Zumindest per Zuruf. Ob es hier tatsächlich formale Verbindlichkeiten gab, mag ich bezweifeln. Eine wieder wahrlich skurrile Situation. Mein Job hatte unter der Woche eine typische Marketingfunktion mit den alltäglichen Aufgaben: Strategie, Auf- und Ausbau der Onlinepräsenz, Social-Aktivitäten, Steuerung von Dienstleistern und solche Tätigkeiten. Bis es dann Wochenende wurde. Nicht nur, dass ich jetzt rund um die Uhr erreichbar sein musste, an den Wochenenden hatte ich auch vor Ort zu sein. Anfangs fand ich das in der Tat sehr unterhaltsam. Ich genoss die Abwechslung.

Manchmal kamen Freunde vorbei, auch meine Mutter beehrte mich eines Tages. Man zeigte sich seitens der Location großzügig und spendierte Drinks. Wem es nicht geläufig ist: In Clubs und sonstigen gewinnorientierten Locations gibt es eine sogenannte Buchung auf Marketing. Aufgrund nur einer Kostenstelle war zu später Stunde meist nicht mehr zu unterscheiden, wie viele Buchungen tatsächlich und wie viele nur aus Jux und Tollerei auf die Marketing-Kostenstelle gebucht worden waren. Das Barpersonal und alle Angestellten konsumierten Getränke grundsätzlich auf Kosten von Marketing. Hinzu kamen die exorbitanten Ausgaben an Getränken seitens des Geschäftsführers, wenn er anwesend war. Champagner, flaschenweise Wodka, Schnaps und, das gab es nicht auf der Karte, verschiedene Drogen.

Wenn wir über Drogenkonsum sprechen wollen, ist es in vielerlei Hinsicht problematisch. Ich für meinen Teil kann nur sagen: Wenn man erst einmal in diesem Bereich beruflich involviert ist, scheinen alle ebenfalls involvierten Personen nicht mehr zwischen richtig und falsch unterscheiden zu können. Auf einmal sind Äußerungen wie: »Kokst euch gern die Birne zu. Sauft euch einen an. Nehmt euch das Zimmer hinten und macht, was ihr wollt, niemand wird stören«, offenbar normal und sogar amüsant. Das waren meine Beobachtungen. Zunächst erkannte ich den Ernst der Lage gar nicht. Demnach nahm ich vieles erst einmal so hin. Vielmehr beobachtete ich alle anderen, wie sie damit umgingen. Oder wie sie damit eben nicht umgingen. Solche obszönen Ansagen kamen immer wieder am Wochenende, immer von derselben Person. Von der Person, die den ganzen Laden führte. Von der Person, die die Verantwortung trug. Die Location, ich sagte es bereits, war sehr bekannt. Der Hauptsitz lag nicht in Deutschland und ein sehr bekanntes Musikmanagement hing daran, mit namhaftem Musiker unter Vertrag. Interessanterweise konnte ich bei den Recherchen für dieses Buch nur noch feststellen, dass es auch den Ableger bzw. den Hauptsitz in der DACH-Region nicht mehr gibt.

Ungebetene Berührungen, Illusionen und Machtmissbrauch

Fußläufig zur Location befinden sich weitere Läden, in denen an den Wochenenden alles dafür getan wird, um sowohl die Kassen als auch die Besucher gleichermaßen zu füllen. Es gibt bestimmte Acts, die fast täglich mit ihren Körpern und speziellen Showeinlagen ein ganz bestimmtes Publikum anziehen. Meist sind es Frauen, die ihre Junggesellinnenabschiede oder Ähnliches feiern wollen. Ich selbst habe solche Shows noch nie besucht. Worin ich allerdings involviert war, waren die Aftershow-Partys. Diese Partys wurden nach den Auftritten oft in unserer Location gefeiert. Ich denke, hier gab es vorab explizite Absprachen, wer wen in die Location bringt. Alles im gegenseitigen Vorteilsmodus natürlich. Zum Teil hat mich dieses Metier überhaupt nicht interessiert und ich habe sie dort einfach ihre Show durchziehen lassen. Sie waren VIP und genossen die Aufmerksamkeit. Eines Abends machte ich jedoch den Fehler und begab mich kurz mittenrein, um etwas zu klären. Wie so oft war selbstverständlich der Geschäftsführer dort zu finden, wie auch viele Eltern aus dem Kindergarten, in den sein Sohn ging. Auch das war gang und gäbe, dass nachts in diesen Kreisen mit viel Alkohol Anerkennung erwirtschaftet wurde. Zu diesem Zeitpunkt ließ ich auch das unkommentiert und wunderte mich zunächst still und für mich allein.

Plötzlich merkte ich, dass mich jemand ungefragt hochhob. Ich trug einen Rock, somit war es leicht, mich durch die Beine am Hintern zu packen. Die Hand spürte ich aber ganz genau zwischen meinen Beinen. Auf einmal befand ich mich also auf einer anderen Höhe und wurde recht schroff einfach hochgehalten. Ich guckte mich um. Ich war schockiert und brüllte ihn an, er solle mich sofort runterlassen. Es war so laut, dass ich kaum zu hören war. Da ich wusste, wie Personen aussehen und sich verhalten, die Drogen genommen haben – leere Augen, überdreht, kein Empfinden für richtig oder falsch –, wusste ich sofort Bescheid. Wieder schrie ich ihn an, er solle mich sofort runterlassen. Es dauerte noch einen Moment, bis er begriff, dass ich das, was er eben hier durchgezogen hatte, absolut nicht wollte. Um uns herum jubelten die Leute, die das wohl für eine Show hielten und abfeierten, anstatt es zu hinterfragen. Er ließ mich runter und sagte nur: »Ich weiß doch, dass dir das gefällt«.

Ich war geschockt.

Rückblickend betrachtet kann ich mir gut vorstellen, dass niemand wusste, dass ich und meine Kollegen Mitarbeiter waren. Natürlich gab es Personen, die quer durch den Club bereits bekannt waren, aber auch jene wie ich, die es nicht waren.

Ich schaute mich um und wollte umgehend jemanden darüber informieren. Aber je mehr ich mich umsah, desto bewusster wurde mir: »Eva, egal wem du jetzt davon erzählen wirst, es ist egal. Sie sind alle darauf ausgelegt, die Stimmung so hoch wie nur möglich zu halten. Hier wird es weder Rückendeckung noch Konsequenzen geben. Eher werden sie dich dafür belächeln und dich noch fragen, warum du diese Person hast abblitzen lassen.« Die Vernetzungen untereinander waren einfach zu stark. Zu viel Geld und Abhängigkeiten waren im Spiel. Das war mir sofort klar.

So vergingen wieder weitere Wochen – in ein und demselben Szenario. Ich wurde immer skeptischer, mittlerweile war ich einfach nur noch angeekelt. Doch die Show im Club ging weiter. Erste Stimmen wurden laut und ich hörte hin. Je länger ich dort war, umso mehr Auffälligkeiten zeigten sich. Unter anderem gab es lange vor Beginn meiner neuen Tätigkeit Hinweise darauf, dass Frauen in den sogenannten Backstage-Bereich gezogen wurden, nachdem sie dem Anschein nach zu viel getrunken hatten. Was dort mit ihnen passierte, warum sie dort lagen oder was daraufhin mit ihnen geschah, dazu habe ich nie eine Antwort bekommen. Des Öfteren fragte ich die Security oder auch die eigenen Leute beiläufig. Das Ergebnis war immer gleich: Sie wussten es nicht genau. Je mehr Fragen ich stellte, umso undurchsichtiger wurde die Situation. Das Problem war, dass auf allen Seiten Angst herrschte, den Job zu verlieren. Niemand wollte konkrete Aussagen tätigen.

Eine Marketing-Ära: Wie alles begann

Zu dieser Zeit hatten wir noch keinen Arbeitnehmermarkt. Und Marketing boomte. Die Marketingstellen sprossen aus dem Boden wie Unkraut. Auf eine Stelle kamen mindestens 200 bis 300 Bewerber. BWL mit Spezialisierung Marketing war – wie zu Beginn schon eingeleitet – der S*it für die Unternehmen und vor allem für die zukünftigen Marketer. Jeder wollte jetzt in Marketing machen. Abteilungen sollten aufgebaut werden, Unternehmen wollten im Rahmen des klassischen Marketings in jeglicher Hinsicht sichtbarer sein. Oftmals hatte der Vertrieb diese Funktion bis dato stiefmütterlich betrieben oder die Vorzimmer der Geschäftsführer hatten dies nebenher mitgemacht. Eine völlig andere Zeit. Heute unvorstellbar.

Hier liegen gerade einmal zehn Jahre dazwischen. Auch eine unbefristete Anstellung war keineswegs normal. Wenn man sicher im Sattel sitzen wollte, musste man erst einmal das Sitzfleisch der Unternehmen kennenlernen – welches da hieß: befristetes Arbeitsverhältnis. Nichts Ungewöhnliches zu dieser Zeit also. Die schlechten Arbeitsbedingungen und die hinzukommende Befristung, die jeweils nur alle sechs Monate verlängert wurde, trugen letztendlich dazu bei, dass ich woandershin wollte. So wurde der Wechsel in die Event-Location, in meinen nächsten Job als Marketingmanagerin, zunächst von einem attraktiven Aspekt begleitet – der unbefristeten Festanstellung.

Konfrontation mit dem Unbekannten

Eines Tages wachte ich auf, und zwar nicht in meinem Bett. Nie zuvor in meinem Leben hatte ich mich in einer ähnlichen Situation befunden. Ich war noch nie irgendwo aufgewacht, ohne zu wissen, wo ich bin. Etwas verwirrt schaute ich mich um und stellte fest: Ich bin nicht bei mir zu Hause. Auch bemerkte ich irgendwie, dass es mir nicht gut ging. Ich war etwas benebelt und konnte die Situation, in der ich mich befand, nicht einordnen. Mein Blick fiel unmittelbar auf meinen Körper. Ich überprüfte sofort, ob ich noch alle Kleider trug. Und ja, tat ich. Nur nicht die Schuhe. An dieser Stelle wurde ich dann leicht panisch. Bis kurz nach dem Aufwachen dachte ich noch, das ließe sich hier sicher alles sehr schnell erklären. Als ich jedoch Erbrochenes in meinen Haaren entdeckte, änderte sich das schlagartig. Ich erkannte die Wohnung nicht, in der ich mich befand. Und ich hatte absolut keine Ahnung, wie ich in diese Wohnung gekommen war. Ich versuchte schnellstmöglich, aufzustehen und zu gucken, wo ich war. Mir war schummrig und ich fragte mich die ganze Zeit, woher dieses Gefühl kam. Allein beim Beschreiben dieses Moments wird mir heute noch ganz anders. Es macht mich traurig. Auf der Couch im Wohnzimmer entdeckte ich eine mir tatsächlich bekannte Person. Wir wohnten nicht weit voneinander entfernt und kannten uns für die damaligen Umstände »gut«. Natürlich war die Event-Location die Verbindung. Wir waren beide teilweise beruflich dort eingespannt. Hin und wieder trafen wir uns vor Ort. Umgehend fragte ich die Person also, was los sei. »Warum bin ich hier und warum fühle ich mich so komisch?«

Wenige Wochen zuvor hatte es zu den Hinweisen, dass Frauen ab und an mal umkippten und in die hinteren, nicht einsehbaren Bereiche der Location gebracht wurden, auch Hinweise auf K.-o.-Tropfen und vermehrten Drogenkonsum im Club gegeben. Auch das Dealen war mitunter sogar geplant, gewollt und somit geduldet. Gewisse Leute waren dafür bekannt, das Zeug in den Laden zu schleppen. Dementsprechend oberflächlich fielen die Kontrollen aus. Niemand aus dem gesamten Team war in der Lage, verlässlich auszusagen. Niemand wollte mehr Details preisgeben als notwendig. Dadurch blieben diese ganzen Fälle nahezu unbemerkt. Oder sie existierten gefühlt gar nicht, indem man sie nicht aussprach. Auch hier erlaubte ich mir lediglich Fragen bei Personen, denen ich im Rahmen dieser Tätigkeit annähernd vertraute. Dieser Kreis war klein. Themen wie Drogen, das Abschleppen von Frauen und dergleichen liefen grundsätzlich eher allgemein über den Buschfunk, ohne dass man Rückschlüsse hätte ziehen können. Was wiederum bedeutete, dass nichts davon Hand und Fuß hatte, wenn man es nachweisen wollte. Das nahm mich ziemlich mit, da ich mich ebenso in der Verantwortung sah, wie alle Angestellten es hätten tun müssen. Es ist noch gar nicht allzu lange her, da war ich in der Bundeswehr und mit solchen Machenschaften nicht konfrontiert. Ich verstand deshalb nicht, wie fahrlässig hier gehandelt wurde, und war wieder in meinem Wertesystem völlig desillusioniert worden. Wenn ich doch mal einen guten Moment erwischte und Kollegen auf die vorherrschenden Zustände ansprach, hieß es nur: »Du kennst ihn doch, der wird sich nicht ändern. Er ist der Boss.«

Er ist der Boss. Eine Aussage, die ausreicht, um Drogenkonsum und missbräuchliches Verhalten zu rechtfertigen. Gerechtfertigt wiederum von Frauen.

Da war ich also nun, in einer fremden Wohnung mit Erbrochenem im Haar, und versuchte, mir zu erklären, wie das alles zustande kommen konnte. Ich hatte am Vorabend Dienst gehabt. So langsam begriff ich, dass es kein normaler Abend gewesen war. Ich hatte nicht ausreichend alkoholische Getränke zu mir genommen, um mich in völliger Ahnungslosigkeit wiederzufinden. Schon gar nicht, wenn ich arbeitete. Mein Alkoholkonsum erlaubte es mir immer, mich selbstständig fortzubewegen. Warum ich das erwähne, erfahren Sie gleich.

Rückblende: Eine Nacht ohne Erinnerung

Die Abende im Club dauerten meist um die sechs bis sieben Stunden. Mal mehr, mal weniger. In dieser Zeitspanne kann man sagen, dass ich ein bis zwei Drinks zu mir nahm. Meist hatte ich ein Getränk aus Gewohnheit in der Hand und drehte damit meine Runden. Ich schaute an den Bars vorbei, am Eingang oder checkte bei den Tonleuten die Lage. Manchmal animierten die Barmitarbeiter das gesamte Team, Shots zu trinken. Ich denke, dieses Phänomen ist jedem bekannt und wird in diesen Momenten groß abgefeiert. Alle mit dabei, alle involviert. Das war mein Arbeitsablauf. Hin und wieder begleitete ich die VIPs, die DJs, und verbrachte vor oder nach ihren Auftritten ein wenig Zeit mit ihnen im VIP-Bereich. Der VIP-Bereich ging um die ganze Bühne herum. Somit war es recht einfach, sich dort niederzulassen. Auch hier erhielten sie die Drinks kostenfrei. Diese Getränke besorgte meist ich für sie. Selbstverständlich liefen auch diese Bestellungen über die Kostenstelle Marketing. Hätte ich gewusst, dass mir diese Art der VIP-Betreuung einmal zum Verhängnis werden würde, hätte ich schon damals jeden Drink penibel getrackt und vermutlich gänzlich darauf verzichtet, Getränke über den Club anzunehmen. Außerdem hätte ich die VIP-Betreuung ganz anders verbucht oder die Bestellungen deutlicher gekennzeichnet und aufgeschlüsselt.

Ich war immer noch verwirrt und schummrig im Kopf. Eine richtige Klärung, warum ich jetzt bei meinem entfernten Bekannten war, wurde durch die Aussagen nicht so recht deutlich. Es hieß nur: »Dir ging es nicht gut, da habe ich dich mit hierher genommen. Ich habe auch nichts gemacht, darum bin ich direkt auf die Couch gegangen.« Fair enough. Ich habe ihm das geglaubt. Man musste mich nur ansehen. Ich war total fertig.

Dann kam allerdings doch noch ein Hinweis, der sehr wichtig für mich war. Der Bekannte erzählte mir beiläufig, dass uns Polizisten am Abend vor dem Club angehalten hätten, als wir gehen wollten. Sie hatten den Verdacht, dass K.-o.-Tropfen im Club eingesetzt wurden. Da mein Bekannter dachte, ich sei aufgrund von Alkohol bewegungsunfähig, hatte er die Polizei davon überzeugt. So langsam dämmerte es mir und ich fragte weiter nach. Ich erhielt auch die Information von ihm, dass es bereits am Abend, also zu dem Zeitpunkt, an dem irgendwas mit mir zu passieren schien, Hinweise auf K.-o.-Tropfen in meine Richtung gegeben habe. Glücklicherweise hatte an diesem

Abend, an dem ich anscheinend mein Bewusstsein verlor, eine Person im Club aufgelegt, die stadtbekannt dafür ist, keinen Alkohol und keine Drogen zu konsumieren. Sie war somit sehr aussagekräftig und vor allem vertrauenswürdig für mich.

Bis heute kann ich mich nur an Folgendes erinnern: Ich kam in den Club – wie in den Wochen und Monaten davor auch – und kümmerte mich um die Gäste, die VIPs, und hatte gerade einmal ein Glas bei mir. In meinem Leichtsinn, aus heutiger Sicht betrachtet, stellte ich das Glas an den Rand. Ich erinnere mich gut, dass in der Nähe, im VIP-Bereich, eine Gruppe junger Männer saß. Hin und wieder schaute ich hinüber, um zu checken, ob alles ruhig blieb. Denn auch hier eskalierte es ab und an sehr schnell. Nach dem Auftritt der DJane holte ich Getränke für sie und ihre Begleitung. Eines nahmen wir zusammen, ansonsten waren die Getränke für sie. Es war Tequila. Meinen anderen Drink, der zuvor noch an der Wand stand, hatte ich kurz davor mit an den Tisch der VIPs geholt. Dieser begleitete mich eher als Alibi. Manchmal nippte ich daran. Dazwischen stand er dann unbeaufsichtigt an der Wand. Da der VIP-Bereich nicht voll war, wäre ich nie auf die Idee gekommen, hier eine Gefahr zu sehen. Erst in den letzten Jahren wurde mir klar, dass mich niemand als mitarbeitende Person hätte identifizieren können. Niemand, der dort herumlief und nicht stadtbekannt war, war als Mitarbeiter zu erkennen. Hinterm Tresen gab es eine Art Dresscode, aber nicht für mich – außer eben entsprechend angezogen zu sein. Das war mir damals nicht bewusst. Ob es mich geschützt hätte, sei einmal dahingestellt. Hätte es jemand anderen getroffen, wäre es ebenfalls eine Schande gewesen und hätte durch deutlich früher durchzuführende Maßnahmen verhindert werden müssen. Nur kein Fall ist ein guter Fall, in diesem Fall.

So langsam kam alles zusammen. Es entwickelte sich ein abscheuliches Bild. Da ich von der Person nicht mehr viel erfuhr, raffte ich mich auf und ging nach Hause. Ich hatte keinen Kater, aber irgendetwas stimmte nicht. Kaum war ich zu Hause, begann ich nachzulesen. Ich googelte die Polizeieinsätze der vergangenen Nacht und bekam auch noch die Info, dass Radiosender hier und dort mehrere Slots zum Thema K.-o.-Tropfen laufen ließen. Letztendlich war ich am Boden zerstört. Hilflos und nicht ganz im Klaren darüber, was nun wirklich passiert war. Die Anzeichen waren allerdings sehr deutlich. Die Aussagen, es hätte sich bereits am Abend abgezeichnet, dass etwas mit mir nicht stimmte, fand ich sehr besorgniserregend. Diese Info ließ ich mir später von der Person auch noch einmal bestätigen. Aber zunächst einmal war Sonntag. Ich kam erst einige Stunden später wieder richtig zu mir, zwar noch mit Kopfdröhnen, aber o. k. Ich war nun in meiner Wohnung, und zwar ganz allein.

Abends überkam mich in der Verzweiflung auf einmal ein starkes Handlungsbedürfnis. Ich zog mich um und machte mich tatsächlich auf den Weg zu einer Polizeistation. Vor der Wache lief ich auf und ab. Hatte ich doch auch mehrfach gelesen, dass nach einer gewissen Zeit K.-o.-Tropfen nicht mehr nachweisbar wären. Die Zeit wäre längst vorbei gewesen, zumindest für einen

Bluttest, und somit verließ mich der Mut, dieses unklare Bild in der Polizeistation abzugeben. Traurig fuhr ich also wieder nach Hause und überlegte mir, wie ich jetzt weiter vorgehen wollte. Was hatte ich für Möglichkeiten? Dieser Vorfall konnte unter gar keinen Umständen einfach totgeschwiegen werden.

Ein Beweis auf Band

Zu diesem Zeitpunkt gab es diesbezüglich eine weitere Information: Denn an jenem Abend wurde ich von der eigenen Crew gefilmt, in einem Zustand, in dem ich mit Sicherheit nicht hätte sein sollen. Von einer Person, die eigentlich für eine Art Ordnung im Club sorgen sollte und deutlich mehr Verantwortung trug als jene Personen, die zum Beispiel hinter der Bar arbeiteten. Es ist mir bis heute ein Rätsel, wie Menschen, die viele Jahre in der Branche arbeiten, Alkohol nicht von K.-o.-Tropfen unterscheiden können. Mir wurde das Video per Messenger zugespielt, nach dem Motto: »Warst du aber fertig gestern.« Es wurden Späße gemacht. Dabei hatte ich gar keinen Alkohol getrunken, der solch ein Bild nur annähernd hätte abbilden können. In dem kleinen Vorschaufenster des Videos sah ich mich regungslos und in einem Stuhl förmlich versinken. Meine Gliedmaßen hingen herunter, als wäre ich gar nicht mehr am Leben. Ich habe dieses Video bis zum heutigen Tage nicht anschauen können. In dem Moment, als ich das Bild im Vorschaufenster sah, kamen mir sofort die Tränen, weil ich wusste: Das bin gerade nicht ich. Ich spürte, dass hier wirklich etwas sehr Schlimmes passiert sein musste. Das Video behielt ich lange bei mir. Wenn ich es angeschaut hätte, hätte es mich vermutlich gebrochen.

Woran Sie K.-o.-Tropfen erkennen:	Was Sie unverzüglich tun sollten:
• Übelkeit, Schwindel • Wahrnehmungsstörungen • Eingeschränkte Beweglichkeit • Plötzlich auftretende Müdigkeit • Komplette Blackouts • Bewusstlosigkeit • Schutzreflexe setzen aus Den Unterschied zu Alkoholkonsum zu erkennen, kann über Leben und Tod entscheiden.	• Zur nächsten Notaufnahme fahren und die behandelnden Ärzte darauf aufmerksam machen, informieren • Anschließend und ohne Umwege die nächste Polizeistation aufsuchen • Opfertelefon: 116 006 / das Opfertelefon des WEISSEN RINGS, anonym und bundesweit, kostenfrei • Frauenberatungsstellen aufsuchen

Wir Menschen sind intuitive Wesen und spüren, wenn etwas nicht richtig ist. Schauen Sie nicht weg, wenn es notwendig ist. Die benannten Anlaufstellen können dabei helfen, wenn wir nicht wissen, ob wir gerade das Richtige tun.[22]

Führungskräfte spielen eine zentrale Rolle bei der Umsetzung der Fürsorge- und Schutzfunktion am Arbeitsplatz. Sie bezieht sich besonders auf die Verantwortung und Pflicht von Arbeitgebern und Vorgesetzten, für das Wohlbefinden, die Sicherheit und die Gesundheit ihrer Mitarbeiter zu sorgen. Wir brauchen ein Umfeld, das gewährleistet, dass unsere Arbeitsbedingungen sowie unsere Arbeitsumgebung sicher, gesund und förderlich sind. Potenzielle Gefahren für Mitarbeiter müssen minimiert, wenn nicht sogar ausgeschlossen werden.

Wie gewährleiste ich Sicherheit am Arbeitsplatz? Ein paar Beispiele:

1 **Psychisches Wohlbefinden** – Arbeitgeber und Führungskräfte haben sicherzustellen, dass Mitarbeiter z. B. nicht übermäßigem Stress, Mobbing oder anderweitigen psychischen Belastungen ausgesetzt werden. Unterstützen Sie mit:

a. Workshops zur Minimierung von Stress

b. Angeboten zur psychosozialen Unterstützung

c. Support der Work-Life-Balance

2 **Gerechte und respektvolle Behandlung** – Schutz der Mitarbeiter vor Diskriminierung, Belästigung oder auch Unterdrückung. Unterstützen Sie durch:

a. Förderung von Vielfalt

b. Inklusion am Arbeitsplatz

c. Bildung diverser Teams

3 **Physische Sicherheit** – Das Schaffen einer sicheren Arbeitsumgebung sowie eines sicheren Arbeitsplatzes zählt ebenso zu den Aufgaben der Arbeitgeber und Führungskräfte. Auch hier können und müssen Sie unterstützen durch:

a. Bereitstellung einer sicheren Umgebung

b. Ergonomische Einrichtung des Arbeitsplatzes (Firma und Homeoffice)

c. Regelmäßige Wartung von Technik, Maschinen und Anlagen

d. Arbeitssicherheitsschulungen und Ausbildung

Die Integration und die Aufrechterhaltung von Fürsorge, Gerechtigkeit und Schutz im eigenen Arbeitsumfeld sind sehr vielschichtig und gleichzeitig absolut notwendig. Vielleicht kommen Ihnen gerade ein paar Ideen, welche dieser Beispiele auch für Sie und Ihre Mitarbeiter in Zukunft den Unterschied machen werden.

Wie bereits erwähnt, ging es mir den ganzen Sonntag sehr schlecht. Auch nach dem gescheiterten Polizeibesuch, den ich umgehend abhakte, war ich voller Tatendrang und schaute nach weiteren Möglichkeiten. Ich verspürte den Drang nach Klärung und suchte Unterstützung – war ich doch nie zuvor in einer solchen Ausnahmesituation gewesen. In der Tat hatte ich bis dato viele Ausnahmesituationen kennengelernt, bedingt durch die weltweiten Einsätze und Seefahrten der Marine. Aber einer gesundheitsgefährdenden Situation ohne Schutz ausgeliefert zu sein, das hatte ich bis zu diesem Zeitpunkt noch nicht erleben müssen. Ich war nervös. Ich war unruhig, Ich war traurig. Ein wahrer Gefühlscocktail.

Der Drang nach Aufklärung

Da ich am Abend zuvor nichts mehr tun konnte, ging ich wie gewohnt zur Arbeit. Zunächst schien alles wie immer. Ich ging an meinen Platz und schaute mich um. Alles ruhig. Ein wenig wunderte ich mich schon, hatte ich doch am Wochenende offensichtlich den Alptraum-Höhepunkt meiner Karriere erreicht. Da sonst niemand im Büro war, dem hier deutlich Verantwortlichkeiten zuzuschreiben gewesen wären, verfasste ich eine E-Mail an die Geschäftsleitung. Ausgerechnet am vergangenen Wochenende war der Geschäftsführer ausnahmsweise nicht im Club anwesend gewesen, ebenso wenig die Stellvertretung.

Ich schilderte den Fall ausführlich und nannte das Kind direkt beim Namen: »Es besteht Verdacht auf K.-o.-Tropfen-Missbrauch.« Des Weiteren schilderte ich den Vorfall und ergänzte alle Infos, die mir zu diesem Zeitpunkt vorlagen. Immerhin waren seitdem kaum 36 Stunden vergangen. Es waren nicht viele Informationen, aber ich berichtete über das Video und die Aussage des DJs, der die Situation offenbar richtig einschätzte. Ich schrieb neutral, ohne anklagend oder vorwurfsvoll zu klingen. Alles, was ich wollte, war, dass sich jemand der Sache annahm. Abschließend bat ich um Unterstützung und Aufklärung. Ich bedankte mich vorab und hoffte auf schnelle Antwort und vor allem auf Verständnis. Beim Absenden der E-Mail hatte ich ein gutes Gefühl. Die Lage war nachvollziehbar und klar, vor allem klar kommuniziert.

Es dauerte gar nicht allzu lange, bis ich eine Antwort erhielt. Die Antwort kam jedoch nicht wie gedacht vom Geschäftsführer, sondern von der Stellvertretung. Inhaltlich sprach die E-Mail folgende Sprache: »... Danke für deine Nachricht. ... Wir hoffen, es geht dir besser. Und wenn du noch Fragen hast, kannst du dich gern noch mal melden.«

Glauben Sie, sie hätten sich des Themas angenommen? Was würden Sie vermuten?

Kommunikative Ignoranz

In der Tat gab es keine Reaktion auf die von mir beschriebene Situation, weder auf den Hergang noch auf die Bezeichnung des Vorfalls. Es machte tatsächlich den Eindruck, als wäre eine Anstandsantwort notwendig gewesen und als hätte sich der Fall damit für die Geschäftsführung erledigt. Und dann würde ich Ruhe geben. Wie sich solch ein Moment anfühlt? Es ist ein wahrgewordener Alptraum. Niemand hört dich, schützt dich, unterstützt dich.

Also drehten sich meine Gedanken wieder darum, was ich als Nächstes tun konnte. Aufgrund der Neutralität und Inhaltslosigkeit der E-Mail konnte ich zunächst nicht einschätzen, was die Geschäftsführung wirklich darüber dachte. Ich fühlte mich immer noch in meiner Lage bestätigt und wäre nicht auf die Idee gekommen, dass die E-Mail etwas anderes ausgesagt hätte. Etwas später am Tag erreichte mich die Information, dass die Getränkelisten überprüft worden seien und ich doch eher darüber nachdenken solle, mich im Club nicht so abzuschießen. Richtig gelesen, jetzt geht es um: sich betrinken. Kurz gesagt: Die Geschäftsführung wollte mir jetzt zur Last legen, dass ich alle Getränke, die auf Marketing verbucht waren, selbst konsumiert hätte. Dass das absurd war, beschrieb ich schon etwas früher in diesem Beitrag. Der Hauptanteil der Getränke an diesem Abend war für die VIP-Gäste und die DJane über den Tresen gegangen. Außerdem war ich nur einmal zum Tresen gegangen und hatte eine ganze Runde für die Gruppe bestellt. Was danach geschehen war, daran habe ich keine Erinnerung mehr. Der Weg zum Blackout war kurz gewesen. Ich hatte weder gespürt, dass ich betrunken gewesen war, noch, dass sich mein Zustand irgendwie verändert hatte. Ich war einfach bei meinem näheren Bekannten wieder aufgewacht. Und diesen Zustand wollte man mir jetzt mit ca. acht Drinks, verteilt auf VIP-Gäste und den Hauptmusik-Act am Abend, vorwerfen. Spätestens jetzt war ich völlig am Ende.

Ich war nicht nur unruhig und nervös, ich fühlte mich jetzt auch hintergangen, zutiefst beschämt und vorgeführt. Zu guter Letzt fühlte ich mich jetzt auch noch unschuldig schuldig. Immer wieder versuchte ich, mich an etwas zu erinnern, den Abend noch einmal zu durchdenken. Es gelang mir nicht. Ich war abrupt weg. Mein Blackout musste schnell eingesetzt haben. Ich konnte mir einfach keinen Reim auf die Gedächtnislücke machen. Erst nach langer und intensiver Recherche verstand ich langsam, dass es deutliche Anzeichen und Unterschiede zwischen Alkoholkonsum und K.-o.-Tropfen gibt. Diese sind aber nur für die Menschen ersichtlich und erkennbar, die sich damit auskennen. Die Symptome zu kennen und sich nicht davor zu scheuen, Hilfe zu holen, wäre das Mindeste gewesen. Und zwar ohne Umwege. Leider hatte ich dieses Glück nicht. Ich war nicht in diesem Arbeitsumfeld, in dem ich auf Hilfe oder Unterstützung zählen konnte, weder zum Zeitpunkt des Geschehens noch zum Zeitpunkt der Klärung. Das Ergebnis war sehr ernüchternd.

Ein natürliches Bedürfnis nach Gerechtigkeit

Ich habe schon seit Kindheitstagen einen sehr stark ausgeprägten Gerechtigkeitssinn. Geht es jemandem schlecht und ich bemerke das, versuche ich definitiv zu unterstützen und schaue auf gar keinen Fall weg. Auch im Laufe der Jahre an Bord ließ sich beobachten, dass Kameraden mit Problemen zu mir kamen, obwohl ich gar nicht direkt für sie zuständig war. Dieses Phänomen konnte ich tatsächlich sehr oft wahrnehmen. Anfangs dachte ich mir nichts dabei. Später fragte ich mich doch öfter mal, warum sie nicht zu ihrem Vorgesetzten oder zu Personen im selben Team gingen. Das setzte sich zum Teil auch im zivilen Leben fort. Ich brachte manchmal Menschen in Unternehmen zusammen, die sich zuvor niemals abends an einen Tisch gesetzt hätten. Menschen spüren, wohin sie sich wenden können. Wo sie gut aufgehoben sind. Sie spüren, wer wirklich unterstützen möchte und wo man jemandem auf Augenhöhe begegnet. Und das ist etwas, was ich auch heute noch exakt genauso verfolge. Das ist mein Anspruch an mich selbst: zu unterstützen, wenn andere mir das Vertrauen aussprechen, unterstützen zu dürfen. Ob diese Menschen im beruflichen Kontext in meinem Team oder ganz woanders sind, spielt für mich im ersten Moment keine Rolle. Wenn es darum geht, zu helfen und eine wertvolle Stütze zu sein, bin ich zu 100 % da. Auch Zuhören kann für Menschen hin und wieder schon den Unterschied machen. Beobachten Sie das gern auch einmal bei sich. Wie offen gehen Menschen gezielt auf Sie zu? Sind Sie die Person, die nach Unterstützung gefragt wird? Vertraut man sich Ihnen an und sind Sie gewillt, sich für andere einzusetzen? Hier schließt sich wieder der Kreis. Als Führungskräfte bringen wir andere in ihre Stärke, und nicht umgekehrt. Nicht die Mitarbeiter sind dafür da, das Ego und die Interessen der Führungskraft zu stärken. Führungskräfte agieren im Sinne der Mitarbeiter. Sie dienen ihnen.

Der Weg zur Aufklärung

Jetzt ging es also nicht darum, mich für andere starkzumachen, sondern ich musste für mich stark sein. Diesen Willen konnte mir trotz der düsteren Lage niemand nehmen. Somit machte ich mich umgehend daran, mir etwas zu überlegen.

Da ich wusste, dass der Geschäftsführer in der Woche, in der ich meinen Vorfall bekannt gab, nicht vor Ort sein würde und ich keine Zeit zu verlieren hatte, war jetzt schnelles Handeln erforderlich. Ich wusste, dass es umso unrealistischer werden würde, eine Verhaltensänderung im Club herbeizuführen, je länger ich mit einer Reaktion meinerseits wartete. Also was tat ich?

Ich lud alle, die ich kannte, zu einem Meeting ins Büro der Location ein. Die Einladungsliste sah wie folgt aus: Clubleitung, stellvertretende Geschäftsleitung (der Geschäftsführer war nicht da und nicht an einer Konversation interessiert), Feuerwehr,

Security, der DJ (den ich als Zeugen dringend brauchte), Kooperationspartner, viele Mitarbeiter des Clubs (aus dem Service, aber auch die Einlasskontrolle). Sie alle wurden von mir zu einem Termin kurz nach dem Vorfall eingeladen. Es waren bereits vier Tage vergangen. Vier Tage Ungewissheit. Vier Tage ohne Hilfe und Unterstützung. Der Großteil der Leute wusste vielleicht von dem Vorfall am Wochenende, war sich bis dato aber nicht bewusst darüber, was das zu bedeuten hatte. Einige wurden mit der Thematik bestimmt auch etwas überrascht, mit dem, was sie gleich zu hören bekommen sollten.

Zunächst einmal war ich froh. Wirklich froh. Denn zu meinem Erstaunen erschienen auch alle eingeladenen Personen tatsächlich im Büro. Gleichzeitig war ich natürlich sehr aufgeregt, hatte ich doch keine Ahnung, wie dieser Termin ausgehen würde. Zunächst einmal war ich dran, mich erneut in diese Lage vom Wochenende zu bringen. Ich schilderte in Gänze das, was mir an Informationen vorlag. Beim Erzählen spürte ich die Scham, die mich die ganze Zeit überkam. Es war unangenehm.

Zu Beginn hatte ich die Aufmerksamkeit aller Anwesenden noch nicht ganz. Es wirkte eher wie ein Zusammenkommen unter Freunden, die sich über lustige Vorkommnisse der letzten Partynacht austauschten. Auch hier schwang zunächst der Vibe mit – ja, vielleicht doch der Alkohol. Doch je länger ich sprach, desto mehr änderte sich langsam die Wahrnehmung. Ich ließ kein Detail aus. Ich spannte den DJ mit ein. Er fand klare Worte dafür, dass es bereits am Abend, während er auflegte, deutliche Anzeichen gegeben hatte. Er gab es so wieder: »Die Schultern hingen so doll runter. Keine richtige Reaktion des

Körpers mehr. Für mich war die Situation eindeutig. Da ich dich später nicht mehr sah, dachte ich, es würde sich jemand um dich kümmern.« Nun ja, es hatte sich jemand gekümmert, nur leider mit dem falschen Ansatz. So wurde immer deutlicher, dass wir hier nicht mehr von ein paar Drinks sprechen konnten. Die Anschuldigung des übermäßigen Alkoholkonsums schwand immer mehr. Es wurde immer stiller im Raum. Davon ließ ich mich nicht beirren und sprach weiter. Ich wurde immer redegewandter und zeigte nun die Unterschiede zwischen Alkohol und K.-o.-Tropfen auf. Jetzt hatte ich die Aufmerksamkeit aller. Mir war es wichtig, immer wieder zu betonen, worum es hier ging, warum wir uns hier zusammengefunden hatten. Meine Intention für dieses Treffen war klar: Ich wollte den Fall zur Sprache bringen. Ich wollte aber auch, dass sich im Club etwas ändert. Ich wollte, dass sich die Menschen, die zu uns in die Location kamen, sicher fühlen konnten. Und zwar zu jeder Zeit. Ich wollte, dass wir geschlossen Verantwortung übernahmen und aus den Vorkommnissen lernten. Und ich wollte, dass wir uns als Team gegenseitig vertrauen konnten.

Sie denken jetzt vielleicht, das wäre zu viel des Guten? Das denke ich nicht. Wer diese Verantwortung nicht tragen kann, sollte auch keine Verantwortung für andere Menschen übertragen bekommen. Es gibt keine Universallösung für diese Art von Problem. Es gibt auch nicht den einen Weg, der uns in allen Bereichen besser werden lässt. Aber es gibt Offenheit und Flexibilität, die den Weg der Lösung unterstützen. Schritt für Schritt.

Gefühle, Emotionen und die Suche nach Antworten

Während ich weiterredete und zunehmend emotionaler wurde, erreichten wir den Punkt mit dem Video. Ich schilderte noch einmal ausführlich, wie schrecklich ich es empfand, dass mir in diesem Moment, wo ich am meisten Hilfe benötigt hätte, eine Kamera ins Gesicht gehalten worden war. Dass ich, während ich regungslos auf einem Stuhl im Backstage-Bereich versunken war, als Lacher der Belegschaft aufgezeichnet worden war. Und das, als niemand den Ernst der Lage erkannt hatte. Spätestens an diesem Punkt hätte etwas passieren müssen.

Warum funktionieren wir Menschen in Ausnahmesituationen so schlecht? Ist es fehlende Bildung? Ist es die Angst, selbst verurteilt zu werden? Warum haben wir vergessen, intuitiv zu handeln, wenn es dringend erforderlich ist? Wichtige Fragen, die wir uns tagtäglich stellen dürfen. Und die stelle ich gern auch noch einmal an Sie: Wie hätten Sie in dem Moment reagiert? Hätten Sie die Lage richtig eingeschätzt? Was hätten Sie getan? Hand aufs Herz.

Die Stimmung kippte noch einmal erheblich und meine Stimme wurde immer dünner. Ich war inzwischen emotional sehr ergriffen. Denn nun erwischte mich ein Schauer der Emotionen aus Scham und Hilflosigkeit. Ich zitterte schon beinahe, als ich meine Gefühle beschrieb. Und dann war ich kurz davor, in Tränen auszubrechen. Doch nicht nur mich erwischte es eiskalt. Die Person, die mich gefilmt hatte, erkannte jetzt sehr deutlich, dass hier sehr viel mehr schiefgelaufen war, als sie zunächst angenommen hatte. Ich verurteilte nicht. Ich bat lediglich darum, dass wir ab sofort gemeinsam andere Menschen beschützen sollten. Dass wir nun gemeinsam auf uns und auf die Gäste aufpassen sollten. Und ich hätte mir gewünscht, dass in dieser Situation jemand für mich da gewesen wäre. Mit diesen Worten fiel auch die letzte Barriere. Fast zeitgleich mit mir zusammen brach die Person in Tränen aus. Erst kamen die Tränen, dann eine Umarmung und die Entschuldigung, es nicht besser gewusst zu haben. Das war in Ordnung für mich. Ich bedankte mich respektvoll für die Offenheit. Auch das Video wurde daraufhin gelöscht. Wir einigten uns in dieser Runde vor allen Anwesenden darauf, dass dies eine nicht angebrachte Aktion, basierend auf Euphorie, gewesen war. Damit konnte ich leben. Ich fühlte mich verstanden und vor allem tat es gut, das Bewusstsein aller zu schärfen.

Das war es doch letztendlich, was ich wollte: eine Nulltoleranz. Eine Nulltoleranz gegenüber Drogen und Missbrauch. Zu dieser Zeit gab es die #metoo-Debatte noch nicht und auch keine öffentlichen Skandale rund um solche Vorkommnisse. Was hätte ich also noch tun sollen, um mir Gehör zu verschaffen? Ich wollte am Ort des Geschehens etwas verändern und dachte, ich hätte jetzt einen ersten Teil dazu beigetragen.

Neue Maßnahmen für mehr Sicherheit

Ein bitterer Beigeschmack blieb dennoch. Während überwiegend alle Personen in diesem Meeting die Notwendigkeit verstanden, gab es eine Person, die das Verhalten des Geschäftsführers weiter deckte und dadurch befürwortete: die Stellvertretung. Diese Frau blieb weiter auf ihrem Kurs. Sie zeigte kein Verständnis. Sie blieb weiterhin in ihrer Haltung und wollte die Gefahren, die mit der Geschäftsführung einhergingen, einfach nicht wahrhaben. Sie wollte der Realität nicht in die Augen sehen und blieb dabei: »Den Chef können wir nicht ändern. Er ist, wie er ist.« Für mich ganz klar ein Eingeständnis der Unfähigkeit und gleichzeitig ein Eingeständnis mangelnder Empathie, ein Zeichen von übersteigertem Egoismus. Gerade in diesem rabiaten Event-Umfeld ist eine solche Haltung aus meiner Sicht nicht tragbar. Auch das nahm ich einmal mehr zur Kenntnis. Hier war nun offenkundig keine weitere Unterstützung zu erwarten. Da das Meeting weiterging und niemand unterbrach, schlug ich nun Maßnahmen für den Club vor. Ich beriet mich mit der anwesenden Feuerwehr und Security, wie wir den Drogenkonsum im Club besser eindämmen und welche Maßnahmen wir ergreifen konnten, wenn Personen scheinbar zu stark alkoholisiert waren. Auch die unterschiedlichen Merkmale von Alkohol und K.-o.-Tropfen wurden noch einmal detailliert durchgesprochen. So trafen wir gemeinsam erste Regelungen für uns als Team, wie wir ab sofort agieren wollten, um für die bestmögliche Sicherheit zu sorgen. Ich bin immer noch dankbar dafür, dass erste Maßnahmen umgesetzt wurden. Mir wurden außerdem schärfere Kontrollen und bewusstere Rundgänge in der Location zugesagt.

Schon am kommenden Wochenende sollte es damit losgehen. Ich war mit dem Ergebnis zufrieden und so gingen wir alle wieder auseinander. Mich begleitete erneut ein gutes Gefühl.

Dieses Gefühl sollte mich allerdings sehr schnell wieder verlassen. Denn nur kurze Zeit später, ich bin nicht mehr sicher, ob es noch derselbe Tag war, wurde mir Hausverbot erteilt. Ja genau. Nur kurz nachdem wir auseinandergegangen waren, erhielt ich eine E-Mail, in der mir mitgeteilt wurde, dass ich mit sofortiger Wirkung erst einmal nicht mehr in den Club durfte. Jetzt hatte ich also Clubverbot.

Wieder drehte sich das Blatt so schnell, dass ich es nicht kommen sah. Ich verstand schon, nur konnte ich nicht verstehen, wie ein solches Verhalten in dieser prekären Lage zustande kommen konnte. Wie groß musste der Egoverstand einer führenden Person sein, solche Maßnahmen zu ergreifen? Ich blieb bei meiner Annahme und den besprochenen Maßnahmen und informierte alle Kollegen transparent über mein Hausverbot. Natürlich ergriff es mich wieder. Wen würde solch eine Situation nicht ergreifen, nach dem Erlebten? Ich hoffte auch jetzt wieder, dass sich das alles ganz bald aufklären würde. Ich war zu diesem Zeitpunkt tatsächlich ein wenig naiv. Denn es klärte sich nichts von dem auf. Das Einzige, was sich entwickelte, waren die Sicherheitskontrollen. Und dafür möchte ich den Sicherheitsmannschaften noch mal danken. Denn sie zogen die verschärften Kontrollen durch, auch ohne mich, ohne meine Anwesenheit. Und der Verdacht auf einen noch stärkeren Drogenkonsum, als man vermutet hatte, bestätigte sich nur ein Wochenende später. Es wurden deutlich mehr Drogen bei den Gästen gefunden als angenommen. Auch flüssige Substanzen waren dabei, die nicht zugeordnet werden konnten und somit eine unmittelbare Gefahr darstellten. Ich weiß es bis heute sehr zu schätzen, dass trotz der vermeintlichen Hindernisse und Einschüchterung seitens der Geschäftsleitung und trotz meines Hausverbots weiter daran gearbeitet wurde.

Bis zu diesem Zeitpunkt sprach niemand von der Geschäftsleitung mit mir. Können Sie sich vorstellen, wie sich das anfühlt? Es blieb mir also nichts anderes übrig, als weiterzumachen. Ich musste stark bleiben. Für mich, aber auch für die anderen. Ich war zu 100 % davon überzeugt, das Richtige zu tun. Also ging ich trotz aller Widrigkeiten und unausgesprochenen Worte seitens der Geschäftsleitung weiter zur Arbeit. Natürlich ging es mir nicht gut. Ich hatte Herzrasen, starke Kopfschmerzen und morgens schon Panik, in dieses Büro zu gehen. Mein Magen war am Anschlag. Ich aß wenig und fühlte mich offensichtlich nicht gut. Auf meinen Schultern lag eine riesige Last und ich hatte keine richtige Richtung, wohin es jetzt gehen sollte. Aber was blieb mir in diesem Moment anderes übrig? Wenn ich es nicht weiterverfolgte und zur Veränderung beitrug, wer dann? Manchmal braucht es nur eine Person, um grundlegende Dinge zu verändern. Manchmal.

Letzte Runde – K. o.

Mit den zuvor vereinbarten Maßnahmen und den daraus resultierenden Ergebnissen fühlte ich mich noch mal mehr bestätigt, das Richtige getan zu haben. Ich dachte wirklich: »Das muss doch positiv aufgenommen werden, hier zu einem besseren Umfeld beizutragen. Spätestens jetzt sollten doch die Ergebnisse zählen.« Und wieder lag ich falsch. Denn das, was bis jetzt alles geschehen war, war noch nicht der Höhepunkt. Das wusste ich zu diesem Zeitpunkt allerdings noch nicht. Nach dem ersten erfolgreichen Wochenende erhielt ich eine Einladung zu einem Gespräch in ein Café um die Ecke. Das Café kannte ich bereits von meinem Vorstellungsgespräch. Denn hier hatte ich vor wenigen Monaten schon einmal gesessen und mich den Standardfragen gestellt. Dass dieses Gespräch damals in einem Café durchgeführt worden war, hatte ich für die Branche nicht als unüblich empfunden. Ob ich das heute so noch einmal als gegeben hinnehmen würde, weiß ich nicht. Zeiten ändern sich. Und so ging ich zum Termin. Ich traf dort auf den Geschäftsführer und die Stellvertretung. Es war also das erste richtige Aufeinandertreffen seit meinem Vorfall im Club. Selbst jetzt hatte ich noch keine Vorstellung davon, was gleich passieren würde. Ich bin unvoreingenommen dort erschienen und dachte, wir könnten uns vernünftig über die Geschehnisse austauschen. Meine Haltung immer bei mir. Wir bestellten ein Getränk, alkoholfrei selbstverständlich. Kurz wurde es still und dann krachte es einfach nur noch auf mich ein:

»Eva, wir glauben, das ist hier nicht das Richtige für dich.« Ich schaute in das Gesicht des Geschäftsführers, den Blickkontakt hielt er kaum. Desinteressiert übergab er das Wort nun an die Stellvertretung. Mir wurde an dieser Stelle kein Raum für ein Gespräch gegeben. Ich war der Situation wahrlich ausgeliefert. Zudem saßen wir immer noch in einem Café, in einem öffentlichen Raum. Sie übernahm das Gespräch und wiederholte seine Worte. Dann legte sie einen Umschlag auf den Tisch und schob diesen zu mir herüber. Wieder wurde es still. Ich nahm den Umschlag, öffnete ihn und las. Ich las den Zettel und verlor meine Gesichtszüge. Ich erinnere mich sehr genau an diesen Moment. Denn ich war so sehr geschockt, dass ich anfing zu weinen. Ich konnte weder sprechen noch mich in irgendeiner

Weise mitteilen, sondern starrte nur den Zettel an. Unbeeindruckt saßen die beiden da und rauchten. Nach ein paar Minuten des Schweigens sprach sie mich an und sagte zu mir: »Ich kann verstehen, wenn du das jetzt erst mal verarbeiten musst. Du kannst, wenn du möchtest, heute für den Rest des Tages nach Hause gehen.« Ich ließ mich nicht lange bitten. Ich stand auf und verließ das Café.

Was mir hier übergeben wurde? Sie können es sich jetzt vermutlich schon denken. Ich wurde nach all den Erlebnissen gekündigt. Ich hielt die Kündigung keine 14 Tage nach dem Vorkommnis im Club in den Händen. Jetzt ging das Selbstwert-Karussell erst richtig los. Es schien mich noch mal mehr in den Boden zu drücken als zu Beginn der ganzen Misere. Mit wem hätte ich sprechen sollen? Mit wem hätte ich mich dazu austauschen sollen? Kündigung in der Probezeit. Kündigung, weil ich es nicht akzeptieren wollte, in einem Umfeld zu arbeiten, wo es selbst für Mitarbeiter gefährlich werden konnte. Alles, was ich wollte, waren eine Aufklärung und entsprechende Maßnahmen. Das sahen andere Personen offensichtlich ganz anders.

All das hat eine sehr starke Wunde bei mir hinterlassen. Noch heute frage ich mich, ob ich wieder so handeln würde. Würde ich in anderen Situationen wieder in der Form für mich und andere einstehen? Die Antwort ist vor allem kräftezehrend, aber einfach: Ja, würde ich. Ich würde alles genauso wieder tun.

Eine Frage der Integrität und der Ehre

Ich bin mit vielen Facetten des menschlichen Verhaltens, die sich in jenem Club abspielten, konfrontiert worden – vor allem aber mit der unerwarteten Reaktion von Führungskräften. Führungskräften, von denen wir Unterstützung und Verständnis erwartet hätten. Alles in allem war es eine schmerzhafte Erfahrung, zu realisieren, dass Integrität und die Bereitschaft, das Richtige zu tun, manchmal mit harten Konsequenzen verbunden sind. Doch bei all dem Schmerz und den Hindernissen, die mir in den Weg gelegt wurden, habe ich auch eine unbezahlbare Lektion gelernt: Es ist wichtig, seinen Überzeugungen treu zu bleiben, ganz besonders, wenn wir uns in einer Führungsposition befinden.

Ich blicke auf eine sehr emotionale und schwere Phase in meinem Leben zurück. Trotz der bleibenden Narben bin ich stolz darauf, dass ich meinen Überzeugungen treu geblieben bin. Und ja, ich würde es wieder tun. Auch wenn es bedeutet, gegen den Strom zu schwimmen. Mein Appell an alle Führungskräfte und Mitarbeiter ist, stets das Richtige zu tun. Bitte handeln Sie unabhängig von den Konsequenzen. Wir haben doch nur uns. Menschlichkeit darf unter keinen Umständen zweitrangig sein. Denn am Ende des Tages ist es das, was zählt: wie wir handeln und wie wir anderen Menschen begegnen. Abschließend zu diesem Kapiteleinstieg ist es mein eindringlicher Wunsch, dass niemand mehr solche Erfahrungen machen muss.

KAPITEL 4

GRUNDLAGEN EINER MODERNEN FÜHRUNGSKULTUR

»Innere Führung« – Die beispiellose Kultur der Bundeswehr

»Unternehmen tun sich schwer damit, ihre Führungskulturen aufzubauen und auch über den nächsten CEO hinweg zu halten.«

Wenn Sie einem Unternehmen länger zugehörig sind, ist Ihnen schon einmal aufgefallen, dass sich mit einer neuen Ausrichtung, einer neuen Strategie oder einem Personalwechsel auf Vorstandsebene meist auch die Art und Weise des Führens verändert? Zunächst scheint es, als würden sich nur strategische, also unternehmerische Dinge ändern. Tatsächlich aber sind mit jedem Wechsel eines CEOs in der Wirtschaft auch der Führungsstil und somit die gesamte Führungskultur Veränderungen ausgesetzt. Was denken Sie: Ist so etwas sinnvoll? Und vor allem, was genau bedeuten solche enormen Anstrengungen für die gesamte Unternehmenswelt?

Dieses Kapitel möchte ich den Führungskulturen widmen und Ihnen einen beispiellosen Einblick in die Führungswelt der Bundeswehr geben. Denn entgegen der Annahmen, die Sie sicher aus dem Volksmund kennen, ist die Führungskultur der Bundeswehr sehr besonders. Sie ist der Führungsentwicklung in der Wirtschaft um einige Jahrzehnte voraus – vor allem wenn es um Agilität, Wertevermittlung und Persönlichkeitsentwicklung geht.

Führungskultur – Die Bundeswehr als Leitbild

»Die Grundsätze der Inneren Führung bilden die Grundlage für den militärischen Dienst in der Bundeswehr. Sie bestimmen das Selbstverständnis der Soldatinnen und Soldaten. Sie sind Leitlinie für die Führung von Menschen und den richtigen Umgang miteinander. Eine eingängige Definition der Inneren Führung gibt es nicht. Sie orientiert sich an Werten, Normen und Gesetzen.« – BMVg[23]

Die »Innere Führung« ist ein wahrlich einzigartiges und über die Maßen besonderes und menschenfreundliches Konzept. Sie wurde in der Bundeswehr entwickelt und reicht weit über die militärische Welt hinaus. Bereits in den 1950er Jahren wurde das Führungskonzept ins Leben gerufen, um eine ethisch fundierte und verantwortungsbewusste Führungskultur zu schaffen. Grundsätzlich lässt sich die »Innere Führung« anhand von drei zentralen Säulen erklären:

Menschenwürde: In der Inneren Führung wird die unantastbare Würde jeder einzelnen Person betont. Konkret bedeutet das, dass Führungskräfte nicht nur die Fähigkeiten und Aufgaben ihrer Mitarbeiter wertschätzen, sondern auch deren persönliche Bedürfnisse und Entwicklungspotenziale. Die Menschenwürde steht im Zentrum der Entscheidungsfindung und des Umgangs miteinander.

Auftrag und Verantwortung: Das Konzept der Inneren Führung lehrt auch, dass die Übernahme von Verantwortung und die Verbindung von Auftrag und ethischem Handeln untrennbar sind. Führungskräfte werden ermutigt, klare Aufträge zu formulieren und gleichzeitig sicherzustellen, dass diese Aufträge mit den ethischen Grundsätzen des eigenen Handelns im Einklang stehen. Was für die Bundeswehr der Auftrag ist, sind für Zivilisten schlichtweg die Zielsetzung und die Zielerreichung in Unternehmen.

Vorbildliches Verhalten: Es wird von Führungskräften erwartet, in Hinblick auf Ethik und Verantwortung Vorbild zu sein. Durch ihr eigenes Verhalten sollen Führungskräfte die Werte und Prinzipien, die sie von ihren Mitarbeitern erwarten, selbst beherrschen, verkörpern und vorleben.

Adaption in die Wirtschaft – Führungskulturen brauchen Zeit zum Entstehen

Die vorgestellten Grundlagen der Inneren Führung sind nicht nur für militärische Organisationen relevant, sondern auch für die Wirtschaft. Viel zu oft entsteht hier ein großer Bruch. Die Wirtschaft kann vom Militär vieles zum Thema Führung lernen. Soldaten sind die mitunter am besten ausgebildeten Führungskräfte auf diesem Planeten. Was für eine Schande, dieses Potenzial nicht zu nutzen und für die zivile Welt zugänglich zu machen. In einer Zeit, in der ethische Führung und soziale Verantwortung immer wichtiger werden, bietet die Innere Führung eine wertvolle Blaupause für moderne Führungskulturen in

Unternehmen. Die drei vorgestellten Säulen könnten wie folgt auf die Wirtschaft übertragen werden:

Menschenorientierte Führung: Durch die Herausstellung der Menschenwürde können Führungskräfte in der Wirtschaft eine positive Unternehmenskultur schaffen, in der die Bedürfnisse und Potenziale der Mitarbeiter geschätzt und gefördert werden.

Ethik und Verantwortung: Die Verbindung von Zielsetzung und Verantwortung unter Berücksichtigung ethischer Grundsätze führt zu nachhaltigen, langfristigen Erfolgen und einem positiven Unternehmensimage.

Vorbildliches Verhalten: Indem Führungskräfte die Werte und Prinzipien selbst vorleben, die sie von ihren Mitarbeitern erwarten, können sie Vertrauen aufbauen und eine inspirierende Führungskultur etablieren.

Sie haben jetzt einen ersten Einblick in die Innere Führung, der Führungskultur der Bundeswehr, erhalten. Aber was genau macht dieses Konzept so besonders? Das Besondere daran ist, dass die grundsätzlichen Werte niemals an Bedeutung verlieren. Zudem gibt es das Zentrum für Innere Führung, wo die Führungskräfte der Zukunft ausgebildet werden. Hier wird das Führungsbild der Spitzenführungskräfte immer wieder hinterfragt und weiterentwickelt. Es wird im Grundsatz nicht verändert, sondern bewegt sich mit der Veränderung. Eingangs habe ich Sie auf dieses Phänomen, das eine Bürde für die Wirtschaft darstellt, hingewiesen. Eine Kultur – darum nennt es sich Kultur – muss erst einmal entstehen. Dazu braucht es Menschen, die diese Kultur aufbauen und vor allem langfristig am Leben erhalten.

Um diese Sinnhaftigkeit dahinter für Sie noch greifbarer zu machen, möchte ich Ihnen gern meine zehn persönlichen Leitsätze, Highlights aus der Inneren Führung, mit an die Hand geben:

»Innere Führung – Selbstverständnis und Führungskultur der Bundeswehr – A –2600/1«[24]

1 Der Kernbestand der Inneren Führung ist unveränderbar. Darüber hinaus unterliegt sie angesichts der weltweiten politischen, wirtschaftlichen und gesellschaftlichen Veränderung einer andauernden Notwendigkeit zur Weiterentwicklung.

2 Das Wertesystem des Grundgesetzes beruht auf einer in Europa über Jahrhunderte entwickelten Philosophie und Ethik sowie auf besonderen geschichtlichen Erfahrungen. Dieses Wertesystem garantiert vor allem:

Freiheit, Frieden, Gerechtigkeit, Gleichheit, Solidarität und Demokratie

3 Soldatinnen und Soldaten müssen stets in der Lage sein, selbstverantwortlich zu leben und zu handeln und Verantwortung für andere zu übernehmen – auf diese Weise leisten Sie einen entscheidenden Beitrag zu ihrer eigenen Persönlichkeitsbildung.

4 Vertrauen ist die wichtigste Grundlage für menschliches Miteinander und Kameradschaft sowie Wesensmerkmal einer verantwortungsbewussten Menschenführung. Vertrauen und Kameradschaft verbinden besonders in Belastungssituationen über alle Dienstgradgruppen hinweg. Sie ertragen Belastungen und Entbehrungen gemeinsam.

5 Vertrauen setzt Menschenkenntnis und Einfühlungsvermögen voraus. Vorgesetzte müssen sich für die ihnen anvertrauten Soldatinnen und Soldaten Zeit nehmen.

6 Wer Menschen führen will, muss Menschen mögen.

7 Führung muss Handlungsspielräume, Mitwirkung und Mitverantwortung ermöglichen. Dabei müssen Führungskräfte gegebenenfalls andere als die eigenen Lösungsansätze akzeptieren.

8 Vorgesetzte müssen Untergebenen immer wieder Sinn und Notwendigkeit ihrer Aufgaben und deren Einordnung in den Gesamtzusammenhang erklären.

9 Wer besonders belastet ist, bedarf besonderer Zuwendung und Unterstützung. Es ist die ständige Aufgabe der Vorgesetzten, psychische und physische Überlastung der ihnen anvertrauten Soldatinnen und Soldaten zu erkennen und diese zu vermeiden.

10 **Menschenführung richtet sich gleichermaßen an Herz und Verstand.**

Die Innere Führung, mittlerweile ergänzt durch die Neuauflage des Handbuches der Bundeswehr, liefert uns demnach nicht nur ein Beispiel für eine verantwortungsbewusste und ethische Führungskultur, sondern auch eine inspirierende Grundlage, um die Herausforderungen in der heutigen Unternehmenswelt anzugehen. Letztlich geht es immer darum, Menschen zu befähigen, Verantwortung zu übernehmen, moralisch zu handeln und eine nachhaltige Zukunft zu gestalten.[25]

Kultur erleben – In 5 Schritten zum Wir

Es ist immer einfach, Tipps zu geben, die aus eigenen Erfahrungen heraus entstehen. Was allerdings nicht ganz so einfach ist, ist die Umsetzung dieser Tipps. Warum? Anleitungen, Skripte oder mehrstufige Empfehlungen sind keine Erfolgsgarantie. Was in dem einen Unternehmen hervorragend funktioniert, kann in einem anderen Unternehmen der absolut falsche Ansatz sein. Ich zeige Ihnen an dieser Stelle eine Option, wie Sie eine professionelle, menschliche und zukunftsorientierte Führungskultur aufbauen können. Ihre Persönlichkeit, das Leben und das Umfeld, in dem Sie sich bewegen, werden darüber entscheiden, wie sich Ihre Führungskultur entwickelt.

Schritt 1: Unser Warum

Der erste Schritt zur Gestaltung einer zukunftsorientierten Führungskultur ist die Klärung der Frage: Warum tun Sie, was Sie tun? Die Identifikation, die tiefere Mission Ihres Unternehmens ist von großer Bedeutung. Die Menschen spüren, wenn Sie keine Vision für die Zukunft haben. Dieser Aspekt sollte nicht nur Gewinne, Ziele und Ergebnisse umfassen, sondern auch einen positiven Einfluss auf die Gesellschaft haben. Dem Team, ihren Kollegen die Sinnhaftigkeit nahezubringen, warum ihr Beitrag wichtig ist, spielt hier eine entscheidende Rolle. Es wird Sie gemeinsam auf den richtigen Weg bringen.

Schritt 2: Werte und Prinzipien

Definieren Sie die Werte und Prinzipien, die Ihnen wichtig sind. Werte, die Ihre zukünftige Führungskultur leiten werden. Diese Werte sollten immer im Einklang mit Ihrem Unternehmenszweck stehen und als Orientierung für Entscheidungen und Verhalten dienen. Es verhält sich an dieser Stelle wie mit der Aussage: Leere Worthülsen nützen nur wenig, wenn diese nicht auch in die Tat umgesetzt werden.

Schritt 3: Authentisch führen

Das Thema Authentizität ist uns in früheren Kapiteln schon einmal begegnet und wird im Zusammenhang mit Menschenführung auch immer wieder auftauchen. Sie werden also nicht umhinkommen, sich mit sich selbst und Ihrer Authentizität genauer zu beschäftigen. Authentisch zu führen ist der Schlüssel einer zukunftsorientierten Kultur. Zudem leben Führungskräfte vor, wie eine offene, respektvolle und ehrliche Kommunikation funktioniert. Nicht nur die Erfolge sollten im Fokus stehen, sondern auch Herausforderungen und Lernerfahrungen sind Teil eines wachsenden Miteinanders.

Schritt 4: Kreativität und Innovation

Wie bleiben wir in der heutigen Zeit überhaupt zukunftssicher? Alles wird zukunftsorientiert ausgerichtet. Dabei vergessen wir nur sehr schnell einen wichtigen Aspekt: den Menschen. Innovation kann erst durch Kreativität entstehen. Und Kreativität ist nur möglich, wenn das Umfeld entsprechend Raum zur Entfaltung bietet. Eine zukunftsorientierte Führungskultur sollte unbedingt Wert darauf legen, dass die eigene Kreativität wächst. Unter Zeitdruck und Stress wird es sehr schwer, Menschen dazu zu bringen, ihre Potenziale auszuschöpfen. Wie sich Kreativität trotz eines stressigen Berufsalltags fördern lässt, zeige ich Ihnen im vierten Abschnitt dieses Buches.

Schritt 5: Transparenz

Transparenz ist die Authentizität des Unternehmens. Wie transparent wollen wir sein? Bringen wir wirklich immer alles sachlich und fachlich auf den Tisch oder werden Dinge wegen des unternehmerischen Friedens nicht thematisiert? Offenheit, Kommunikation, aber auch Motivation und Mut sind entscheidend für Vertrauen. Alles ist miteinander verbunden. Wir können die Bausteine nur teilweise einzeln betrachten. Der Dialog zwischen Führungskräften und Mitarbeitern bzw. Kollegen ist Ihr Weg zum Vertrauen.

Abschließend bleibt mir, wie eingangs erwähnt, nur zu sagen: Die Entwicklung einer zukunftsorientierten Führungskultur erfordert mehr als bloße Tipps; sie bedarf einer individuellen Herangehensweise. Ich skizziere Ihnen exemplarisch fünf Schritte: Orientierung und die Klärung des »Warum«, Definition von Werten, authentisches Führen, Förderung von Kreativität und Innovation sowie Transparenz. Der Weg zur Vertrauensbildung ist lang. Doch sind es die Schritte, die wir uns trauen zu gehen. Somit sind es auch immer die persönliche Identifikation, Ihr Einsatz und Ihr Durchhaltevermögen, die darüber entscheiden, wie die Kultur entsteht und leben kann.

INTERVIEW 4

mit Axel Schrader – Veränderungsbereitschaft für moderne Führung

Marineoffizier, Autor, Führungskräftecoach

Axel Schrader ist Admiralstabsoffizier und hat verschiedene Tätigkeiten in der Bundeswehr ausgeübt, darunter Kommandant und Kommandeur. Auch im Verteidigungsministerium, im NATO Allied Maritime Command Northwood sowie im NATO-Hauptquartier SHAPE war er tätig. Derzeit ist er Leiter der Einsatzgruppe Maritime Operationen im Einsatzführungskommando der Bundeswehr. Axel Schrader hat die Marke »Wir. Dienen. Deutschland.« maßgeblich mitentwickelt. Er hält regelmäßig Vorträge zu den Themen Kommunikation und Führung. Seine Erfahrungen hat er in seinem Ratgeber »Führung – die Macht der Kommunikation« zusammengefasst. Als Co-Trainer vermittelt er zivilen Führungskräften militärische Führungsprinzipien.

Eva Engel: *Welche Bedeutung hat das Führen von Menschen für dich? Worum geht's?*

Axel Schrader: Führung bedeutet für mich im Wesentlichen, ein Ziel zu verfolgen und dabei auf Menschen einzuwirken. Menschenführung ist die Kunst, andere Menschen zu motivieren. Es

geht darum, sie von ihrem aktuellen Zustand zu einem gewünschten Zielzustand zu bringen. Das mag in einer einfachen Definition recht simpel erscheinen. In der Realität jedoch besteht die Herausforderung darin, Menschen dauerhaft dazu zu motivieren.

In der heutigen Zeit wird es immer wichtiger, auf jeden Einzelnen einzugehen. Generationenkonflikte und sich verändernde Lebensentwürfe spielen hier eine große Rolle. Vor allem aber erfordert es eine Anpassung an individuelle Bedürfnisse. Die jüngeren Generationen zeigen deutlich, wie vielfältig Lebenswege sein können – manche sind bereits früh Eltern geworden, während andere später Kinder bekommen. Andere wiederum haben alternative Karrierepfade oder durch die Digitalisierung neue Möglichkeiten entdeckt. Jeder Mitarbeiter hat seine eigenen Vorstellungen davon, wie er Berufs- und Privatleben gestalten möchte.

In diesem komplexen Umfeld ist es als Führungskraft unerlässlich, sich auf jeden individuell einzustellen. Egal ob es um den erfahrenen Abteilungsleiter im Alter von 60 Jahren oder den 20-jährigen Praktikanten geht – sie beide müssen auf ihre eigene Art gefördert werden, um das gemeinsame Ziel zu erreichen.

Eva Engel: *Wie nimmst du das Thema Führung aus militärischer Sicht wahr – hat sich im Gegensatz zu früher viel verändert?*

Axel Schrader: Es gibt Dinge im Militärischen, die haben sich nicht verändert. Manchmal geht es nur mit einer Art Drill und manchmal nur mit entsprechendem Befehl und Gehorsam. Insbesondere wenn es um Menschenleben geht.

Die Herangehensweise an Führung hat sich im Laufe der Zeit gewandelt. Was vor 20 Jahren als effektive Führungsmethode galt, mag heute bei einer jüngeren Generation von Mitarbeitern nicht mehr funktionieren. Ein Beispiel hierfür war die Problematik auf dem Segelschulschiff »Gorch Fock« im Jahr 2012, als die zuvor praktizierte Führungsweise von der jüngeren Generation nicht mehr akzeptiert wurde. Diese Veränderungen müssen wir heute berücksichtigen und in unsere Führungsansätze integrieren.

Vielleicht mögen die einen oder anderen behaupten, dass die jüngere Generation als »Weicheier« angesehen wird, jedoch sind diese Ansichten nicht produktiv. Es ist durchaus möglich, dass auch frühere Generationen über die nachfolgende Generation diskutiert haben. Die Anpassung unserer Führungsansätze an die Bedürfnisse der heutigen Zeit ist unerlässlich, um effektiv und erfolgreich zu führen.

Eva Engel: *Kannst du uns ein Beispiel aus deiner Zeit auf der »Gorch Fock« geben?*

Axel Schrader: Ich bin Anfang der 90er Jahre auf dem Segelschulschiff der Deutschen Marine gefahren. Wir haben damals anstandslos alles gemacht, was uns befohlen wurde. Gerade junge Menschen heutzutage hinterfragen mehr. Mittlerweile kommen Ansätze wie: »Ich mache es, wenn du mir erklären kannst, warum ich es tun soll.« Wenn ich auf meine eigene Ausbildung zurückblicke, hat sich da einiges verändert.

In der heutigen Diskussion um die Nachwuchsgewinnung wird deutlich, dass oft unterschiedliche Meinungen herrschen.

Viele sagen, es sei schwieriger geworden, junge Leute für diesen Beruf zu gewinnen. Jedoch sollte nicht übersehen werden, dass auch sie viele positive Aspekte mitbringen, wie ihr Streben nach dem Sinn hinter den Aufgaben. Ebenso betonen sie die Wichtigkeit einer ausgewogenen Balance zwischen Arbeitsleben und Familienzeit. Meiner Ansicht nach hat jede Generation ihre eigenen Stärken und Schwächen. Der Schlüssel liegt darin, das Beste aus allen Generationen zu kombinieren. Der Lernprozess sollte von Generation zu Generation gehen.

Es frustriert mich, dass in Diskussionen auf sozialen Plattformen wie LinkedIn immer öfter ein radikaler Ton gegenüber anderen angenommen wird. Es fehlt oft an der Bereitschaft, die positiven Aspekte anderer Sichtweisen anzuerkennen. Aber das ist wichtig.

Speziell im Bereich der Führung sehe ich hier eine Herausforderung. Wenn ich Menschen unter meinem Kommando habe, die aus verschiedenen Generationen stammen, muss ich einen Weg finden, mit ihren unterschiedlichen Herangehensweisen umzugehen. Es erfordert Zeit, optimale Arbeitsprozesse zu gestalten.

Eva Engel: *Wie wichtig ist es für Führungskräfte, sich neuen Gegebenheiten anzupassen?*

Axel Schrader: Die Frage müsste eigentlich lauten: »Gibt es tatsächlich noch Führungskräfte, die glauben, man müsste das nicht berücksichtigen?«. Heutzutage ist es eher unwahrscheinlich, dass z. B. das Arbeiten von zu Hause keine praktikable Option darstellt. Es ist eine wichtige Maßnahme zur

Mitarbeiterbindung geworden. Gleichzeitig zeigt es, wie sich die Erwartungen der Mitarbeiter verändert haben.

Natürlich ist das Homeoffice nicht »die« Lösung und nicht jeder wird im Homeoffice arbeiten können und wollen. Ein Beispiel: In meinem Kommando ist der Altersdurchschnitt recht hoch. Für einige Mitarbeiter ist Homeoffice keine Option. Vielleicht liegt es an schlechter Internetverbindung oder sie haben kleine Kinder zu Hause, was eine ungestörte Arbeit erschwert. Andererseits schätzen manche die Kameradschaft und den persönlichen Kontakt im Büro. Bei meinen eigenen Mitarbeitern beobachte ich eine breite Palette von Meinungen zum Thema Homeoffice. Aber alle schätzen die Flexibilität sehr. Wenn das Kind krank ist, können sie zu Hause arbeiten und dennoch effektiv mit dem Team verbunden sein. Einige bevorzugen 1-2 Tage pro Woche im Homeoffice. Ich merke bei meinen Mitarbeitern stets, dass sie sich in ihren Ansichten unterscheiden.

Ich habe für mich festgestellt, dass ich von zu Hause aus mehr arbeite als im Büro. Die Trennlinie zwischen Arbeitszeit und Freizeit zu ziehen, ist nicht immer leicht. Dennoch bin ich fest davon überzeugt, dass Homeoffice heutzutage unabdingbar ist. Wenn jemand heute noch gegen Homeoffice argumentiert, stellt sich die Frage, warum es unter den Bedingungen der Pandemie funktioniert hat. Die meisten Führungskräfte haben in meinen Augen keine überzeugenden Gründe gegen Homeoffice. Die meisten Einwände basieren eher auf persönlichen Vorlieben oder oftmals auf Unsicherheiten, wie man digital führen soll.

Eva Engel: *Wie gehst du persönlich mit einem erhöhten Stresslevel um?*

Axel Schrader: Die Art und Weise im Umgang mit Stress hängt wahrscheinlich zu einem gewissen Teil von der eigenen Persönlichkeit ab. Entscheidend ist eher, ob Stress uns belastet und sogar krank macht. Ein wichtiger Faktor ist, abschalten zu können. Führungskräfte haben oft das Gefühl, ständig erreichbar sein zu müssen. Dabei ist es notwendig, wirklich abzuschalten. Das Thema Priorisierung ist ebenfalls von großer Bedeutung. Wenn der Stresspegel steigt, sollten wir bereits nach Wichtigkeit priorisieren. Ich versuche, meine Aufgaben danach zu strukturieren, was dringend und wichtig ist. Alles andere wird entsprechend in der Zeit nach hinten verschoben, delegiert oder sogar verworfen. Es gibt oft Aufgaben, die sich später als nicht wirklich relevant erweisen. Alles gleichzeitig bewältigen zu wollen, ist schlechtweg ein Fehler. Daher ist es wichtig, sich bewusst auf seine Aufgaben mit Priorität zu konzentrieren.

Eva Engel: *Also empfindest du, dass das Stresslevel schlimmer geworden ist – oder machen wir es schlimmer?*

Axel Schrader: Insgesamt ist es schlimmer geworden. Ich glaube, eines der Übel dafür ist die E-Mail. Ich habe mal ein Gespräch mit einem deutschen Mitarbeiter geführt, der 30 Jahre lang als Zivilist bei der NATO war. Er erzählte mir von seinen Erfahrungen aus anderen Zeiten. Vor 30 Jahren war die Arbeitsweise eine völlig andere. Montags verließen die Menschen

spätestens um 16 Uhr das Büro, um zum Dartabend zu gehen. Abends waren Aktivitäten mit der Familie oder Sport angesagt. Es gab klare Grenzen zwischen Arbeit und Freizeit.

Heutzutage scheinen viele nach einem langen Arbeitstag um 19 oder 20 Uhr erleichtert zu sein, nach Hause zu kommen, zu entspannen und sich auf den nächsten Tag vorzubereiten. Da ist nicht mehr viel Kraft für Aktivitäten.

Auch hier wieder der Punkt: Priorisieren. Oftmals fühlen sich die Menschen verpflichtet, auf jede E-Mail sofort zu reagieren. Zunächst einmal sollten wir überlegen, ob es wirklich notwendig ist, jetzt noch zu antworten. Um sich abzusichern, werden oft noch die Verteiler vergrößert. Hier geht es dann letztendlich um das Abschieben von Verantwortung. Es kommt vor, dass Aufgaben schnell erledigt werden müssen, obwohl mehr Zeit benötigt wird, um sie richtig auszuführen. Hier wäre es sinnvoller, sich gemeinsam die notwendige Zeit zu nehmen. Die Analyse und das gemeinsame Bewältigen der Aufgaben sind hier der bessere Ansatz.

Ein weiteres Problem ist definitiv die elektronische Kommunikation. Die Arbeit wird oft nicht mehr in Diskussionen besprochen, sondern in »Aufgaben-Verwaltungs-Systemen« (sogenannten Task-Managern) erfasst. Menschen fühlen sich gezwungen, diese Aufgaben schnell abzuarbeiten. Das führt ebenfalls zu unnötigem Stress. Ich denke, eine klare Rollenverteilung bei der Aufgabenbewältigung ist hier hilfreich. Unsere Postfächer werden meist von E-Mails mit geringer Bedeutung überflutet. Auch hier ist es wichtig, wieder klar zu priorisieren. Als ich Kommandeur wurde, hatte ich meinen Mitarbeitenden

gesagt: »Ich lese nur die relevanten E-Mails.« Entsprechend wurden mir nur die vorgelegt und ich hatte mehr Zeit für andere Aufgaben. Einmal hatte ich nach meinem Urlaub das E-Mail-Postfach vollständig geleert; wenn etwas Dringendes dabei gewesen wäre, hätte sich schon jemand gemeldet.

Eva Engel: *Wie entwickle ich mich als Führungskraft stetig weiter?*

Axel Schrader: Weiterentwicklung – ein wichtiger Punkt, der langsam bei vielen ins Bewusstsein eintritt, ganz nach dem Grundsatz: »Nur wer sich selbst führen kann, kann auch andere führen.«

Bemerkenswert finde ich, wenn mir tatsächlich jemand mitteilt, was ihn belastet oder wie er sich fühlt. Viele Menschen, gerade Führungskräfte, wollen:

1. nicht zugeben, dass etwas nicht stimmt, und
2. sie fürchten, dass es als Schwäche ausgelegt wird.

Es ist wichtig zu erkennen, dass es keinen Sinn hat, sich zu verstellen oder Emotionen zu unterdrücken. Stattdessen ist es besser, ehrlich zu kommunizieren, wenn jemand eine Auszeit oder Raum für sich selbst benötigt. Ich habe erlebt, wie Vorgesetzte, die ihre Emotionen nicht kontrollieren konnten, Beziehungen zu ihren Mitarbeitern belastet haben. Einmal zerbrochenes Porzellan lässt sich nicht mehr vollständig kitten.

Die Balance zwischen Arbeit und Familie zu finden, auch wenn es darum geht, sich um die Familie zu kümmern, ist

entscheidend. Es bringt nichts, sich völlig dem Job zu verschreiben und später festzustellen, dass man in persönlichen Beziehungen und im Leben zu kurz gekommen ist. Selbst in stressigen Zeiten teile ich meine Gefühle und Herausforderungen mit meinen Mitarbeitern. So verstehen sie besser, wie ich mich fühle und warum ich möglicherweise gereizter reagiere. Das schafft Transparenz und Verständnis.

Außerdem sorge ich dafür, dass ich meine Arbeitszeit im Büro nicht unnötig verlängere. Wenn meine Aufgaben erledigt sind und nichts Dringendes ansteht, gehe ich nach Hause. Selbst wenn manchmal Fragen von Kollegen kommen, die sich wundern, warum ich um 16 Uhr gehe, ist es wichtig, solche Entscheidungen konsequent durchzuziehen. Nur wenn Führungskräfte das vorleben, werden die Mitarbeiter es auch machen. Wenn wir Anzeichen von Stress oder gesundheitlichen Problemen bemerken, sollten wir rechtzeitig handeln. Schwäche zu zeigen ist kein Zeichen von Versagen. Schwäche zeigen ist ein Zeichen von Selbstbewusstsein. Die »Ein Indianer kennt keinen Schmerz« Mentalität ist Unsinn. Es ist immer besser, rechtzeitig einen Gang zurückzuschalten.

Eva Engel: *Gibt es Unterschiede beim Führen von Teams auf See und an Land?*

Axel Schrader: Grundsätzlich sehe ich einige Unterschiede zwischen dem Führen von Teams auf See und dem Führen von Teams an Land. Die besondere Bordgemeinschaft, die durch die lange Abwesenheit und die Herausforderungen auf See entsteht, führt zu einzigartigen Erfahrungen. Doch wenn es um

die grundlegenden Prinzipien der Teamdynamik und Führung geht, sind sie meiner Meinung nach ziemlich ähnlich. Insgesamt glaube ich, dass die Wirtschaft viel von unseren Erfahrungen lernen kann.

Ein entscheidender Unterschied besteht darin, dass wir in der Marine unsere Führungskräfte gezielt ausbilden. Dies ist in der Wirtschaft leider nicht immer der Fall. Manchmal werden Mitarbeiter befördert, ohne angemessen auf ihre Führungsrolle vorbereitet zu sein. Sie mögen in ihrem Fachgebiet herausragend sein, sind jedoch keine ausgebildeten Führungskräfte. Das ist ein grundlegender Unterschied. Dieser sollte im Beförderungssystem unbedingt beachtet werden, wenn Personen den nächsten Karriereschritt gehen sollen.

Vertrauen und Verantwortungsübernahme sind bei uns von großer Bedeutung, möglicherweise sogar intensiver als in der Wirtschaft. Wir müssen darauf vertrauen, dass wir uns in besonderen Situationen aufeinander verlassen können. Das bedeutet, dass jeder in seinem Bereich exzellent ausgebildet ist und seine Aufgaben jederzeit erfüllt. Als Kommandant konnte ich nicht überall sein. Ich musste mich auf mein Team verlassen können. Und das tat ich.

Ein weiterer Punkt ist unser klar strukturierter Führungsprozess. Dieser folgt immer einem festen Schema. Alle relevanten Experten werden mit einbezogen. Somit ist die Gefahr, etwas zu übersehen, gering. Die Wirtschaft könnte von diesem Ansatz profitieren, indem sie ihre Prozesse besser strukturiert und vor allem formalisiert.

Ein Beispiel dafür ist unser Operationsplan, also die militärische Planung für einen Einsatz. Auch dieser folgt immer einem festen Schema. Der Plan stellt sicher, dass wir klare Ziele setzen und nichts vergessen. Solche Tools helfen, klare Gedanken zu bewahren und von einem klaren Plan zu profitieren, ohne abzuschweifen. So weiß im Militär zum Beispiel jeder, was eine »3a« ist, nämlich der »Commander`s Intent« im Operationsplan.

Eva Engel: *Wie bewertest du die Entscheidungsfähigkeit bei Führungskräften?*

Axel Schrader: Wenn der Auftrag es zulässt, versuche ich, alle Menschen einzubeziehen, die zur Lösung beitragen können – gerade bei großen Themen wie der Beendigung eines Einsatzes. Dies geschieht oft durch eine umfassende Kommunikationsrunde, meist online. Der Gedanke dahinter ist sicherzustellen, dass alle relevanten Informationen und Standpunkte der Experten vor einer endgültigen Entscheidung berücksichtigt werden. Mein Ziel ist es, verschiedene Optionen auszuschließen und auf eine einzige optimale Lösung hinzuarbeiten. Es gibt natürlich auch Situationen, in denen schnelle Entscheidungen unerlässlich sind. Wenn jemand mit einem dringenden Problem zu mir kommt und eine Entscheidung benötigt, zögere ich nicht, diese zu treffen. Ich persönlich halte Entscheidungsfreudigkeit bei Führungskräften für sehr wichtig.

Auch die Fehlerkultur ist ein entscheidender Bestandteil unseres Führungsansatzes. Niemand ist unfehlbar, und es kann vorkommen, dass Entscheidungen sich im Nachhinein als nicht

optimal herausstellen. Wenn Fehler auftreten, suchen wir nicht nach Schuldigen, um sie zu kritisieren. Stattdessen nutzen wir diese Gelegenheit, um zu verstehen, wie es zu dem Fehler kommen konnte, und stellen sicher, dass er hoffentlich nicht wieder passiert. Das erfordert Offenheit und Mut. Es ist in Ordnung zu sagen: »Ja, ich habe diese Entscheidung getroffen, und sie war nicht die beste. Lassen Sie uns darüber sprechen, wie wir es besser machen können.« Auf diese Weise schaffen wir eine Umgebung, in der Menschen bereit sind, Entscheidungen zu treffen, ohne Angst vor negativen Konsequenzen.

Eva Engel: *Welche Botschaft zum Thema Führung willst du uns abschließend mitgeben?*

Axel Schrader: Das ist ganz einfach: Wenn ihr die Chance habt, Führungskraft zu werden, nicht zögern, sondern machen. Und wenn du einen Vorgesetzten hast, der mit dir gemeinsam feststellt, du bist nicht für eine Führungsposition geeignet, aber möglicherweise eine herausragende Fachkraft, dann mach auch das. Da ist nichts Schlimmes dran. Es wird und muss immer Führungs- und Fachkräfte geben und wir sollten die nicht tauschen. Wenn du den Wunsch hast, Führungskraft zu werden – bitte ausprobieren. Also ich finde, es gibt nichts Besseres.

Eva Engel: *Vielen Dank.*

KAPITEL 5

BESTANDTEILE EINES MOTIVIERTEN ARBEITSUMFELDES

Teamdynamiken verstehen: Die Gezeiten einer jeden Teamphase

Alles dreht sich. Mir ist schlecht. Ich liege müde in meinem Bock. Das, liebe Leser, beschreibt in drei kurzen Sätzen, wie es sich anfühlt, einen ca. 10 Meter hohen Wellengang zu erleben. Was ein Bock ist? Das ist das Bett der Seefahrer an Bord. Und genau dort liege ich und bin nur mit mir und meiner Übelkeit beschäftigt. Es ist sehr lustig, dass ich über viele Jahre hinweg beobachten konnte, dass Menschen automatisch davon ausgehen, man wäre absolut seefest – man war ja schließlich bei der Marine. Dem ist im realen Leben nicht ganz so. Dem Großteil der Besatzung von ca. 200 Menschen an Bord geht es bei solch schwerer See tatsächlich nicht gut. Nur die wenigsten an Bord haben absolut keine Ausfallerscheinungen. In diesem konkreten Beispiel wird eine Art Sturmroutine ausgerufen. Alle Soldaten, denen es jetzt noch gut geht, übernehmen quasi das Schiff. Somit werden die Seewachen für den Zeitraum des Sturms deutlich entlastet. Natürlich sind die Top-Führungspositionen durchgehend auch weiterhin besetzt. Somit kann sich nicht nur der Teil erholen, dem es aufgrund der Seekrankheit schlecht geht, sondern es wird auch zusätzlich das Gemeinschaftsgefühl gestärkt. Jeder verlässt sich auf jeden. Eine derartige Ausnahmesituation ist natürlich nicht von Dauer. Sie kommt und geht. Mal gibt es mehr Ausfälle aufgrund der Seeverhältnisse, mal gibt es wochenlang überhaupt keinen gravierenden Seegang. Manchmal kann er vorhergesagt werden und an anderen Tagen erwischt es einen eiskalt.

Kleiner Funfact: An Bord gibt es vier Mahlzeiten – Frühstück, Mittag, Abendbrot und Mittelwächter. Der Mittelwächter ist eine warme Mahlzeit um Mitternacht. Dieses Essen wird an Bord für die Wache von 00.00 bis 04.00 / 06.00 Uhr bereitgestellt. Wenn es allerdings solch starke Wetterverhältnisse gibt, wird grundsätzlich sehr einfaches Essen gestellt, z. B. Spaghetti Bolognese. Es hat sich herausgestellt, dass solches Essen positiv sein kann. Denn auch Hunger, also ständig essen zu müssen, kann ebenfalls eine Art Seekrankheit darstellen. Müdigkeit, Übelkeit oder auch Hunger sind die am häufigsten auftretenden Symptome bei Seegang.

Warum erzähle ich Ihnen diese Geschichte?

Sechs Jahre war ich auf einem Schiff. Während dieser sechs Jahre habe ich zwei Lebenszyklen miterlebt. Ein Lebenszyklus sieht wie folgt aus: Irgendwann muss die Fregatte in die Werft, das ist in etwa vergleichbar mit dem TÜV beim Auto. Beim Auto ist es alle zwei Jahre, beim Schiff kann es zwischen drei und vier Jahren sein. Hat das Auto gravierende Mängel, wird es repariert. Ist das Schiff nicht mehr auf Mindeststandard, geht es in die Werft. Ganze sechs Monate liegt das Schiff dann in einem Trockendock und wird sowohl technisch als auch materiell einmal generalüberholt. Während dieser Zeit zieht die Stammbesatzung meistens in Landunterkünfte, in Kasernen oder sogar in Baucontainer. Das trifft meist dann zu, wenn die Soldaten an der Werft vor Ort sind. Heute gibt es sicherlich auch andere Vorgehensweisen und Unterkunftsmöglichkeiten. Gleichzeitig findet aber auch eine Neuausrichtung der Besatzung statt.

Viele Besatzungsmitglieder verlassen das Schiff, neue kommen dazu.

Und hier sind wir – die Teamphasen. Häufig stellen wir uns im Arbeitsalltag das Zusammenstellen eines Teams unglaublich einfach vor. Zunächst einmal sei vorweg erwähnt – und da bin ich mir sicher –, dass die meisten benannten Teams doch eher Gruppen von Menschen sind, also Kollegen, die zusammenarbeiten. Der Begriff des Teams wird so inflationär angewendet, dass es schon fast einer kleinen Lüge gleichkommt. Denn bevor wir überhaupt ein Team sein können, müssen wir uns kennenlernen. Wir brauchen Zeit, um zu verstehen, mit wem wir es hier eigentlich zu tun haben. Wer sind die Leute, die auf einmal zusammenarbeiten sollen? Wer trägt Verantwortung? Wie sind die Stärken und Schwächen im Team? Und wurden diese ausbalanciert?

Ich könnte Ihnen unendlich viele dieser Fragen stellen, denn diese entscheiden am Ende über Ihren Erfolg oder Misserfolg. Eines ist auf jeden Fall klar: Auch das ist Führungsaufgabe, diese ganzen Fragen zu beantworten. Das ist nicht die Aufgabe Ihres zukünftigen Teams.

Nun, das Schiff ist also in der Werft. Ein Neuanfang sozusagen. In der Marine folgt daraufhin ein strikter Ablaufplan. Warum dieser so strikt ist, dazu kommen wir gleich. Der Ablauf sieht folgendermaßen aus: Werft > Ausbildung > Prüfung > Seefahrt.

Diese Phasen in einem kompakten System habe ich zweimal komplett durchlaufen und ich möchte Ihnen gleich parallel dazu das Teamphasen-Modell von Tuckman vorstellen. Denn an den Phasen, die das Schiff durchläuft, lässt sich dieses Modell hervorragend beschreiben. Bruce Tuckman, ein sehr renommierter Psychologe, entwickelte in den 1960er Jahren bereits das Teamphasen-Modell. Er unterteilt es in fünf Phasen, die wir bei der Aufstellung neuer Teams beachten sollten. Und nicht nur für neu zusammengestellte Teams ist dieses Modell von Bedeutung. Im Grunde genommen ist es für jeden Personalwechsel wichtig. Jedes Mal, wenn eine Personalie hinzukommt oder weggeht, werden sich Dynamiken verändern.[26] War Ihnen das bewusst? Sie können als Führungskraft nicht davon ausgehen, dass sich eine Person in einer Gruppe von Kollegen einfach ersetzen lässt. Jeder Wechsel, ob auf Vorstandsebene, im mittleren Management oder überall dort, wo Menschen thematisch zusammenkommen, gibt es Veränderungen. Die Probleme, die dadurch entstehen, sind nicht die Schuld der Menschen selbst. Sondern da schaue ich bewusst in Ihre Richtung, in die Richtung der Führungskräfte. Seien Sie sich im Vorfeld darüber bewusst, wen Sie für welche Position mit welchen Aufgaben besetzen.

Tuckman goes German Navy

Die Reise beginnt – Tuckmans Phase 1: Forming

Der Beginn. Ab jetzt zählt es. Das zukünftige Team ist vollständig, es kann losgehen. Aber was, wenn bereits die Anfangsphase von Unsicherheiten und Zweifeln geprägt ist? In der Regel steht die erste Phase im Modell eher für das gegenseitige Kennenlernen. Hier wird erst einmal abgecheckt, mit wem wir es zu tun haben. Was ist, wenn ich nicht gut genug bin? Dies kann mitunter als Frage auftauchen. Werde ich wahrgenommen? Schätzen andere meine Arbeitsweise? Diese und viele weitere Fragen werden in dieser Phase Realität. Und selbst wenn wir diese nicht bewusst wahrnehmen, werden sie von unserem Unterbewusstsein gestellt. Jeder möchte seinen Platz finden. Wir sind freundlich zueinander.

Was können Sie als Führungskraft jetzt schon tun, um diese Faktoren nicht weiter zu verstärken? Auch wenn Sie noch nicht lange mit dem Team zusammenarbeiten, können Sie bereits Teambuilding-Aktivitäten durchführen. Eine klare Rollenverteilung nimmt den Anwesenden erheblich Druck und stärkt ihr Selbstbewusstsein.

Marine: Wir sind immer noch in der Werft. Nur wenige Leute sind anwesend während dieser Phase, aber alle wissen: Bald geht es los. Bald werden wir als eine Crew gemeinsam viele spannende See-Abenteuer erleben. Es kann also vorkommen, dass man bisher nur einen Teil seines zukünftigen Teams kennengelernt hat. Ein Vorteil besteht dennoch: Die Dienstposten sind bereits im Vorfeld sehr detailliert beschrieben. So ist es in dem Bereich eher unüblich, dass diesbezüglich Unsicherheiten auftreten.

Sturm und Seegang – Tuckmans Phase 2: Storming

Diese Phase ist mitunter sehr heikel. Nach dem ersten Kennenlernen kommt jetzt weiteres Konfliktpotenzial hinzu. Denn sind die in Phase 1 beschriebenen Regelungen nicht oder nur halbherzig erfolgt, fangen die Mitglieder untereinander an, sich gegenseitig zu behaupten. Die Ellenbogen werden ausgefahren. Hier steht eher das Einzelergebnis im Vordergrund. Es wird um Aufmerksamkeit gerungen. Wenn Sie glauben, dass wären Themen vergangener Tage, dann irren Sie sich. Heute findet dieses Ausloten und Behaupten mehr denn je statt. Meist so, dass die Führungskraft es gar nicht erst mitbekommt. Hier ist sehr viel Fingerspitzengefühl erforderlich, um diese Dynamiken zu erkennen. Hören Sie genauer hin. Lesen Sie E-Mails. Behalten Sie die Chats im Auge. Unsere neue Welt hält viel mehr Potenzial für Konflikte bereit, als wir uns vorstellen können. Jetzt bedarf es klarer Regeln sowie Rollen- und Aufgabenverteilungen. Nur so kann Ihr Team wirklich zusammenwachsen.

Marine: An diesem Punkt geht die Besatzung von Land über auf das Schiff. Viele dieser Menschen sind noch nie zur See gefahren, andere wiederum bereits einige Jahre. Sie ahnen es vielleicht schon – genug Potenzial, um ebenfalls erst einmal in eine schwierige Phase zu kommen. Niemand ist bisher in dieser Konstellation zur See gefahren. Es ist für alle das erste Mal. Wie werden sich die Besatzungsmitglieder auf See einspielen? Wer wird bei gewissen Aufgaben die Führung übernehmen? Wie kommen sie nach den Seewachen in ihrer freien Zeit an Bord miteinander klar? Da es gewisse Regularien bereits gibt, gilt es jetzt, ein Umfeld zu schaffen, in dem sich die Bordgemeinschaft wohlfühlen kann. Auch das ist Führungsaufgabe.

Gemeinsam navigieren – Tuckmans Phase 3: Norming

Wir sind in der Orientierung angekommen. Das Team lernt sich besser kennen und fängt erstmals an, sich selbstständig zu organisieren. Mit den jetzt erlangten Erkenntnissen können nun auch ganz persönliche Empfindungen einfließen. Die bestehenden Rahmenbedingungen nehmen noch einmal mehr Form an, nämlich die Form ihrer Teams. Eine ausgewogene Kommunikation und gemeinsame Zielverfolgung kommen hinzu. Je nachdem, wie stark das Team aufgestellt und bereit ist, füreinander einzustehen, können wir jetzt von der Entstehung gegenseitigen Vertrauens sprechen.

Marine: An Bord haben wir jetzt die ersten Schritte bzw. ersten Seemeilen geschafft und uns im Bordalltag eingespielt. Das Kennenlernen, das Arbeiten miteinander und die Freizeit an Bord gehen nun besser ineinander über. Es wird toleranter. Toleranz und Akzeptanz sind für Seefahrer definitiv ein Skillset, das notwendig ist, um länger auf engstem Raum miteinander leben und arbeiten zu können.

Volle Fahrt voraus – Tuckmans Phase 4: Performing

Jetzt wird in den nächsten Gang geschaltet. Wir performen. Genau: wir. Nun ist es an der Zeit, all die Hürden und Anfangsschwierigkeiten hinter uns zu lassen. Wir sind eingespielt und können unsere Teammitglieder sehr viel besser einschätzen. Wir kennen deren Verhaltensmuster und Arbeitsweisen. Ab diesem Zeitpunkt wird gemeinsam auf ein Ziel hingearbeitet, und es gelingt uns in dieser Phase am besten. Die Zweifel und Unsicherheiten vom Anfang sind weg, wir vertrauen einander.

Eine tolle Phase, zu der man es als Team erst einmal schaffen muss. Tuckman hat keine Zeitangabe gemacht, wie lange genau diese Phasen dauern können. Ich persönlich sage aus eigener Erfahrung, dass es sich hierbei um ca. drei bis sechs Monate handeln kann, bis die Performing-Phase erreicht wird. Nicht der Glanz und die Anfangseuphorie sind entscheidend, sondern was nach der Storming-Phase passiert.

Marine: Die Crew ist jetzt optimal aufeinander abgestimmt. Jeder weiß, wann er was wie zu tun hat. Es entsteht etwas Neues – eine Bordgemeinschaft von ca. 200 Menschen, die gelernt hat, miteinander zu arbeiten, zu leben und gemeinsam ein Ziel zu erreichen.

Neuausrichtung – Tuckmans Phase 5: Adjourning

Die letzte Phase wurde dem Modell erst etwas später hinzugefügt und steht hier im Zusammenhang der Teamauflösung. Das können Projektteams oder spezielle Aufträge sein, zu denen Teams gebildet und nach Abschluss wieder aufgelöst werden. Bei einigen Projekten ist es sicher sinnvoll, die Zusammenarbeit Revue passieren zu lassen, bei anderen Projekten gehen die Teams oft ohne eine Nachbetrachtung auseinander.

Marine: Durch die zeitliche Begrenzung der Dienstposten haben wir hier einen regelmäßigen Wechsel von Führungs- und Fachkräften an Bord. Somit ist es besonders wichtig, immer noch einmal zu reflektieren, sich kurz Zeit zu nehmen und zurückzuschauen, bevor es zu neuen Ufern geht.

In seiner Gesamtheit bietet dieses Modell ein reichhaltiges Instrumentarium für Ihre Betrachtung.[27] Nahezu jeder Konflikt oder Vorfall kann mithilfe dieses Ansatzes thematisch eingeordnet werden. Ich ermutige Sie dazu, die Phasen in Ihrem Unternehmen bei passenden Gelegenheiten aufmerksam zu beobachten. Modelle entfalten oft erst dann ihr volles Potenzial, wenn der Raum dafür geschaffen wird. Diese in der Praxis anzuwenden, bedeutet eine Grundlage für lebenslanges Lernen und Wachstum.

Wie Teams wirklich entstehen:

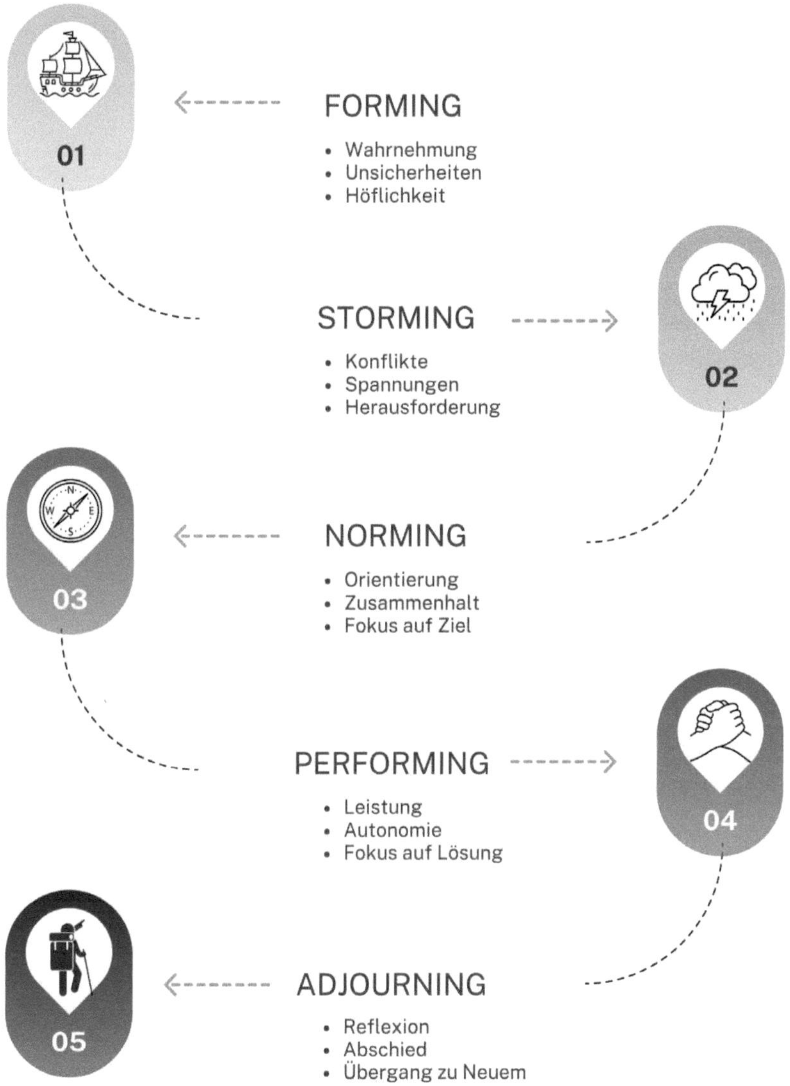

01

FORMING

- Wahrnehmung
- Unsicherheiten
- Höflichkeit

STORMING

- Konflikte
- Spannungen
- Herausforderung

02

03

NORMING

- Orientierung
- Zusammenhalt
- Fokus auf Ziel

PERFORMING

- Leistung
- Autonomie
- Fokus auf Lösung

04

05

ADJOURNING

- Reflexion
- Abschied
- Übergang zu Neuem

Teamphasen nach Tuckman

INTERVIEW 5

mit Oliver Muhs – Motivierte Teams durch menschliche Führung

Reservestabsoffizier, Bataillonskommandeur, Erster Stv. Vorsitzender Laufteam Bundeswehr und Reservisten e. V.

Oliver Muhs spricht mit uns über das breite Feld der Führung in Bundeswehr und Wirtschaft. Er blickt auf fast 30 Jahre Erfahrung zurück und lässt uns nun daran teilhaben. Ein persönliches Anliegen ist ihm die Verbindung zwischen den Streitkräften und der Zivilgesellschaft. Außerdem setzt er sich gezielt für die Unterstützung von Reservedienstleistenden ein. Das Laufteam Bundeswehr und Reservisten e. V. ist hier eine wertvolle Unterstützung und zugleich eine »Herzensangelegenheit«, um anderen Menschen in Not helfen zu können.

Eva Engel: *Wie bist du zu deinem bisherigen Werdegang gekommen?*

Oliver Muhs: In den frühen 90er Jahren durchlief ich erfolgreich meine Ausbildung zum Sanitätsunteroffizier bei der Bundeswehr, gefolgt von einem längeren Aufenthalt in der zivilen Wirtschaft. Während meiner Zeit in der Wirtschaft konnte ich wertvolle Einblicke und Erfahrungen sammeln. Besonders

prägend war meine Zeit bei McDonald's. Hier bin ich als Crewmitglied gestartet und konnte mich kontinuierlich in höhere Positionen weiterentwickeln, vom Schichtführer über den stellvertretenden Restaurantleiter bis zum Restaurantleiter und schließlich Supervisor. Dieser Weg führte mich dazu, am Ende die Verantwortung für drei eigene McDonald's Restaurants zu übernehmen.

Dort habe ich nun als Reservist im Dienstgrad Oberstleutnant den Dienstposten eines gespiegelten Bataillonskommandeurs inne. Aktuell widme ich mich einer wichtigen Aufgabe beim Streitkräfteamt in Bonn. Bei diesem Sonderprojekt wollen wir in Form einer Vereinbarung neue Räume zwischen Arbeitgebern und Reservisten schaffen. Ziel ist es, Reservisten zu ermöglichen, ihren Reservedienst zu leisten, ohne berufliche Nachteile fürchten zu müssen. Wir wollen die Arbeitgeber davon überzeugen, dass diese ihre Angestellten und Mitarbeiter für langfristig planbare Reservedienstleistungen zur Inübunghaltung der militärischen Fähigkeiten freistellen.

Eva Engel: *In Anbetracht deiner zivilen als auch militärischen Erfahrungen – worum geht's bei der Aufgabe, Menschen zu führen, wirklich?*

Oliver Muhs: Im Bereich der Führungsarbeit lege ich einen großen Wert auf Menschlichkeit und Offenheit. Für mich steht fest, dass ich nur dann in der Lage bin, Menschen zu führen, wenn ich selbst menschlich bin. Das bedeutet, dass ich stets auf offene Kommunikation und den respektvollen Umgang miteinander

setze. Es ist essenziell, auf Menschen zuzugehen, ihre Meinung anzuhören und zu akzeptieren, selbst wenn sie von meiner eigenen abweicht.

Ich bin der festen Überzeugung, dass ein offener Dialog und Diskurs unerlässlich sind, um verschiedene Perspektiven zu verstehen und gemeinsam Lösungen zu finden. Dabei spielt es für mich keine Rolle, ob diese Meinungen aus unterschiedlichen politischen Richtungen stammen. Wichtig ist, dass ein Raum für konstruktiven Austausch geschaffen wird, der die Vielfalt der Gedanken respektiert. Dennoch bin ich mir bewusst, dass es Situationen gibt, in denen eine solche offene Diskussion nicht angemessen ist. Das gilt insbesondere in dringenden oder gefährlichen Situationen sowie im militärischen Kontext. Es ist unbestritten, dass beispielsweise während eines Gefechts klare Befehle und schnelle Entscheidungen unabdingbar sind. Hier muss Führung zielgerichtet und effizient sein, ohne Raum für Diskussionen zu lassen.

Eva Engel: *Welche Veränderungen hast du in den letzten Jahren wahrgenommen?*

Oliver Muhs: In der Vergangenheit war die Bundeswehr in sich geschlossen und hatte klare, strikte Strukturen. Da war wenig Spielraum für Flexibilität oder Anpassungen. Heutzutage erkennen wir, dass Prinzipien aus der Wirtschaft durchaus sinnvoll sind. Es ist ein kluger Schritt, einige dieser Ansätze zu übernehmen – hier mit Blick auf Covid-19 und den damit einhergehenden Veränderungen und Anpassungen.

Der Ansatz, Elemente aus der Wirtschaft zu integrieren, ist eine notwendige Entwicklung. Schließlich streben wir danach, als Arbeitgeber akzeptabel und angesehen zu sein. Das erfordert eine gewisse Offenheit gegenüber modernen Organisationsprinzipien und Managementansätzen. Es ist essenziell, die alten Strukturen zu überdenken und anzupassen, um diesen neuen Ansätzen Raum zu geben und sie erfolgreich umzusetzen.

Eva Engel: *Wie lange brauchen wir, um uns an neue Gegebenheiten zu gewöhnen? Glaubst du, Soldaten und Soldatinnen haben ausbildungsbedingt hier Vorteile?*

Oliver Muhs: Ich bin zutiefst davon überzeugt, dass die Fähigkeit, sich rasch auf neue Gegebenheiten einzustellen, ein unschätzbarer Vorteil ist, den wir durch unsere Ausbildungen und Schulungen gewinnen. Diese Anpassungsfähigkeit ist für uns von höchster Bedeutung, da wir oft in Situationen kommen, in denen wir unmittelbar handeln müssen. Ein passendes Beispiel wäre eine Gefechtssituation: In solchen Momenten kann ich nicht lange darüber nachdenken, wie ich auf einen Angriff von links reagieren soll. Ich muss direkt handeln, ohne Umwege.

Daher bin ich fest davon überzeugt, dass unsere Ausbildung uns bereits einen bedeutenden Vorteil verschafft. Die Fähigkeit zur schnellen und situativen Anpassung, gepaart mit unseren erlernten Fähigkeiten, stellt sicher, dass wir in komplexen und sich rasch verändernden Umgebungen effektiv handeln können. Das ist zweifellos ein Pluspunkt, bei dem wir in vielen Situationen einen entscheidenden Schritt voraus sind.

Eva Engel: *Wie gehst du mit dem aktuell sehr präsenten Generationenthema um?*

Oliver Muhs: Für mich ist es von entscheidender Bedeutung, auf jeden Fall darauf zu achten. Es wäre unangemessen, einen 25-jährigen Mitarbeiter genauso zu behandeln wie einen Kollegen im Alter von 58 Jahren. Als Führungskraft ist es meine Verantwortung sicherzustellen, dass ich individuell auf die Bedürfnisse eines jeden Einzelnen eingehe. Das bedeutet, ich muss darauf achten, dass weder Überforderung noch Unterforderung entsteht – eine Balance, die ich anstrebe.

Mein Ziel ist es, den richtigen Aufgabenbereich zur richtigen Zeit für die richtige Person zu finden. Natürlich strebe ich nach der perfekten Lösung, aber ich bin mir bewusst, dass dies nicht immer in jeder Situation möglich ist. Dennoch halte ich es für äußerst wichtig, dieses Prinzip zu berücksichtigen und in der Praxis umzusetzen. Die optimale Ausrichtung von Aufgaben an die individuellen Fähigkeiten und Anforderungen der Teammitglieder führt zweifellos zu einer effektiveren Arbeitsumgebung.

Eva Engel: *Was denkst du über jüngere Generationen?*

Oliver Muhs: Ich halte jüngere Generationen nicht für problematisch; für problematisch halte ich aber die Kommunikation älterer Generationen gegenüber den jüngeren. Wenn ich mir unsere Eltern anschaue, erinnert mich das an ähnliche Gespräche, die sie über uns geführt haben. Es scheint, als ob diese Dynamik immer wieder auftaucht. Nur diesmal mit einem

verschärften Fokus auf die Digitalisierung und das Internet. Unsere Großeltern haben wahrscheinlich auch über unsere Eltern in ähnlicher Weise gesprochen. So, wie wir es jetzt über die jüngere Generation tun. In gewisser Weise ist das also ein natürlicher Teil des Generationenwechsels.

Allerdings fällt auf, dass die heutige Jugend durch die Digitalisierung und das Internet viel mehr in die Öffentlichkeit gerät. Jeder Aspekt ihres Lebens wird oft auf Plattformen wie Instagram geteilt.

Dennoch bin ich überzeugt, dass der Teamgedanke auch bei der jüngeren Generation vorhanden ist. Ganz besonders, wenn sie in Gruppenaktivitäten wie im Sport, in der Schule oder an der Universität zusammenkommen. Es gibt immer noch diese natürliche Neigung zur Gemeinschaftsbildung. Hier hat sich lediglich die Art und Weise der Ausdrucksform verändert.

Es ist sicherlich anspruchsvoller geworden, in der heutigen Zeit aufzuwachsen. Menschen müssen deutlich mehr in der Lage sein, viele Informationen gleichzeitig aufzunehmen. Das Internet bietet eine unglaubliche Fülle an Wissen und Möglichkeiten, aber es kann auch zu einem gewissen Druck führen. Früher waren viele Dinge normal, einfach weil wir nicht wussten, dass es Alternativen gibt. Heutzutage sind die Möglichkeiten fast grenzenlos, was zu einem gewissen Selbstzweifel führen kann. Dennoch denke ich, dass es wichtig ist, diese Veränderungen mit Offenheit und Verständnis zu betrachten, da jede Generation ihre eigenen Herausforderungen und Chancen mit sich bringt.

Eva Engel: *Was können wir in Situationen mit hohem Druckempfinden tun?*

Oliver Muhs: Von Anfang an ist es meine Zielsetzung, Drucksituationen so gut wie möglich zu vermeiden. Jedoch muss ich zugeben, dass diese Herangehensweise nicht immer vollständig umsetzbar ist, leider. Manchmal ergeben sich Situationen, in denen Druck von oben ausgeübt wird. In solchen Momenten ist es meine Aufgabe als Führungskraft, klug zu agieren und angemessen damit umzugehen.

Das Dilemma besteht darin, dass zu viel Druck von oben dazu führen kann, dass ich nicht mehr die Kontrolle über den Prozess habe. Es ist entscheidend, wie ich darauf reagiere. Aus meiner Perspektive ist es nicht ratsam, diesen Druck ungefiltert und direkt nach unten weiterzugeben. Denn je mehr Druck auf die Mitarbeiter ausgeübt wird, desto negativer können die Auswirkungen auf ihre Leistung und Motivation sein.

Aus diesem Grund ist meine Praxis als Führungskraft: den Druck möglichst gering zu halten. In meiner Zeit in der zivilen Wirtschaft habe ich stets versucht, den Druck von meinen Mitarbeitern fernzuhalten und ihn eher auf meine Schultern zu nehmen. Das gibt meinen Mitarbeitern die Freiheit, in einer Art und Weise zu arbeiten, die im Sinne des Unternehmens effektiv ist. Mein Ansatz besteht darin, ein Umfeld zu schaffen, in dem sie motiviert sind und die richtigen Entscheidungen treffen können. Dabei habe ich mich nie verloren.

Interessanterweise komme ich mit zusätzlichem Stress gut zurecht. Hin und wieder bin ich vielleicht für einen kurzen Moment genervt, aber danach funktioniert alles wieder wie gehabt.

Eva Engel: *Hat die Ausbildung in der Bundeswehr dazu beigetragen, resilienter zu werden?*

Oliver Muhs: Die Erfahrungen, die wir in verschiedenen Lehrgängen gemacht haben, spielen definitiv eine wichtige Rolle. Insbesondere in Bezug auf Drucksituationen haben diese Schulungen einen großen Einfluss auf unsere Fähigkeiten und Reaktionen. Ein Ereignis, das mir in Erinnerung geblieben ist, ereignete sich während eines Lehrgangs. Es handelte sich um den Unteroffiziers-Vorbereitungslehrgang, der zu jener Zeit noch existierte.

Während dieses Lehrgangs wurden wir zu einer 48-Stunden-Übung geschickt und mit Bussen an einen abgelegenen Ort gebracht. Dort erhielten wir eine Karte und den Auftrag. Dieser Auftrag war, uns nach 48 Stunden an einem bestimmten Zielpunkt zu treffen. Während der Übung wurden wir zwischendurch mit verschiedenen Gefechtssituationen und Aufgaben konfrontiert. Das Marschieren war nur nachts erlaubt, da wir tagsüber in einer »feindlichen Umgebung« waren.

Eines der prägnantesten Erlebnisse währenddessen war, als einer unserer Kameraden von den Ausbildern »gefangen genommen« wurde. Er befand sich am Ende der Gruppe. Sie begannen, ihn auf subtile Weise zu verhören. Nicht auf die Weise,

wie es in Filmen gezeigt wird, sondern eher durch psychischen Druck. Sie versprachen ihm sogar Essen, wenn er ihnen die Funkfrequenzen verraten würde. Was mich wirklich wunderte, war, dass er tatsächlich darüber nachdachte, diese Informationen preiszugeben. Obwohl es nur eine Übung war. Es wurde deutlich, wie belastend solche Situationen sein können.

Letztendlich hat er die Funkfrequenzen herausgegeben und erhielt trotzdem kein Essen. Dieses Ereignis hat mich stark geprägt und verdeutlicht, wie echte Drucksituationen uns zu Entscheidungen bringen können, die wir unter normalen Umständen niemals treffen würden. Es unterstreicht die Bedeutung der mentalen Stärke und Ausbildung, um in solchen Momenten besonnen und zielgerichtet handeln zu können.

Eva Engel: *In jedem Unternehmen gibt es Phasen, in denen das Stresslevel rapide steigt. Wie hast du solche Phasen in der Gastronomie wahrgenommen?*

Oliver Muhs: In solchen Situationen hilft eigentlich nur eine sorgfältige Vorbereitung. Mit der Zeit lernen wir aufgrund von Daten und Fakten. Wie entwickeln sich Stoßzeiten und wann treten sie auf? Das Wissen um diese Muster ist entscheidend, um angemessen darauf reagieren zu können. In der Dienstplangestaltung beispielsweise kann ich daraufhin gezielt reagieren und Maßnahmen ergreifen. Somit werden Engpässe während der Hauptzeiten verhindert.

Die Planung beinhaltet beispielsweise das Hinzufügen von zusätzlichen Kassen oder Küchenpersonal. Damit kann die

erhöhte Nachfrage gut gemeistert werden. Natürlich versuche ich, diese Schwankungen im Vorfeld abzufangen und entsprechende Ressourcen bereitzustellen. Allerdings kann es vorkommen, dass Mitarbeiter sich unerwartet krankmelden, was das ganze System wieder durcheinanderbringt. In solchen Fällen ist es oft vorgekommen, dass ich als Leiter selbst in die Bresche gesprungen bin.

Eva Engel: *Wie unterscheidet sich der Führungsansatz der Bundeswehr im Vergleich zur Wirtschaft? Wo siehst du Verbesserungspotenzial?*

Oliver Muhs: Ich denke, dass unser Führungsansatz, der auf dem Konzept »Führen nach Auftrag« basiert, im Vergleich zur Wirtschaft besser aufgestellt ist. Innerhalb der Bundeswehr gewähre ich meinen Verpflichteten einen größeren Handlungsspielraum. Ihr Handeln muss im Einklang mit dem übergeordneten Auftrag stehen. Ich setze lediglich Grenzen, eine Art rechte und linke Begrenzung für den eigenen Handlungsspielraum. Allerdings lege ich diese Grenzen nicht so strikt fest, wie es in der Wirtschaft oft der Fall ist.

In der Wirtschaft könnten einige Unternehmen durchaus von einem ähnlichen Ansatz profitieren, den wir in der Bundeswehr praktizieren. Einige Unternehmen wenden bereits eine Art »Auftragstaktik« an, obwohl der Begriff vielleicht unüblich klingt. Dennoch basiert das Prinzip darauf, ihre Mitarbeiter auf Grundlage eines übergeordneten Ziels zu führen. Ich glaube, dass diese Herangehensweise in der Wirtschaft ebenfalls positiv wirken könnte.

Eva Engel: *Ich habe noch eine letzte Frage, die ich sehr gern stelle. Welche Botschaft zum Thema Führung möchtest du uns heute mit auf den Weg geben?*

Oliver Muhs: Ich bin fest davon überzeugt, dass Menschlichkeit das Fundament einer erfolgreichen Führung ist. Nur wenn ich als Führungskraft Menschlichkeit ausstrahle, werde ich von meinen Teammitgliedern akzeptiert und respektiert. Diese Akzeptanz bildet die Grundlage für eine sinnvolle Führung. Durch die Integration von Menschlichkeit in meine Führungsarbeit kann ich in der Lage sein, vernünftig zu führen. Und wenn ich vernünftig führen kann, bin ich in der Lage, vernünftige Ergebnisse zu erzielen. Diese Ergebnisse sind nicht nur für das Unternehmen von Bedeutung, sondern können auch dazu beitragen, Arbeitsplätze zu sichern. Ein Aspekt, der in der zivilen Wirtschaft zweifellos von großer Relevanz ist.

In der Bundeswehr ist die Tragweite ähnlich bedeutsam, allerdings mit weitreichenderen Folgen. Fehlentscheidungen könnten in dieser Umgebung im schlimmsten Fall zu Todesfällen führen. Daher ist für mich Menschlichkeit der zentrale Punkt in der Führung.

Eva Engel: *Vielen Dank.*

KAPITEL 6

DIE RELEVANZ INSPIRIERTER ARBEITSTEAMS

Mutig vorangehen – Führung, die motiviert

Bei meinen Recherchen zu diesem Buch bin ich auf eine brandneue Studie gestoßen. Die Studie nennt sich: »Brave Leadership – Turning Potential To Progress«.[28] Hier wurde konkret Mut ins Verhältnis zu Führung gesetzt. Dabei wurden vielerlei Werte ermittelt, bei denen es sich lohnt, einmal genauer hinzusehen. **So geht zum Beispiel aus der Studie hervor, dass nur 12 % der Fach- und Führungskräfte entschlossen handeln.** Wow! Eine ernüchternde Zahl. Wie die Studie Mut in Verbindung zu Führung definiert, das sehen Sie hier:

Definition von Mut nach Kienbaum-Studie 2023, Brave Leadership

In den letzten Jahren, besonders dann, wenn ich von meiner Marinezeit erzähle, fällt in dem Zusammenhang oft das Wort Mut. Ich höre dann so etwas wie: »Eva, das ist aber mutig, dass du so lange bei der Marine warst.« Oder auch: »Eva, du musst echt Mut haben, dich auf große Bühnen zu stellen und Reden zu halten.« Oder auch so etwas: »Das hätte ich mich nicht getraut – mutig von dir, dich für andere einzusetzen.« All diese Aussagen und eigenen Erlebnisse haben mich dazu inspiriert, das Thema hier mit aufzunehmen. Denn was ist Mut überhaupt? Hat jeder von uns Mut? Und vor allem, brauchen wir Mut wirklich – und wenn ja, wofür?

Im Grunde genommen ist es mit dem Mut wie bei allen heiklen Themen rund um Führung: Das eine kann nicht ohne das andere existieren. Wenn ich keine Entscheidungen treffen kann, wie soll ich diese dann mutig treffen und umsetzen? Das richtige Maß an Mut, das jeder Mensch in sich trägt und tatsächlich seiner Position entsprechend notwendig ist, ist sehr unterschiedlich. Was für den einen bereits undenkbar mutig erscheint, ist für andere nicht einmal eine Herausforderung. Bis heute gibt es bereits viele Definitionen und Annahmen, was genau Mut ist.

Ich habe mich dasselbe gefragt und erkläre es gern an einem Beispiel. Eine Führungskraft steht vor der Wahl, etwas zu tun, dessen Ausgang ungewiss ist. Fakt ist: Beide Möglichkeiten erhöhen die Chance auf Veränderung. Wenn die Entscheidung nicht optimal war, können die Ergebnisse weiter optimiert werden. Wenn die Entscheidung richtig war, dann hat sie jetzt einen entsprechenden Impact auf das weitere Vorgehen. In beiden Fällen gab es Entwicklung. Bedeutet: Wenn Sie nicht handeln, weil Sie der Mut verlässt, dann stagnieren Sie. Handeln Sie hingegen und wagen den Schritt, können Sie nur gewinnen. Nicht zu handeln bzw. nicht mutig zu sein hat im Umkehrschluss viel mit Angst zu tun. Angst ist ein solch mächtiges Wort. Ich würde jedem raten, dieses Wort aus dem ganz persönlichen Wortschatz zu streichen. Es blockiert eher, als dass es in irgendeiner Art und Weise hilfreich wäre. Sie dürfen mutig voranschreiten. Sie sollten mutig voranschreiten. Kalkulierte Risiken einzugehen ist mutig und vor allem vorbildlich.

Fair Play: Nähe und Distanz

Nach der Zusage des Verlages, dass wir zusammen ein Buch auf den Markt bringen werden, wurde zunächst die Zielgruppe, Sie, zu bestimmten Interessen befragt. Die Zielgruppe konnte ganz unterschiedliche Angaben zu eigenen Interessen machen, insbesondere zu gerade bestehenden Herausforderungen oder auch Themen, die sie sich im Buch vorstellen könnten. Als ich die Liste erhielt, war ich unglaublich dankbar für die Offenheit der Befragten. Auf der anderen Seite wusste ich sofort, dass hier zu viele Bereiche angeschnitten werden sollten. Ich kann aufgrund der Vielfalt der Vorschläge leider nicht alle berücksichtigen. Aber der Punkt »Fairness« stieß auch bei mir sofort auf Resonanz. Ich hatte hier direkt Bilder vor Augen, aber auch Erlebnisse, die ganz und gar nicht von Fairness geprägt waren. Und damit war klar: Dieses Thema braucht auf jeden Fall Raum in diesem Buch. Oft sind es eben nicht die Tools oder Methoden, die uns weiterbringen, sondern wie wir mit unserem Gegenüber tatsächlich umgehen. Und dafür gibt es kein Patentrezept.

Da wir heute deutlich hybrider, weniger nachvollziehbar unterwegs sind und wir Menschen nicht mehr nur nach ihren offensichtlichen Interessen einschätzen können, war die Umfrage des Verlages wie ein Geschenk. Hier wurden die Themen Fairness und Gleichberechtigung, aber auch der Umgang von Führungskräften mit Mitarbeitern im Team, die vorher noch Kollegen waren, sehr häufig platziert. Ein sehr spannendes und vielfältiges Thema. Auch in meinen Führungskräftetrainings ist dies ein Part, worüber sich die Teilnehmer sehr viele Gedanken machen. Zu recht. Allein darüber nachzudenken bewirkt in uns schon sehr viel. Sich selbst reflektieren zu können ist hier der Grundstein für alles, was folgen wird. Somit müssen wir uns an dieser Stelle folgende Fragen stellen: Wer bin ich? Und wer möchte ich für andere sein?

Rollen wir einmal das Feld von hinten auf: Sie arbeiten seit ein paar Jahren in einem Unternehmen und sind von Menschen umgeben, die Sie mögen. Ihr Team und die Kollegen sind inzwischen bereits mehr als nur Kollegen. Jetzt steht aber auch Ihr nächster wichtiger Karriereschritt bevor. Sie wurden dazu auserkoren, eine Führungsposition zu übernehmen. Wir unterschätzen oft die Dynamiken, die sich automatisch ergeben. Nicht nur, wenn wir neue

Teammitglieder bekommen, verändert sich etwas. Sondern vor allem, wenn sich die eigene Rolle verändert. Ich erzähle Ihnen jetzt, was die häufigsten Bedenken bei neuen Führungskräften sind, wenn sie z. B. innerhalb derselben Abteilung wechseln und Führungsverantwortung gegenüber demselben Personenkreis bekommen:

1. Wie verhalte ich mich jetzt gegenüber meinen Kollegen richtig?
2. Was kann ich sagen und was nicht?
3. Ich habe die Bedenken, die Leute mögen mich nicht mehr.
4. Ich traue mich nicht zu führen.
5. Ich weiß nicht, wie ich mit den Kollegen umgehen soll.
6. Wie viel Nähe ist jetzt noch okay?
7. Bin ich zu nett oder soll ich strenger sein?
8. Wie bekomme ich die Leute dazu, dass sie tun, was ich ihnen sage?
9. Wie werde ich ernst genommen? Schließlich war ich vor Kurzem noch einer von ihnen.

Kommen Ihnen solche Gedanken bekannt vor? Wir könnten die Liste noch ewig so weiterführen, vielleicht erkennen Sie sich hier und dort wieder. Wenn das so ist, ist das absolut in Ordnung. Solche Gedanken sind normal. Sie dürfen nur nicht überhandnehmen und Selbstzweifel auslösen. Denn Vorsicht: Unser Gehirn spielt uns einen Streich. Die meisten Bedenken sind unbegründet und werden sowieso nie eintreten. So können Sie sich voll und ganz auf sich, Ihr Team und Ihre neue Aufgabe konzentrieren.

Der Punkt 2 ist hier besonders wichtig. Darum nehme ich ihn noch einmal auf. Auf die Frage »Was sage ich wie?« gebe ich in meinen Führungskräftetrainings gern folgenden Impuls: »Sie können alles sagen.« Manchmal machen wir es uns zu kompliziert oder trauen uns schlichtweg nicht, Dinge anzusprechen. Dabei ist es auf einer sachlichen Ebene, losgelöst von persönlichen Empfindungen und Ansichten, ganz einfach, Dinge beim Namen zu nennen. Hier empfehle ich das 4-Ohren-Modell von Schulz von Thun. Wir hören und sprechen Dinge nie nur auf einer Ebene. Wir haben verschiedene Ebenen, die es uns ermöglichen, auf die Beziehungsebene, Sachebene, Appellebene oder Selbstoffenbarungsebene zu gehen. Das Modell können Sie sich bei Interesse gern im Internet noch einmal genauer anschauen. Zurück zu dem, was wir aussprechen können: im Prinzip immer noch alles.

Mit ein wenig Beobachtung und ernsthaftem Interesse daran, Ihr Gegenüber kennenzulernen, ist es nicht schwer, klar und offen zu sagen, was zu sagen ist. Wir dürfen uns nur nicht davor scheuen. Das gilt gleichermaßen für positive als auch für negative Punkte. Negative Aussprachen, Feedback oder Rückblicke sind nichts Schlimmes, solange es fair bleibt. Unter Fairness verstehe ich Folgendes:

»Fairness entsteht, wenn wir in der Lage sind, objektiv zu beobachten und Sachverhalte, Feedback, aber auch Konflikte ehrlich und aus eigenem Antrieb zugunsten des eigenen Umfeldes annehmen zu können und lösen zu wollen.«

Ein Beispiel: Sie sind Führungskraft. Jemand in Ihrem Team ist während eines kurzen Projektes oder einer Gruppenaufgabe nicht so aktiv wie andere Teammitglieder. Leider bemerken Sie dies erst sehr spät. Das Team soll aber in Kürze für die geleistete Arbeit eine positive Erwähnung von der Geschäftsleitung erhalten. Was würden Sie tun?

Ich gehe jetzt von folgendem Szenario aus: Die positive Erwähnung erfolgt. Gesprochen wird später darüber jedoch nicht mehr. Somit hätten wir eine duckende Haltung bei der Führungskraft, die sich scheut, das Thema anzusprechen. Die Wahrscheinlichkeit, dass das eigene Team sich darüber ärgert oder demotiviert wird, ist auf jeden Fall gegeben. Obwohl dieses doch eben erst positiv erwähnt wurde. Die Erfahrung, nicht fair behandelt worden zu sein, wiegt viel schwerer als die eben erfolgte positive Erwähnung. Ein absoluter Klassiker in unserem Berufsalltag, oder? Was genau spricht dagegen, bereits bei Bekanntwerden der Thematik sich mit der betroffenen Person kurz zu unterhalten und darauf hinzuweisen, dass es für das nächste Mal auch den anderen Mitwirkenden gegenüber nur fair ist, wenn sich alle gleichermaßen an den gemeinsamen Vorhaben beteiligen. Da Sie die Situation nicht mehr ändern können, bringen Vorwürfe an dieser Stelle keine Verbesserung.

Die Lösung ist die Lösung, nicht das Problem.

Hier haben wir das Vorgehen nur angeschnitten. Es gibt viele Varianten und Möglichkeiten, auf sachliche, aber vor allem auch auf zwischenmenschliche Belange zu reagieren. Seien Sie nicht zu streng mit sich. Auch intuitiv zu handeln, wieder mehr zu vertrauen, gehört in diesem Kontext auf jeden Fall zum Führen dazu. Wir dürfen (wieder) menschlich sein.

INTERVIEW 6

mit Aristide Proksch – Von Selbstführung zu Führungskompetenz

Diplom-Psychologe, Führungskräftetrainer, Theologe

Im folgenden Interview habe ich mich mit Aristide Proksch intensiv über Themen wie Menschenführung, Kompetenzentwicklung und große Vorbilder ausgetauscht. Das Portfolio des Theologen und Diplom-Psychologen umfasst unter anderem das systematische Führungstraining. Mit seinen Hospizprojekten entwickelt er Sterbebegleitkurse für das Ausland. Seit 2009 unterstützt und begleitet das Unternehmen von Aristide Proksch Menschen im ambulanten Hospizdienst.

Eva Engel: *Wenn wir über das Thema Führung sprechen, welche Ansätze sind hier wichtig zu kennen?*

Aristide Proksch: Es gibt viele verschiedene Modelle und Ansätze zur Führung. Einer davon ist die charismatische Führung, in der die Führungskraft oft als Held oder zu bewundernde Person angesehen wird. Die gängigen Führungsstile sind bekannt. Z. B. gibt es hier auch noch den bürokratischen Führungsstil oder auch den autoritären Führungsstil. Für mich persönlich habe ich aufgrund meiner Erfahrungen herausgefiltert, dass es

je nach Situation Unterschiede gibt zu führen. Es ist ein erlernbares System. Führungskräfte können effektiver führen, wenn sie genau wissen, welche Aufgaben sie haben und welche Ergebnisse von ihnen erwartet werden. Führungskräfte werden an erzielten Ergebnissen gemessen. Wenn das Wissen darüber vorliegt, haben wir bereits einen großen Vorteil. So wissen wir, welche Ergebnisse von uns erwartet werden.

Eva Engel: *Das klingt nach einem strukturierten Ansatz. Kannst du das mit einem Beispiel verdeutlichen?*

Aristide Proksch: Natürlich. Nehmen wir zum Beispiel einen Zahnarzt. Er geht in sein Labor und führt dort verschiedene Tätigkeiten aus, hauptsächlich kümmert er sich um die Reparatur von Zähnen. Dafür hat er seine speziellen Werkzeuge und Hilfsmittel. Ähnlich ist es bei einer Führungskraft auch. Sie muss genau wissen, welche Aufgaben sie hat und mit welchen Hilfsmitteln sie diese Aufgaben so gut wie möglich erfüllen kann. Der Zahnarzt kann zum Beispiel nicht bohren, wenn er keinen passenden Bohrer hat. Genauso benötigt die Führungskraft spezifische Werkzeuge und Fähigkeiten, die sie beherrschen muss. Das erfordert Übung.

Eva Engel: *Also können wir sagen, dass es zwei Hauptaufgaben für eine Führungskraft gibt?*

Aristide Proksch: Ja, es gibt sicherlich mehrere Aufgaben, aber ich würde es auf zwei Hauptaufgaben reduzieren. Die erste Aufgabe besteht darin, Mitarbeiter zu fördern. Führungskräfte müssen herausfinden, welche Stärken ihre Mitarbeiter haben und wie sie diese Stärken fördern können. Es gibt Führungskräfte, die sich eher auf die Schwächen konzentrieren. Das führt meistens dazu, dass Mitarbeiter frustriert sind und letztendlich kündigen.

Die zweite Aufgabe besteht darin, ein motivierendes Arbeitsumfeld zu schaffen. Das bedeutet, die Mitarbeiter zu inspirieren und ihnen die Möglichkeit zu geben, ihr volles Potenzial auszuschöpfen.

Eva Engel: *Was sollten Führungskräfte heutzutage unbedingt mitbringen?*

Aristide Proksch: Ich glaube, das Wichtigste ist die Ergebnisorientierung. Wir leben in einer Zeit, in der nur Ergebnisse zählen und ein ständiger Konkurrenzkampf herrscht. Schauen wir uns beispielsweise Produkte von Apple und Samsung an. Es geht darum, welches Ergebnis besser ist und wie exzellente und immer steigende Verkaufszahlen erzielt werden. Interessanterweise schlägt oft das Marketing die Produktqualität. Bei der Geschichte mit dem Huhn und der Ente hat die Ente ein besseres Produkt. Aber aufgrund des intensiven Marketings, denn das Huhn gackert die ganze Zeit, während die Ente das Ei

legt und dann schwimmen geht, kann das Huhn mehr Eier verkaufen. Also, Marketing spielt eine entscheidende Rolle. Eine Führungskraft sollte also auch einen Sinn für Marketing besitzen, um den Zweck des Unternehmens in der heutigen Zeit erfüllen zu können.

Eva Engel: *Worauf achtest du noch, wenn du jemanden für eine Führungsposition einstellst?*

Aristide Proksch: Zunächst schaue ich mir an, ob die Person eine Vorstellung von Ergebnisorientierung hat und bereits ergebnisorientiert arbeitet. Auch die Frage, welche Ergebnisse sie bisher erreicht hat, ist nicht ganz unwichtig. Hier entscheidet sich nämlich, ob jemand lösungs- oder problemorientiert ist. Besonders wichtig ist auch, welche Ergebnisse sie mit ihrem Team erzielt hat. Je besser sie das beschreiben kann, desto klarer wird für mich die vorhandene Führungskompetenz. In der Führung gibt es nur zwei wichtige Dimensionen: Kompetenz und Engagement. Es gibt Menschen, die sehr engagiert sind und viel tun, aber aufgrund fehlender Kompetenz nicht viel erreichen können.

Eva Engel: *Wie gehst du mit Personen um, die am Anfang ihres Karrierewegs stehen und viel Engagement zeigen, aber noch nicht über eine hohe Kompetenz verfügen?*

Aristide Proksch: Viele Personen, die zum Karrierebeginn in einem Unternehmen anfangen, sind sehr engagiert und wollen

zeigen, dass sie bereit sind, Verantwortung zu übernehmen. Allerdings haben sie noch nicht die erforderliche Kompetenz, da sie in einem Unternehmen arbeiten, in dem sie noch nie zuvor tätig waren. In solchen Fällen müssen sie erst einmal in ihre Rolle hineinwachsen. Das stellt aber kein Problem dar. Schwieriger wird es, wenn jemand nicht so engagiert ist oder sein Engagement unbeständig ist. In solchen Situationen müssen wiederum die Führungskräfte unterschiedlich führen.

Eva Engel: *Noch einmal zusammengefasst: Für eine Führungskraft sind Ergebnisorientierung, Sinn für Vermarktung, Kompetenz und Engagement entscheidend. Du hast auch die Bedeutung der Kompetenzentwicklung betont. Kannst du uns etwas mehr über die vier Phasen erklären, die bei der Entwicklung von Mitarbeitern auftreten können?*

Aristide Proksch:

1 **In der ersten Phase** beginnt jemand Neues, in einem Betrieb zu arbeiten, und zeigt ein hohes Engagement, verfügt jedoch noch über wenig Kompetenz. In dieser Situation muss die Führungskraft eine dirigierende Rolle einnehmen und jeden Schritt genau zeigen. Dadurch kann die Person ihre Kompetenz steigern und die erforderlichen Ergebnisse produzieren.

2 **Die zweite Phase** tritt ein, wenn die Kompetenz gesteigert wurde, aber das Engagement nachlässt. Hier ist der Mitarbeiter bereits hochkompetent und hat das Gefühl, unentbehrlich zu sein. Er testet, was passiert, wenn er weniger engagiert ist. In dieser Phase muss die Führungskraft nicht mehr dirigieren, sondern fordern. Es ist wichtig, klar zu kommunizieren, dass das Engagement wie zuvor in Phase eins notwendig ist.

3 **In der dritten Phase** verfügt der Mitarbeiter über hohe Kompetenz, aber sein Engagement schwankt. Mal ist es hoch, mal ist es niedrig. Auch diese Phase ist wichtig. Hier muss die Führungskraft gemeinsam mit dem Mitarbeiter klare Ziele definieren, die vor allem zeitlich festgelegt sind. Die Kontrolle liegt nun beim Mitarbeiter selbst, wie viel Aufwand er für das Erreichen des Ziels aufbringt. Am Ende zählt nur das Ergebnis, unabhängig vom Zeitaufwand.

4 **Die vierte Phase** ist die ideale Phase. Der Mitarbeiter verfügt sowohl über hohe Kompetenz als auch hohes Engagement. Das ist das exzellente Ergebnis einer Führungskraft. Hier kann die Führungskraft delegieren, Aufgaben übertragen und Kontrolltermine setzen. Lob und Anerkennung spielen ebenso eine große Rolle, um den Mitarbeitern weiterhin Verantwortung zu übertragen. In dieser Phase reduziert sich der Stress für die Führungskraft, da der Mitarbeiter die Aufgaben erfolgreich bewältigen kann.

Eva Engel: *Wie kann ich als Führungskraft die Stärken und Schwächen meiner Mitarbeiter richtig erkennen und optimal nutzen?*

Aristide Proksch: Ein entscheidender Aspekt ist die Größe des Teams. Eine optimale Führungskraft sollte idealerweise plus/minus sieben Mitarbeiter führen. Bei mehr als neun Mitarbeitern wird es unübersichtlich, da man nicht mehr jedem die nötige Aufmerksamkeit schenken kann. Führungsarbeit ist eine anspruchsvolle Aufgabe, die Zeit und Energie erfordert. Mit sieben Mitarbeitern kann man wöchentlich zehn Minuten für ein Einzelgespräch reservieren. Dabei ist es wichtig, die Stärken jedes Mitarbeiters zu erkennen. Es gibt bestimmte Fragen und auch die Ergebnisse liefern Hinweise auf die Stärken der jeweiligen Person.

Des Weiteren ist es von großer Bedeutung, die Passung zwischen Mitarbeiter und Aufgabe zu berücksichtigen. Nicht jeder ist für jede Aufgabe gleichermaßen geeignet. Ein Telefonist benötigt andere Fähigkeiten als ein Verkäufer im Außendienst oder ein Experte für Onlinemarketing-Kampagnen. Es ist entscheidend, die richtige Person für die richtige Aufgabe zu finden, um effektiv zu arbeiten.

In vielen Pflegeunternehmen herrscht häufig Phase 3: hohe Kompetenz, aber unbeständiges Engagement. Das ist eine Herausforderung. Pflegekräfte sind auf dem Arbeitsmarkt schwer zu finden. Diejenigen, die bereits im Unternehmen sind, wissen, dass sie sich gewisse Freiheiten erlauben können – wie etwa unpünktliches Erscheinen oder einige Tage zu fehlen. Sie wissen, dass sie nicht gekündigt werden, da das Unternehmen nicht auf sie verzichten kann.

Eva Engel: *Was brauchen Führungskräfte, um besser mit Druck umgehen zu können?*

Aristide Proksch: Wenn wir über den Umgang mit Druck sprechen, möchte ich gern Jeff Bezos zitieren. Jeff Bezos, der Gründer und Manager von Amazon, betont die Bedeutung von ausreichend Schlaf. Er empfiehlt acht Stunden Schlaf pro Nacht und hat selbst konsequent daran festgehalten. Das ist unglaublich wichtig für die Regeneration des Gehirns. Wenn wir nur vier, fünf oder sechs Stunden schlafen, kann das zu Problemen bei der Wahrnehmung und dem Energiestand führen. Daher sind acht Stunden Schlaf jede Nacht von großer Bedeutung.

Ein weiterer Ratschlag von Jeff Bezos ist die Einstellung, dass jeder Tag der erste Tag ist. Das ist eine wichtige Lektion, die wir von ihm lernen können. Es geht darum, jeden Tag mit frischer Energie und Begeisterung anzugehen, als wäre es ein Neuanfang. Diese Einstellung hat er auch in seinem Unternehmen kommuniziert. Er betont, dass Meetings z. B. nicht länger sein sollten als das gemeinsame Essen einer Pizza.

Eva Engel: *Welche Strategien können Führungskräfte anwenden, um stressresistenter zu werden?*

Aristide Proksch: Selbstführung ist tatsächlich eine der herausforderndsten Aufgaben für Führungskräfte. Wir können klare Ziele und Erwartungen kommunizieren, Kontrolltermine vereinbaren und sicherstellen, dass die benötigten Ressourcen zur Verfügung stehen, um die gewünschten Ergebnisse zu erzielen.

Doch sich selbst zu führen, das ist eine andere Geschichte. Warum? Weil wir gleichzeitig Ankläger, Angeklagter und Richter für uns selbst sind. Es ist nicht einfach, mit sich selbst umzugehen.

Entweder tendieren wir dazu, uns selbst zu vergeben und uns von der Verantwortung freizusprechen, indem wir die Umstände als Grund anführen. Oder wir verurteilen uns ständig und glauben, dass wir nicht gut genug sind, nicht effektiv genug oder dass wir es einfach nicht draufhaben. Es ist eine anspruchsvolle Aufgabe, sich selbst zu führen.

Was Führungskräfte für die Selbstführung benötigen, ist mindestens ein System, in dem sie ihre eigenen Stärken anhand von Ergebnissen nachweisen und reflektieren können.

Eva Engel: *Wie gut sind wir aktuell beim Thema Führung aufgestellt?*

Aristide Proksch: Aus meiner Erfahrung heraus schätzen sich die Führungskräfte selbst auf einer Skala von 0 bis 10 maximal auf 6 ein, meistens jedoch zwischen 4 und 6. Das bedeutet, sie haben ein gewisses Bewusstsein dafür, dass sie nicht effektiv genug sind und nicht genau wissen, was sie als Führungskräfte tun sollten. Bei jedem neuen Auftrag führe ich zunächst eine Standortbestimmung durch, um das Betriebsklima und die wahrgenommene Führungskompetenz zu messen. Basierend auf dieser Erfahrung kann ich sagen, dass die Führungskräfte selbst nicht begeistert von ihren eigenen Fähigkeiten sind und Schwierigkeiten haben, die anstehenden Aufgaben zu bewältigen.

Was die Repräsentativität von z. B. LinkedIn betrifft, ist es schwierig zu beurteilen, ob die dort geposteten Inhalte tatsächlich die eigenen Erfahrungen widerspiegeln oder ob Marketingstrategien dahinterstecken. LinkedIn hat einen Algorithmus, der die Reichweite beeinflusst und Personen mit einer großen Anzahl von Followern eine gewisse Orientierung bieten kann. Daher ist es ein spannender Prozess, dem viele Menschen folgen.

Anmerkung – Eva Engel:
Interessant zu erfahren, dass Führungskräfte sich selbst oft als nicht effektiv einschätzen und Schwierigkeiten bei der Bewältigung ihrer Aufgaben haben. Zudem ist auch dein Blick auf die Repräsentativität von LinkedIn interessant, um die Bedeutung von qualitativ hochwertigen Beiträgen in diesem Kontext zu betonen. Deine gesammelten Erfahrungen aus dem Führungstraining sind nicht deckungsgleich mit den veröffentlichten Beiträgen im Social Web, in denen sich die Verfasser überwiegend positiv über ihre eigenen Führungsqualitäten äußern.

Eva Engel: *Welche Botschaft möchtest du uns abschließend mit auf den Weg geben?*

Aristide Proksch: Meine Botschaft ist, dass Führungsfähigkeit den Unterschied zwischen einem erfüllten, erfolgreichen Leben und einem durchschnittlichen, hinnehmbaren Leben ausmacht. Es lohnt sich, in die eigene Führungsfähigkeit zu investieren. Das gilt sowohl für die Selbstführung als auch für die Führungsfähigkeiten anderer. Ohne Führung kommst du nicht

voran, egal ob es um Energie, Gesundheit oder gute Beziehungen geht. Aber Führung bedeutet nicht, dass man jemandem gegenüber unterwürfig ist. Es geht vielmehr darum, die Stärken anderer wahrzunehmen, ihre Bedürfnisse zu erkennen und sie zu fördern. Denn dadurch profitieren letztendlich auch wir selbst. Wenn die Beziehungen nicht stimmen, kann das Leben trotz anderer Erfolge trostlos sein. Führungsfähigkeit fällt nicht einfach in unseren Schoß, aber sie ist definitiv erlernbar.

Auch ein Coach kann dabei helfen, weil die Dinge von außen betrachtet werden und wir Feedback erhalten, das wir uns selbst nicht geben können. Wir alle sind auf Feedback angewiesen. Somit ist Führungsfähigkeit der Schlüssel zu einem erfüllten, erfolgreichen Leben.

Eva Engel: *Vielen Dank.*

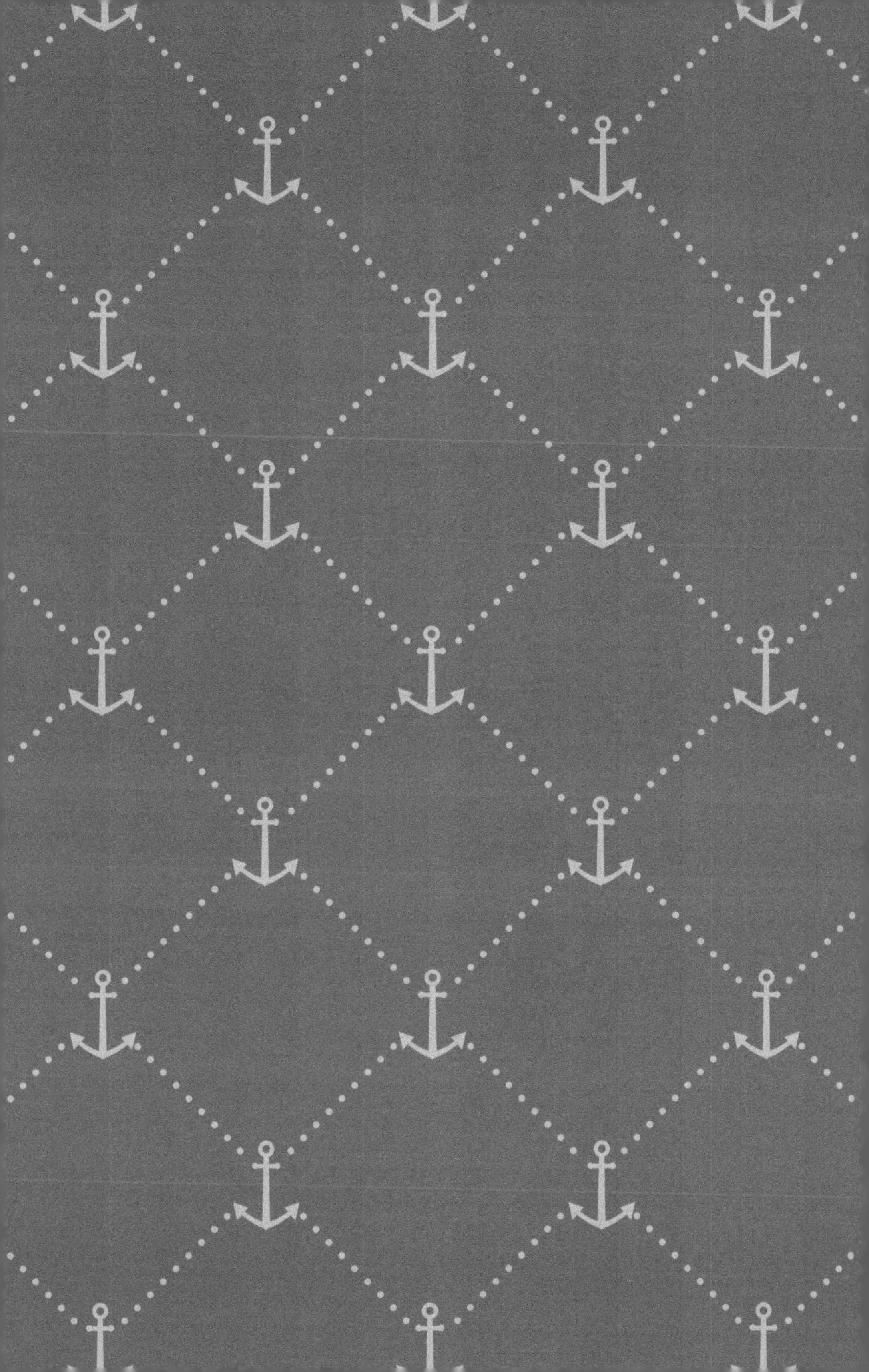

»Einen Rahmen zu schaffen, der es trotz Anstrengung erlaubt, großartige und nachhaltige Erlebnisse zu kreieren, das motiviert. Und zwar lange über Gehalt, Bonus und Beförderung hinaus.«

Eva Engel

Europa, Afrika, Asien
Ausbildungsfahrt: “EAV” - Einsatz- & Ausbildungsverband, 2008
Einsatzgebiet: Atlantik, Indischer Ozean, Mittelmeer
Auftrag: Internationale Zusammenarbeit, Ausbildung der Offizieranwärter

KLARE KOMMUNIKATION BRINGT KLARE ENTSCHEIDUNGEN

Wenn Meer, Macht und Marine aufeinandertreffen

Liebe Leser, wir nehmen wieder gemeinsam Fahrt auf. Haben wir damit bereits im ersten Abschnitt dieses Buches begonnen, so sind wir im zweiten Abschnitt scharf in die Wirtschaft abgebogen. Jetzt kommen wir noch einmal zurück in die Welt der Meere. Wir gehen erneut für eine kurze Zeit an Bord. Auch jetzt wird unser Hauptfokus auf Afrika liegen. Ja, ich bin sehr viel in dieser Gegend unterwegs gewesen. Zwischen 2007 und 2008 war ich ganze elf Monate um Afrika mit dem Schiff im Einsatz und auf Ausbildungsfahrt. Unser jetziges Thema führt uns nicht in den Auslandseinsatz, sondern verbindet Seefahrt mit Ausbildung und internationaler Zusammenarbeit. Wir sind im Einsatz- und Ausbildungsverband (EAV) unterwegs. Ein sehr spannendes Seevorhaben. Diese Tour bringt die Offiziersanwärter der Deutschen Marine für sechs Wochen an Bord. Sie können jetzt das erste Mal das echte Bordleben kennenlernen. Dafür werden sie für den Zeitraum extra eingeschifft, also an Bord gebracht. Der Ein- und Ausstiegsort kann überall sein. Ein Crewwechsel findet z. B. in Indien statt, ein anderer wiederum in Südafrika. So hatten wir über einen Zeitraum von sechs Monaten mehrere Crews an Bord. Eine Herausforderung für alle. Das bedeutete schnelle Personal- und Unterkunftswechsel über einen sehr langen Zeitraum.

Für mich kam noch ein weiteres sehr prägendes Erlebnis hinzu. Im Vorfeld dieser Tour wurde ich aufgrund meiner bisherigen Leistungen dazu auserwählt, eine Schlüsselrolle in einem internationalen Manöver zu übernehmen. Wenn ein Schiff einmal um den Kontinent Afrikas fährt, nimmt es an vielen internationalen Übungen und Manövern teil. Es gab zu dieser Zeit einen gravierenden Mangel an bestimmten Verwendungsreihen, also Positionen, die schlichtweg nicht besetzt werden konnten. Und es fehlte für diese Tour ein Waffenleitmeister. Diese Aufgabe wurde nun mir zugesprochen. Zunächst hatte ich absolut keine Ahnung, was mich erwarten würde. Ich wusste zu diesem Zeitpunkt nur, dass es eine wirklich große Aufgabe zu erledigen gibt. Das Manöver, das wir mit der Südafrikanischen Marine durchführen sollten, hieß »Good Hope«. In unserem Jahr, 2008, war es inzwischen das 3. Zusammentreffen der Deutschen und der Südafrikanischen Marine für dieses Vorhaben.

»Besatzung« dröhnte es durch die Schiffslautsprecheranlage (SLA). Eine Stimme, die nicht identifiziert werden konnte, sprach erhaben zu uns. Die Mitteilung? Es sei Zeit, sich vorzubereiten. Noch ein paar undefinierbare Geräusche folgten und die Durchsage war beendet. Zunächst herrschte Ratlosigkeit in den Gesichtern, dann kam Klarheit. Denn bis wir endlich vor Südafrika für das geplante Manöver ankommen sollten, hatten wir einen überdurchschnittlich langen Seeweg vor uns. Dieser führte uns diesmal an der Westküste Afrikas vorbei, an der Atlantikseite. Wo wir sonst im Einsatz in Richtung Suezkanal abbogen, nahm das Schiff nun Kurs auf Marokko, Ghana und Namibia bis zum endgültigen Ziel Kapstadt und Simonstown. Und diese Strecke sollte noch eine ganz besondere Überraschung für uns bereithalten.

Die Durchsagen häuften sich: unerwartet kryptisch. Es wurde mystisch. Im Schiff selbst fand man hier und dort auf einmal Bilder von Meeresbewohnern an den Wänden. Einige Kameraden waren manchmal Tage nicht gesehen worden. Die Besatzung spürte, dass hier bald etwas Großes geschehen würde. Je öfter sich die Aktivitäten wiederholten, umso klarer wurde es: Wir würden bald den Äquator und den Nullmeridian dieser Erde passieren und somit auf den mächtigsten Herrscher aller Weltmeere treffen. Ein solches Ereignis miterleben zu dürfen, das ist etwas ganz Besonderes.

Ich hatte auf der anderen Seite Afrikas schon einmal den Äquator passieren dürfen. Auch hier war Neptun viele Wochen davor an Bord präsent. Es folgten die Äquatortaufen der

Besatzung. Jedes Besatzungsmitglied wurde von Neptun persönlich begrüßt und in Empfang genommen. Seine Meeresgefährten bereiteten lange vorher die Zeremonie vor. Um den besonderen Moment der Äquatorüberquerung für immer festzuhalten, erhielt jeder an Bord einen offiziellen Äquatortaufschein. Diesen Taufschein sollten Seefahrer stets bei sich tragen, wenn sie wieder eine lange Tour antraten. Denn sollte jemand seinen Taufschein beim nächsten Mal nicht vorzeigen können, wurde er erneut getauft.

Vielleicht spüren Sie es – Teambuilding auf absolut höchstem Niveau. Hier kommen Traditionen, Menschlichkeit und gemeinsame Erlebnisse zusammen. Ob das wichtig ist?

Es könnte nicht wichtiger sein. Heute mehr denn je. Sollten wir auch in der heutigen Zeit um genau solche Erlebnisse bemüht sein? Unbedingt. Einen Rahmen zu schaffen, der es erlaubt, trotz Anstrengung großartige und nachhaltige Erlebnisse zu kreieren, das motiviert – und zwar weit über Gehalt, Bonus und Beförderung hinaus.

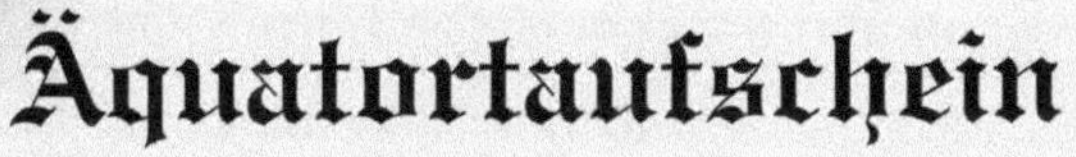

Äquatortaufschein

Wir Neptun

Alleinherrscher aller Meere, Flüsse, Teiche, Tümpel und Moraste,
Gebieter aller Meerestiere, aller Nymphen und Nixen,
Stifter des hohen Ordens zum goldenen Dreizack,
tun hiermit kund und zu willen,
dass wir gemäß den uralten Satzungen und den alten Traditionen,
die da niedergeschrieben sind im Buche der Seefahrer,
Kapitel 88, Vers 2-3 an

Eva Engel

auf: 0.000 N 0.000 E
auf der Fregatte
"KÖLN"
die Äquatortaufe vorgenommen haben.

Wir befehlen hiermit allen uns unterworfenen Meeresgottheiten,
Nixen und Nymphen,
den vorstehend Genannten zu jeder Zeit ungehindert
den Äquator passieren zu lassen.

Unser Weg führte uns nun weiter nach Simonstown, einer Hafenstadt ca. eine Stunde von Kapstadt entfernt. Der Aufenthalt in diesem Hafen war überdurchschnittlich lang, ganze drei Wochen blieben wir im und um den Hafen herum. Denn nun bereiteten wir uns auf das große internationale Manöver mit der Südafrikanischen Marine vor. Bevor die Tour startete, wurde ich auf Speziallehrgänge geschickt. Ich hatte eine unglaublich hohe Verantwortung in diesem Vorhaben. Über 650 Soldaten waren involviert: Schiffe, Drohnen, Kampfjets, Helikopter – alles dabei.

Meine Rolle in dem Szenario? Da ich für die komplette Radar- und Waffentechnik ausgebildet war, hatte ich jetzt die Aufgabe, unsere Anlagen, also das Radar, auf die simulierten Flieger in Form von Drohnen auszurichten. Sobald die Radaranlagen das Flugobjekt erkannt und anvisiert hatten, war es an mir, dies dem Kommandanten zu melden, um Feuererlaubnis zu bitten und nach Freigabe den Schlüssel umzudrehen. Der Schlüssel war die letzte Instanz, damit die Flugkörper tatsächlich das Schiff verlassen konnten. Eine wahnsinnige Drucksituation, den Erwartungen an dieses Manöver standhalten zu können. Es war alles live. Keine Simulation. Die Drohnen simulierten hier die Bedrohung, aber der Waffeneinsatz erfolgte live. Ja, wir hatten Flugkörper dabei, was sehr selten war. Die Einsatztauglichkeit der Schiffe im Umgang mit den Waffensystemen muss hin und wieder trainiert und überprüft werden.

Die ganze Geschichte hatte nur einen Haken: Um dieses aufwendige Manöver durchführen zu können, hatten wir nur drei

Chancen. Nur dreimal die Möglichkeit, das Geübte umzusetzen. Nur dreimal die Möglichkeit, das Ding erfolgreich nach Hause zu bringen. Waren wir gut genug vorbereitet? Absolut. Hielten die Nerven diesem enormen Druck stand? Absolut. Und wissen Sie, warum ich mir diese Fragen nie gestellt habe? Weil wir im Vorfeld auf jede nur mögliche Situation vorbereitet wurden. Was wäre, wenn ich es nicht schaffe – war in meinem Kopf nie präsent.

3 Chancen – 1 Kraftakt

Die ersten beiden Anläufe verfehlt! Zwei von drei möglichen Chancen, die vorbeifliegenden Ziele mit dem Radar zu erfassen, vertan. Und was machen Menschen, wenn Sie unter einem enormen Druck stehen? Sie werden hektisch. Vielleicht laufen sie aufgeregt hin und her. Vielleicht reden sie total wirres Zeug. Sie tun alles, aber sie sind nicht präsent in der Situation. Hier aber, auf unserem Schiff – mucksmäuschenstill. Der Kommandant schräg hinter mir, Blick auf sein Radar, 200 Menschen auf unserem Schiff und 300 bis 400 weitere warteten jetzt auf den alles entscheidenden Durchgang. Alles auf null. Volle Konzentration.

Und wieder waren es schwere Bedingungen. Denn bei schlechten Wetterverhältnissen haben die Systeme hin und wieder Schwierigkeiten, die Flugobjekte zu erfassen. Doch im letzten Augenblick passte alles zusammen. Die Flieger kamen rein, ich konnte die Radaranlagen auf die Ziele anweisen, der Kommandant gab die Feuererlaubnis, ich drehte die Schlüssel um und die Flugkörper (Sea Sparrow) verließen mit einem wahnsinnigen Ruck das Schiff. In diesem Moment war das Manöver erfolgreich abgeschlossen. Was ich hier in nur wenigen Zeilen niederschreibe, geschah in einem Zeitraum von ungefähr vier bis fünf Stunden. Bereits drei Stunden vor dem offiziellen Manöverbeginn auf See, Punkt fünf Uhr morgens, saß ich auf Gefechtsstation. Ich erinnere mich noch sehr genau. Der Sicherheitscheck aller Systeme auf dem Schiff sowie zu anderen Einheiten benötigte die vollen drei Stunden Vorlaufzeit.

Ich muss ehrlich sein, das war für uns alle eine emotionale und mentale Leistungs- und Belastungsgrenze. Später im Debriefing, der Nachbesprechung, drehte sich der Kommandant zu mir um, lächelte und sagte: »Engelchen, mach das nie wieder. Mir ist fast das Herz stehen geblieben.« Das glaube ich ihm bis heute. Denn er hatte über den gesamten Manöverzeitraum die Verantwortung und sie im Vertrauen unter anderem an mich abgegeben.

Wir sind, wie wir führen und geführt werden

Das Erstaunliche, was mir seither dazu auf Führungsebene immer wieder in meine Gedanken kommt, ist Folgendes: Als Kommandant eines Schiffes der Marine trägt man für 200 und mehr Menschen die Verantwortung, ebenso für das Schiff. Wir sagen auch gern im Militär »Verantwortung für Mensch und Material«. Er, der Kommandant, hat es nie ausgesprochen, wie enorm hoch sein Druck gewesen sein muss. Auch in der schier dramatischen Situation des letzten Durchgangs nicht zu wissen, ob es klappt, hat ihn nie aus der Fassung gebracht. Niemand hat sich währenddessen eingemischt. Niemand hat mir in der

Konzentrationsphase dazwischengefunkt. Wir haben alle nur ein Ziel verfolgt: erfolgreich abzuschließen. Das bewundere ich bis heute, diesen uneingeschränkten und vertrauensvollen Umgang in einer solch außergewöhnlichen Situation. Das habe ich seitdem nie wieder auf irgendeiner Position erlebt: dass das Ziel im Vordergrund steht und dass nur der Zusammenhalt dieses auch treibt.

Und Sie können das auch. Menschen werden von Menschen geführt. Das ist das Glück, das wir haben und das wir jeden Tag nutzen sollten.

KAPITEL 7

GRUNDLAGEN FÜR EINE KLARE KOMMUNIKATION

Klarer Kurs – Kommunikationsmodelle in Aktion

Vor nicht allzu langer Zeit hatte ich eine Begegnung der besonderen Art mit einer Person im beruflichen Kontext. Ich kannte die Person bisher nicht. Alles, was ich wusste, war, dass wir ein gemeinsames Thema hatten, um das wir uns kümmern mussten. Und das am besten sofort. Wir kennen es alle. Diese Dinge, die »sofort zu erledigen« sind und im Nachhinein betrachtet oftmals nicht im Ansatz so wichtig waren wie zunächst angenommen. So kam ein erstes Gespräch zustande. Um herauszufinden, worum es genau ging und wie ich helfen konnte, hörte ich zu. Es stellte sich schnell heraus, dass mein Gegenüber sich offenbar keiner Kommunikationstechnik im Umgang mit anderen Menschen bewusst war. Die Worte und Tonlage dieser Person waren angespannt, die Kommentare herablassend – ihr gesamtes Verhalten war sehr unbewusst und unreflektiert.

Was wir tun können, wenn wir persönlich angegriffen werden oder sogar selbst vielleicht hin und wieder zu unangebrachten Äußerungen neigen, ist nicht ganz Thema des Kapitels, wird allerdings an Wichtigkeit für Sie zunehmen. Wer zunächst sich und sein Kommunikationsverhalten versteht, versteht es auch besser, mit anderen in eine Kommunikation auf Augenhöhe zu gehen. Lassen Sie uns ein paar bekannte und bis heute bewährte Modelle anschauen. Auch hier ist es wie mit allen anderen theoretischen Modellen – nur weil wir sie kennen, werden sie nicht sofort unser Verhalten optimieren. Wir müssen schon gezielt mit ihnen arbeiten und sie mit unseren bisher gemachten Erfahrungen ins Verhältnis setzen. Beobachten, verstehen, umsetzen.

Hier kommen einige Kommunikationsmodelle, die sich bis heute bewährt haben:

1. Vier Seiten einer Nachricht – Friedemann Schulz von Thun
2. Sender-Empfänger-Modell – Shannon und Weaver
3. Das Kommunikationsdilemma – Konrad Lorenz
4. Lasswell-Formel – Harold Dwight Lasswell
5. Eisbergmodell – Sigmund Freud, Paul Watzlawick

Das Eisbergmodell schauen wir uns jetzt einmal genauer an. Ich habe es ausgewählt, da hier sehr schnell deutlich wird, wie wichtig es ist, Menschen in ihrer Ganzheitlichkeit wahrzunehmen. Das Modell beschreibt auf eine sehr einfache und verständliche Art, womit wir es in Bezug auf Kommunikation zu tun haben. Wie schon einst Paul Watzlawick zu sagen pflegte: »Man kann nicht nicht kommunizieren.«

Grundsätzlich kann man sagen, dass gerade einmal 20 % unseres Verhaltens, unserer Kommunikation, auf Bewusstsein basiert. Wir können nur ca. 20 % von dem wahrnehmen, was wir tagtäglich erleben. Alles andere spielt sich im Unbewussten ab.[29] Schauen Sie dazu auch schon einmal parallel auf die Abbildung auf der Seite 250.

Nehmen wir die Person aus der Einleitung als Beispiel: Sie ist respektlos und fordernd, teilweise beleidigend. Ein Verhalten, das grundsätzlich nicht zu tolerieren ist. Sollten Sie mit solchen Personen zu tun haben, ignorieren Sie dies unter keinen Umständen. Suchen Sie ein neutrales Gespräch und schildern Sie Ihre Wahrnehmung. Sollte dies nicht zielführend sein, ziehen Sie eine weitere neutrale Person hinzu. Eine ausführlichere Beschreibung finden Sie auch in Kapitel 9 zur Thematik Wahrnehmung, Wirkung und Wunsch. Auch als Führungskraft haben wir kein recht, unangemessen oder respektlos mit unseren Mitarbeitern oder Kollegen zu kommunizieren. Den meisten jedoch sind diese Abläufe oder negativen Verhaltensweisen nicht bewusst. Wie kann das sein?

Das Modell zeigt es sehr schön. An der Oberfläche haben wir die ganz offensichtlichen Dinge: Fakten, logische Aussagen und wir sehen, wie Menschen reagieren. Alles, was sich jedoch unter der Oberfläche befindet, sehen wir nicht und wissen wir daher auch nicht. Wir wissen so gut wie nichts über unser Gegenüber und werden es vermutlich auch nie erfahren. Denn meist wissen wir selbst nicht einmal davon. Es ist unbewusst. Verhaltensmuster entstehen in jungen Jahren und wir nehmen sie unser ganzes Leben mit. Wir können daran arbeiten, das wiederum erfordert sehr viel Veränderungsbereitschaft und Mut, mit sich selbst in die Tiefe zu gehen. Es ist ebenfalls wichtig, sich mit dieser Thematik und dem daraus resultierenden eigenen Führungsverhalten auseinanderzusetzen.

Abschließend betrachtet, können wir Kommunikationsmodelle als Leitplanken für die eigene Führung nutzen, um unsere Wahrnehmung zu schärfen, aber vor allem um andere besser zu verstehen.

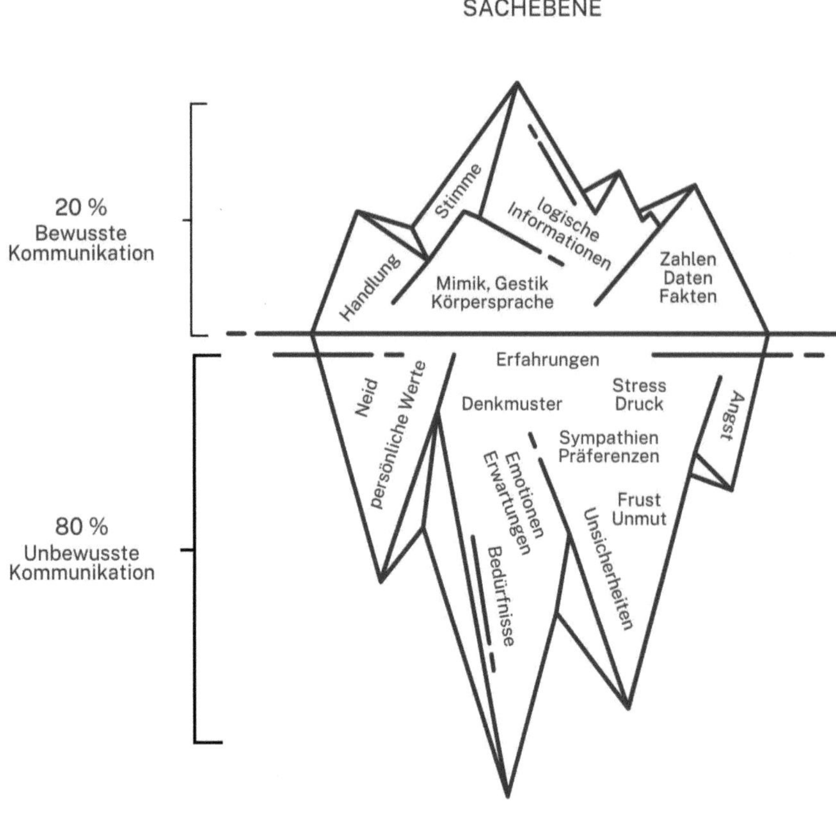

Eisbergmodell nach Sigmund Freud, eigene Darstellung

Selbsttest: Wie gut können Sie delegieren?

Gute Kommunikation lässt sich nicht nur anhand unseres Verhaltens feststellen, sondern auch daran, wie gut wir in der Lage sind, die Kommunikation auf andere zu übertragen. Indem wir aus unserer Führungsrolle Aufgaben gezielt abgeben bzw. delegieren, eröffnen wir ebenfalls Möglichkeiten, mit unseren Mitarbeitern in den Austausch zu gehen. Wie sind Sie bisher mit dem Thema Delegieren umgegangen? Fiel es Ihnen schwer, klar zu kommunizieren, was Sie von Ihrem Gegenüber möchten? Um herauszufinden, ob Sie delegieren können, kreuzen Sie hierfür eine der beiden Auswahlmöglichkeiten auf der rechten Seite im Test an. Beantworten Sie die 15 Fragen ehrlich. Gehen Sie dabei zügig und intuitiv vor. Das Testergebnis finden Sie auf der nächsten Seite.[30]

Nr.	15 Fragen - Selbsttest: Delegieren	Eher nein	Eher ja
1.	Möchten Sie am liebsten alle Aufgaben selbst erledigen?	○	○
2.	Arbeiten Sie länger an vergleichbaren Aufgaben als Ihre Kollegen?	○	○
3.	Verbringen Sie Zeit damit, Dinge für andere zu erledigen, die diese genauso gut selbst erledigen könnten?	○	○
4.	Finden Sie für den Notfall keinen Mitarbeiter oder Kollegen, der Sie entlasten kann?	○	○
5.	Kommt es vor, dass Ihre Mitarbeiter nur wenig zu tun haben, während Sie in Arbeit ersticken?	○	○
6.	Fehlt Ihnen die Zeit zur Planung Ihrer Aufgaben und Tätigkeiten?	○	○
7.	Ist Ihr Arbeitsplatz in einem unordentlichen Zustand, wenn Sie aus dem Urlaub zurückkommen?	○	○
8.	Ein Kollege bittet Sie um Hilfe bei der Erledigung seiner Aufgaben. Fühlen Sie sich dadurch geschmeichelt?	○	○
9.	Müssen Sie oft eine wichtige Aufgabe verschieben, um andere durchführen zu können?	○	○
10.	Wenden Sie Zeit für Routinearbeiten auf, die durch andere erledigt werden könnten?	○	○

11.	Schaffen Sie es nicht, regelmäßig anfallende Reparaturen und Wartungsarbeiten auf Zeiten mit wenig Arbeit zu legen?	○	○
12.	Werden Sie oft von Kollegen unterbrochen, denen Sie eine Aufgabe gegeben haben, weil ihnen diese unklar ist?	○	○
13.	Sie geben Aufgaben an Ihre Kollegen weiter. Werden diese Aufgaben nicht zufriedenstellend erledigt?	○	○
14.	Wollen Sie überall Ihre hand im Spiel haben und über alles informiert werden?	○	○
15.	Haben Sie Mühe, sich an Ihre Prioritäten (das Wichtigste zuerst) zu halten?	○	○

Selbsttest Delegieren nach Kienbaum: Motivation - Instrumente zur Führung und Verführung, 2. Auflage, 2007, Teil 1

Punkte	Interpretation / Ergebnis
0 bis 3 Ja-Antworten	Sie delegieren ausgezeichnet.
4 bis 7 Ja-Antworten	Sie können Ihre Delegation noch an wichtigen Punkten verbessern.
ab 8 Ja-Antworten	Die Delegation scheint für Sie ein ernstes Problem darzustellen. Sie sollten der Lösung dieses Problems absoluten Vorrang einräumen.

Selbsttest Delegieren nach Kienbaum: Motivation - Instrumente zur Führung und Verführung, Teil 2

Delegieren gehört zu den klassischen Führungsaufgaben. Ich habe es hier bewusst aufgenommen, da dieser Bereich häufig entweder über- oder unterschätzt wird. Wenn wir zu viel an unsere Mitarbeiter abgeben, kann das schnell in Überforderung enden und der Eindruck entstehen, man wolle dem Kollegen nur die ganze Arbeit aufdrücken. Kennen Sie das?

Auf der anderen Seite haben wir die Thematik, dass die Führungskraft nicht loslassen kann. Sie gibt nicht ab. Beide Ausprägungen sind nicht förderlich für das Team und das Arbeitsumfeld.

Was steckt dahinter?

Wenn Sie Aufgaben nicht abgeben können, sind Sie (noch) nicht in Ihrer Führungsrolle angekommen und konnten sich bisher nicht vom Fachexperten-Status trennen. Als Führungskraft ist Ihr Team das Expertenteam. Sie sind die Person, die es dem Team ermöglicht, Spitzenleistungen zu erbringen. Wenn Sie keine Aufgaben an Ihr Team abgeben, haben Sie womöglich ein Anerkennungsthema. Sie wollen immer noch als Experte wahrgenommen werden und kämpfen damit indirekt gegen Ihre Teammitglieder. Vielleicht fehlt es mitunter an Vertrauen oder Sie sind der Meinung, andere können die Aufgabe nicht so gut lösen wie Sie. Kennen Sie die Stärken und Schwächen Ihres Teams? All diese Aspekte machen deutlich, dass Sie zunächst mehr Aufmerksamkeit auf sich selbst richten sollten.

Lernen Sie sich kennen und optimieren Sie step by step zunächst Ihr (Führungs-)Verhalten. Sie werden schnell merken, dass es umso einfacher wird, Aufgaben zu delegieren, je entspannter Sie die Situation angehen.

Der Fragenkatalog auf der nächsten Seite kann dabei helfen, Ihr aktuelles Delegationsverhalten zu reflektieren. Mit gezielten Fragen lösen sich Themen in der Regel sehr schnell auf.

Reflexion zum Selbsttest – Das eigene Delegationsverhalten

Reflexion zum eigenen Delegationsverhalten – Ergänzung zum Selbsttest: Wie gut kann ich delegieren?
In welcher Situation haben Sie es einmal nicht übers Herz gebracht, etwas zu delegieren, was Sie selbst für delegierbar hielten? Beschreiben Sie die Situation.
Was hat Sie dazu bewogen, nicht zu delegieren? In welchem Umfang hatte fehlendes Vertrauen darauf, dass die Lösung den Erwartungen entspricht, Einfluss auf Ihre Entscheidung?

In welchen Situationen treffen Sie Entscheidungen darüber, wie ein Mitarbeiter etwas zu erledigen hat?
Welchen Freiraum haben Ihre Mitarbeiter bei der Entscheidungsfindung im "daily business"? Können Sie sich vorstellen, mehr Entscheidungen zu verlagern?
Kompetenzen der Mitarbeiter, Vertrauen Ihrerseits oder nicht loslassen zu können – was behindert Sie am meisten im Delegationsprozess?

Reflexion Delegieren nach Kienbaum: Motivation - Instrumente zur Führung und Verführung, 2. Auflage, 2007

INTERVIEW 7

mit Gilda Prüß – Über Entscheidungs- und Veränderungsfreude

Marineoffizier, ehem. Erster Offizier, Windsurferin

In diesem Interview habe ich mit Gilda Prüß gesprochen. Ich freue mich sehr, dass sie dem Interview zugestimmt hat, da sie die erste Frau in der Deutschen Marine ist, die den Posten des Ersten Offiziers auf einer Fregatte besetzt hat. Sie gibt uns tiefe Einblicke in ihren Werdegang und erzählt, was ihre größten Herausforderungen in Bezug auf das Thema Führung sind. Sie dient seit 2004 in der Deutschen Marine und hat einen abwechslungsreichen Werdegang durchlaufen. Die ersten Seefahrtserfahrungen sammelte sie als Brückenwachoffizier an Bord eines Einsatzgruppenversorgers. Während ihrer Ausbildung setzte sie den Schwerpunkt auf den Operationsdienst und war in diesem Rahmen zwei Jahre als Austauschoffizier bei der Königlichen Niederländischen Marine tätig. Anschließend fuhr sie an Bord von Fregatten zur See. Auch privat ist sie der See verbunden und an Windsurfspots der Nord-, aber vor allem Ostsee zu finden.

Eva Engel: *Worum geht es bei der Menschenführung genau?*

Gilda Prüß: Ein häufig zitiertes Motto, das mir auf diesem Weg immer wieder begegnet ist, lautet: »Um Menschen zu führen, muss man Menschen mögen.« Anfänglich mag das wie ein Slogan klingen, doch mit zunehmender Lebenserfahrung und im Umgang mit unterschiedlichen Persönlichkeiten offenbart sich hier der Schlüssel.

Von Bedeutung ist für mich ebenfalls ein ausgeprägtes Distanzvermögen. Während ich in der Lage bin, die Rolle als Teil des Leitungsteams oder als Führungskraft aktiv auszufüllen, erkenne ich mit zunehmender Empathie und sozialem Fingerspitzengefühl die Notwendigkeit, eine angemessene Distanz zu wahren.

Wichtig ist für mich auch eine Art Berechenbarkeit. Sie brauchen eine bestimmte Klarheit, besonders im Setzen von linken und rechten Grenzen sowie von Zielvereinbarungen. Diese nennen wir bei uns natürlich nicht so, da es sich hier um Aufträge und Aufgaben handelt. Dennoch müssen auch diese deutlich und realistisch formuliert sein. Das ist für mich der Werkzeugkasten mit den Prinzipien, die relativ dicht oben aufliegen.

Eva Engel: *Können Sie uns ein paar Einblicke in Ihren Werdegang geben?*

Gilda Prüß: Im Laufe meiner Karriere ergaben sich regelmäßig neue Aufgabenbereiche. Dabei habe ich nicht nur mehr Verantwortung übernommen, sondern auch meinen Aufgabenbereich stetig erweitert. Dies war nicht nur eine schrittweise Veränderung

meiner Aufgaben, sondern auch eine schrittweise Einführung in die Führung von Menschen. In meiner Rolle als Seeoffizier hatte ich eine Doppelfunktion, sowohl im fachlichen Bereich als auch als wachhabender Offizier auf der Brücke eines Schiffes, wo ich ein Team leitete. Mit jedem Aufstieg in der Hierarchie kamen neue Verwendungen und neue Teams hinzu. Es fällt vielleicht nicht sofort auf, aber diese Entwicklung erfolgt Schritt für Schritt. Wir wachsen sozusagen in diese Funktion und Rolle hinein.

Besonders in meiner Rolle als Stabsoffizier und später als erster weiblicher Erster Offizier in der Deutschen Marine habe ich während meiner Arbeit viel gelernt. Ich würde es als »On-the-Job-Learning« oder »Face-to-Face-Ausbildung« beschreiben. Als Erster Offizier arbeiten wir eng mit dem Kommandanten zusammen. Nun ist man Teil des Führungsteams des Schiffes. In dieser Position hatte ich die Gelegenheit, direkt vom Kommandanten zu lernen und zu verstehen, worauf es in dieser leitenden Funktion ankommt. Diese Vorbereitung erfolgt bewusst und zielt darauf ab, das Führungshandwerk in realer Umgebung zu erlernen, um später, meiner Laufbahn entsprechend, in die Position des Kommandanten wechseln zu können.

In der Marine gibt es auch gezielte Übungen, bei denen wir verschiedene Szenarien, wie zum Beispiel Notfälle oder Schadensfälle wie Feuer, durchspielen müssen. Hierbei ist jeder an Bord einer spezifischen Position in der Organisation zugewiesen, um die Herausforderung zu bewältigen. Auch hier werde ich bewusst in die Rolle des Kommandanten versetzt, um diese Verantwortung zu spüren und Entscheidungsprozesse zu begleiten.

Eva Engel: *Wie wichtig ist es für Führungskräfte, sich an die Veränderungsgeschwindigkeit der jüngeren Generationen nicht nur anzupassen, sondern sie aktiv mitzugestalten?*

Gilda Prüß: Das ist eines meiner Lieblingsthemen. Im Wesentlichen geht es um die Anpassung an die jeweilige Zielgruppe. Denn in der heutigen Zeit empfinde ich es als eine der essenziellen Aufgaben für Führungskräfte. Warum? Weil die Digitalisierung unsere Gesellschaft in vielen Bereichen rasant vorangetrieben hat. Es handelt sich dabei um parallele Entwicklungsstränge, die berücksichtigt werden müssen.

Die Methoden und Ansätze, die mir während meiner Ausbildung und meines Werdegangs vermittelt wurden, haben sich sicherlich als wirksam erwiesen. Dennoch liegen diese Ansätze bereits einige Jahre zurück. Aufgrund der raschen Digitalisierung, die in nur wenigen Jahren stattgefunden hat, hat sich ein erheblicher Fortschritt ergeben. Solch einen großen Sprung hatten wir vor einigen Generationen noch nicht. Denken Sie nur an unsere Eltern und Großeltern, die noch mit Schreibmaschinen aufgewachsen sind – und jetzt bestellt eine Besatzung alles über ihre Smartphones bei Amazon. Dieser Wandel ist bei den jungen Menschen von heute genauso präsent. Sie müssen sich an diesen Wandel anpassen, auch wenn wir aus Sicherheitsgründen nicht immer eine konstante Onlinepräsenz gewährleisten können, insbesondere auf Kriegsschiffen.

Als Führungskräfte müssen wir dennoch auf dem neuesten Stand bleiben. Wir dürfen verstehen, dass die Bedürfnisse der jungen Generation stark von der digitalen Welt geprägt sind,

besonders wenn wir zusammen zur See fahren. Aus meiner eigenen Erfahrung heraus weiß ich um die Wichtigkeit, auf jüngere Offiziere einzugehen und ihre Weltanschauung wahrzunehmen. Viele von ihnen stehen vor großen Herausforderungen, wenn es um den eigenen Werdegang und die Entwicklung zur Führungskraft geht. Es geht auch um die Bewältigung von Verantwortung, das Finden der eigenen Richtung und das Überwinden von Ängsten. All diese Aspekte müssen wir als Führungskräfte berücksichtigen und uns an unserer Zielgruppe orientieren. Dass früher alles besser war, diese Haltung sollte für Führungskräfte aus meiner Sicht ein nicht zu verfolgender Ansatz sein. Vielmehr geht es darum, die Veränderungen anzunehmen und die jüngere Generation in ihrer Entwicklung zu unterstützen.

Eva Engel: *Was brauchen wir über Wertschätzung und Vertrauen hinaus, um gut zu führen?*

Gilda Prüß: Die Grundwerte wie Vertrauen und Wertschätzung sind nach wie vor von großer Bedeutung und behalten ihren Bestand. In diesem Kontext müssen wir eine ausgewogene Balance finden und geschickt zwischen den militärischen Werten und einer gewissen Rationalität navigieren. Meiner Ansicht nach hat sich die Gesellschaft in dieser Hinsicht verändert. Viele Dinge werden heute sehr emotional kommuniziert. Das kann mitunter entsprechend der Situation auch hinderlich sein.

Es ist jedoch nicht notwendig, das unterstellte Personal strenger anzugehen, ganz im Gegenteil. Ein zu harter Ansatz

könnte sie eher abschrecken. Dennoch ist es von Bedeutung, ein Verständnis dafür aufzubauen, dass nicht jedes Bedürfnis unmittelbar erfüllt werden kann. Diesen Punkt sollten wir als verantwortungsbewusste Führungskräfte nicht ignorieren. Auch wenn es nicht immer möglich ist, Veränderungen sofort herbeizuführen, sollten wir dieses Bedürfnis nach Verständnis und Geduld ernst nehmen. Die heutige Gesellschaft ist ständig online. Viele Menschen erwarten schnelle Reaktionen – sei es in sozialen Medien oder über Messenger. Wenn die blauen Haken erscheinen und keine sofortige Reaktion folgt, kann dies unweigerlich zu Missverständnissen führen. Diese neue Eigenart in der heutigen Gesellschaft sollten wir in unserer Führungsstrategie berücksichtigen.

Eva Engel: *Welche Strategien nutzen Sie in besonders herausfordernden Situationen?*

Gilda Prüß: Während einer mehrmonatigen Seefahrt gestaltet sich das Finden eines Ausgleichs deutlich schwieriger, als wenn wir uns im Hafen befinden. Auf See sind die Möglichkeiten begrenzt, sich außerhalb der Komfortzone zu bewegen. Wir können nicht einfach nach Hause gehen oder unsere gewohnten Routinen fortsetzen. Das kann zu Ermüdung und Überlastung führen.

Als Führungskraft, insbesondere als Erster Offizier an Bord, bin ich ständig präsent und verantwortlich. Hier kann ich mich nicht in meiner Kammer verstecken und die Herausforderungen ausblenden. In meiner Position ist es entscheidend, Wege

zu finden, um kleine persönliche Ruheinseln oder Pausen zu schaffen. Ein Beispiel dafür ist der Besuch auf der Brücke des Schiffes bei Sonnenaufgang. Ich persönlich habe mir in solchen Momenten Gedanken gemacht oder kurze Pausen eingelegt.

Es gibt weitere Möglichkeiten, auf individuelle Art und Weise Energie zu tanken. Ich höre z. B. Podcasts oder meditiere, wenn Zeit dafür ist. Diese kleinen Maßnahmen haben zwar nicht die gleiche Wirkung wie zu Hause, aber sie sind dennoch wichtig und können ähnliche Effekte erzielen. Es ist unerlässlich, die spezifische Situation und die damit verbundenen Herausforderungen immer wieder in Betracht zu ziehen und entsprechend darauf zu reagieren.

Eva Engel: *Das Hören von Podcasts und Meditation sind wertvolle Ansätze. Gab es in den letzten Jahren Unterstützung seitens der Marine in Bezug auf solche Methoden?*

Gilda Prüß: In der Tat hat es vielfältige Veränderungen gegeben. Für uns Führungskräfte ist es nicht nur wichtig, sich dieser Methoden zu bedienen, sondern auch die Möglichkeiten der Besatzung zur Verfügung zu stellen – und diese ganz besonders während längerer Seefahrten ganzheitlich anzubieten. Beispielsweise ermöglichen wir durch die Organisation von Sportfesten oder anderen Events eine Art Tapetenwechsel. Wir haben Veranstaltungen wie LAN-Partys, Spieleabende und Brettspielabende organisiert. Wenn wir im Hafen sind, bieten sich ebenfalls Gelegenheiten für verschiedene Aktivitäten. Hierbei ist es von großer Bedeutung, die gesamte Besatzung

einzubeziehen, damit für gemeinsame Abwechslung gesorgt ist. Selbst ein einfaches Medium wie eine Bordzeitung kann dazu beitragen.

Die Seefahrt an sich bietet zusätzlich Möglichkeiten zur Beschäftigung, sei es durch Projekte oder andere gemeinsame Aktivitäten, an denen die Crew teilnimmt. Auch bietet die Marine regelmäßig Seminare für Besatzungen an. Diese decken sowohl Führungskräfte als auch Mitglieder der Besatzung in unterschiedlichen Dienstgradgruppen ab. Nach den Einsätzen stehen Nachbereitungsseminare zur Verfügung, um Erlebnisse zu reflektieren, aufzuarbeiten und gegebenenfalls loszulassen.

Zudem gibt es auch individuelle Ansätze, die ich als Disziplinarvorgesetzter verfolgen kann. Wenn Kameraden in Not sind, kann ich eine intensivere Betreuung und Unterstützung anbieten. Die Marine engagiert sich aktiv dafür, Ressourcen bereitzustellen, um das Wohlbefinden der Besatzung zu fördern und angemessen auf Belastungen zu reagieren.

Eva Engel: *Wie können wir im Zuge dessen auch unsere Entscheidungsfreude entwickeln?*

Gilda Prüß: Im Verlauf meiner Zeit bei der Marine habe ich beobachtet, wie ich durch den Fortschritt meiner Karriere und die Weiterentwicklung dieser immer professioneller geworden bin. Ich habe bis heute viele Erfahrungen sammeln dürfen, die meine Persönlichkeit entwickelt haben. Das bedeutet nicht unbedingt, dass wir dadurch zum Überflieger werden, aber wir erreichen eine gewisse Gelassenheit und Weisheit.

Zu Beginn war ich vielleicht aufgeregter und habe mehrfach darüber nachgedacht, ob ich eine bestimmte Entscheidung treffen sollte. Habe ich zu Beginn eventuell hin und wieder gezögert und mich abgesichert, verschwende ich heute keine wertvolle Zeit damit und entscheide mich.

Eva Engel: *Wie können Führungskräfte ihre Entscheidungsfindung verbessern?*

Gilda Prüß: Man kann die Grundzüge der Führung erlernen und darauf aufbauen. Wie ich zu Beginn bereits erwähnte, spielen bestimmte persönliche Charaktereigenschaften eine Rolle. Ein Beispiel dafür ist die Fähigkeit zur Entscheidungsfreude. Es ist ein Schritt, den wir einfach einmal wagen müssen. Das mag vielleicht banal klingen, aber es ist eine wichtige Hürde, die man überwinden muss.

Doch was braucht es noch, um bessere Entscheidungen zu treffen und Freude daran zu haben?

Eine wichtige Grundvoraussetzung ist der Wille zur Übernahme von Verantwortung. Ebenso sollten wir die Freude am Gestalten von Prozessen und Abläufen mitbringen. Das sind meiner Meinung nach Kernelemente. Ohne diese Grundlagen kann es schwer sein, Entscheidungen zu treffen.

Zudem ist Sachlichkeit ein wichtiger Faktor bei der Entscheidungsfindung. Wir sollten das große Ganze sehen und Selbstbewusstsein mitbringen. Es gibt sicherlich noch viele weitere Aspekte, aber für mich sind dies die zentralen Punkte. Solange ich über Selbstbewusstsein verfüge, kann ich die

von mir getroffene Entscheidung auch nachträglich vertreten. Das schafft eine wechselseitige Grundlage. Wenn sich eine Entscheidung später als Fehler herausstellt, kann ich natürlich immer im Nachhinein sagen, dass man es besser hätte anders machen sollen.

Das Etablieren einer Fehlerkultur ist mindestens genauso wichtig. Wenn ich feststelle, dass eine Entscheidung falsch war, ist es entscheidend, das auch anzuerkennen. Je öfter ich Entscheidungen treffe, desto mehr wächst meine Fähigkeit, zukünftig schneller und sicherer Entscheidungen zu treffen. Es ist ein kontinuierlicher Prozess, der nicht mit einem Schritt abgeschlossen ist. Alle Aspekte bedingen sich oft gegenseitig.

Eva Engel: *Wie gehen Sie mit Erwartungen an Ihre Person um?*

Gilda Prüß: Mit dem Aufstieg in der Hierarchie wächst natürlich der Verantwortungsbereich und automatisch auch der Druck von außen. Wir haben für unsere verantwortungsvollen Positionen bereits einen langen Weg hinter uns gebracht. Ich trage die Verantwortung für Entscheidungen und Führung von beiden Seiten – von den unterstellten Soldaten und Soldatinnen, die erwarten, dass ich die Funktion ausfülle, und von externen Stellen, die klare Anweisungen und Leitlinien vorgeben, die durch mich umgesetzt werden sollen. Dafür habe ich mich entschieden.

Eva Engel: *Können Sie uns von einem besonders herausfordernden Ereignis erzählen?*

Gilda Prüß: Ein Beispiel, das sich besonders prägend auf mich auswirkte, ereignete sich während der Coronapandemie. Ich befand mich damals mitten in meiner Verwendung als Erster Offizier einer Fregatte. Die Situation in der Gesellschaft und auch auf dem Schiff war sehr unsicher. Die Informationen über die Pandemie waren noch nicht klar und es gab ständig neue Richtlinien. Hier kam die Forderung nach klaren Handlungsanweisungen und Leitlinien von beiden Seiten – von den übergeordneten Dienststellen und den unterstellten Besatzungsmitgliedern. Die Herausforderung bestand darin, den Spagat zu schaffen zwischen der Bewältigung der Pandemie und der Aufrechterhaltung des Ausbildungsprogramms für das Schiff. In dieser Zeit war es besonders anspruchsvoll, allen Erwartungen gerecht zu werden und gleichzeitig das Schiff für den operativen Einsatz vorzubereiten. Dieses Ereignis liegt heute etwa zwei Jahre zurück. Ich erinnere mich noch sehr gut daran, da es eine intensive und herausfordernde Situation war. Hier galt es besonders, zwischen allen beteiligten Aspekten die Balance zu halten.

Eva Engel: *Welche Botschaft möchten Sie uns zum Thema Führung mit auf den Weg geben?*

Gilda Prüß: Ein paar Sichtweisen habe ich schon erwähnt, aber genau diese sind tatsächlich wichtig. Führung kann man zu einem gewissen Grad lernen. Es gibt Menschen, die sind nicht unbedingt als Führungskraft geboren worden. Hier sollten sich bestenfalls andere Optionen finden lassen, weil sie sich in einer Führungsrolle auch nicht wohlfühlen würden. Sie erfahren dadurch keine Berufszufriedenheit. Auch das unterstellte Personal hat von solchen Führungskräften eher weniger, weil der Führungsprozess somit nicht ganzheitlich ablaufen würde. In meiner Vorstellung sind gute Führungskräfte nahbar, berechenbar und empathisch. Zudem rundet eine positive Fehlerkultur das Führungsbild ab.

Eva Engel: *Vielen Dank.*

KAPITEL 8

WERKZEUGE FÜR KLARE ENTSCHEIDUNGS-FINDUNG

Die Entscheidung – Was ist heute Ihre TOP 3?

Nehmen wir einmal an: Sie und ich sind zusammen mit dem Schiff unterwegs und gehören zu einer Besatzung. Derzeit nehmen wir an einer internationalen Übung teil. Für uns bedeutet das: volle Konzentration. Unser aktuelles Trainingsszenario lässt sehr viel Raum für unvorhersehbare Ereignisse. Das bedeutet, wir müssen sehr achtsam und wach sein. Dann knallt es auch schon und scheppert im ganzen Schiff. Rauch entwickelt sich, das Licht fällt aus, es folgen Ansagen durch die Schiffslautsprecheranlage (SLA). In dieser Rolle haben wir die Gesamtverantwortung für die Besatzung, ebenso für das gesamte Schiff. Kurz nacheinander werden uns nun folgende Ereignisse mitgeteilt:

- Feuer in der Kombüse (die Küche an Bord)
- Ein Headset im Leitstand (techn. Kontrollraum) funktioniert nicht
- Der Kraftstoff geht aus, in der Nähe befindet sich ein Versorgungsschiff
- Verletzte Personen im Achterschiff (hinterer Teil des Schiffes)
- Wassereinbruch im Vorschiff (vorderer Teil des Schiffes)
- Die Großreinschiff-Runde steht an (Putzen an Bord)

- Ausfall der Radaranlagen
- Der Kaffee auf der Brücke ist alle
- Abzug der Toiletten geht nicht (diese funktionieren wie im Flugzeug mit Unterdruck)
- Ein Besatzungsmitglied ist über Bord gegangen

Eine Aneinanderreihung von unterschiedlichen Themen. Jedes Ereignis muss aufgrund seiner ganz eigenen Gegebenheiten behandelt und die Lösung herbeigeführt werden. Da wir nur eine begrenzte Anzahl an Personal zur Verfügung haben: Was machen wir jetzt?

Diese Entscheidung überlasse ich Ihnen. Gehen Sie noch einmal alle Punkte durch. Sicher sind einige Maßnahmen sofort ersichtlich, die direkt und unmittelbar erfolgen müssten. Bei einigen entsteht bestimmt ein Zwiespalt und bei anderen Punkten wiederum ist für Sie die Reihenfolge klar. Entscheiden Sie jetzt. Was ist Ihre TOP 3? Welche Aufgaben werden Sie zuerst angehen?

Natürlich ist die Herangehensweise wie auch die inszenierte Lage eine Übung. Und zwar eine Übung, um uns in eine entscheidende Denke zu bringen. Grundsätzlich gibt es keinen Lehrgang, der da heißen könnte: Hier lernen Sie entscheiden. Wir können uns nur selbst dafür sensibilisieren und uns darin trainieren, mutiger zu werden. Unsere gemachten Erfahrungen und Beobachtungen unterstützen uns dabei, schneller und besser zu entscheiden.

Es sind auch nicht das Studium oder die Ausbildung, der Schulabschluss oder die Führungsposition, die uns unterstützen, besser darin zu werden. Es ist der Wille, genauer hinzuschauen und zu analysieren, dabei auf sein Bauchgefühl zu hören und Input von außen wahrzunehmen. Entscheidungen sind oft ein Zeichen von Selbstvertrauen. Menschen, die keinen oder einen sehr niedrigen Selbstwert haben, neigen dazu, keine oder nur sehr risikoarme Entscheidungen zu treffen. Umgekehrt haben wir auch Selbstüberschätzung. Beide Extreme sind nicht förderlich und schaden allenfalls dem Umfeld.

Wenn wir uns nochmals auf unser Beispiel besinnen: Wir haben in einer kritischen Lage eine TOP 3 zu erstellen. Hier geht es um Schnelligkeit. Es geht darum, Situationen richtig deuten zu können. Liegen mir alle wichtigen Informationen vor? Wie sieht Ihre TOP 3 aus? Da wir nicht an Bord sind und die Auslastung des Personals und die Schiffsgegebenheiten nicht zu 100 % kennen, wäre es fahrlässig, eine fixe Entscheidung zu treffen. Wir können allerdings herausfiltern, was im Moment am gefährlichsten ist. Und dann wären wir hier bei einer TOP 3, alles rund um den Menschen, also wo Leib, Seele und Material gefährdet sind.

Ein Beispiel für eine TOP 3 könnte wie folgt aussehen:

1 Person über Bord

2 Wassereinbruch

2 Feuer im Schiff

Da sich die Situation sehr schnell ändert, wechselt auch der Status stetig. In den nächsten Minuten kann sich die von uns ausgewählte TOP 3 bereits stark verändern. Je nach Lage und wie gut die Erstmaßnahmen durchgeführt werden können, haben wir in kurzer Zeit eine ganz neue Prioritätenliste.

Vielleicht ist Ihnen auch aufgefallen, dass sich die Begrifflichkeit geändert hat. Sie ist deutlich kürzer und klarer. Auch das gehört zu einem klaren Lagebild dazu. Kurze, einprägsame Kommunikation. In der Regel machen wir es uns viel zu kompliziert und reden uns oft um Kopf und Kragen. Mit gezielter Ansprache und eindeutiger Kommunikation können wir uns schnell und präzise mit unserem Gegenüber austauschen.

Die Frage nach der Übertragung in die Wirtschaft nehme ich hier sehr gern wieder auf. Natürlich haben wir diese extremen Fälle nicht im zivilen Arbeitsumfeld. Ich kann nur wiederholen, was ich bereits in den ersten Kapiteln geschrieben habe. Es existieren dennoch Gefahren in der Wirtschaft. Und zwar überall. Sie werden nur nicht so offen und klar dargestellt. Sie kommen in anderen Gewändern. Sie kommen leise und bleiben leise.

Um klar, ganzheitlich und unverzüglich zu handeln, zu priorisieren und zu entscheiden, möchte ich Ihnen jetzt ein paar ausgewählte Techniken mitgeben. Einige Tools davon sind zwar bekannt, werden aber dennoch häufig unterschätzt.

Pro- und Contra-Liste

Wenn Sie eine Entscheidung umgehend treffen müssen, aber noch nicht ganz sicher sind, greifen Sie zu Stift und Papier. Links Pro, rechts Contra. Sammeln Sie nun alles, was Ihnen zu den Möglichkeiten, die Sie haben, einfällt. In Windeseile zeichnet sich ein Bild ab, das es Ihnen erlaubt, eine deutlich klarere Entscheidung zu treffen als noch vor wenigen Minuten.

10-10-10-Methode von Suzy Welch, der US-amerikanischen Wirtschaftsjournalistin: Im Anschluss gehen Sie direkt zur 10-10-10-Methode über. Diese Methode lässt Sie nun noch einmal aus einer anderen Perspektive auf die von Ihnen entschiedenen Dinge schauen, nämlich aus der des Zeitfaktors. So werden Sie jetzt genauer beobachten und überlegen, welche Auswirkungen Ihre Entscheidungen haben werden:

- Wie wird sich meine Entscheidung in 10 Tagen auswirken?
- Wie wird sich meine Entscheidung in 10 Monaten auswirken?
- Welche Auswirkungen sind in 10 Jahren zu erwarten?

Diese Fragetechnik ermöglicht es, letzte Ungereimtheiten und Unsicherheiten auszuräumen.[31] Sie bekommen zunehmend ein Gefühl für die Tragweite Ihrer Entscheidungen.

Zu guter Letzt habe ich eine **TOP-3-Liste** erstellt, die Ihnen im Arbeitsalltag helfen kann, sich noch besser auf Ihre wichtigen Themen zu konzentrieren. Da wir Menschen nicht für Multitasking gemacht sind und es dennoch fast jeder tagtäglich praktiziert, nutzen Sie gern folgende Tabelle. Sie können bewusst entscheiden, was genau in diesem Moment, an diesem Tag wirklich wichtig ist. Nicht alles, was uns wichtig erscheint, ist es auch. Oftmals verbrennen wir extrem viel Zeit mit Dingen, die wir abgeben oder später machen könnten. Folgendes Format unterstützt Sie, den Fokus richtig zu setzen und nacheinander zu handeln:

Thema 1	Thema des Tages:
TOP 1 - Aufgabe	
TOP 2 - Aufgabe	
TOP 3 - Aufgabe	

Thema 2	Thema des Tages:
TOP 1 - Aufgabe	
TOP 2 - Aufgabe	
TOP 3 - Aufgabe	

Thema 3	Thema des Tages:
TOP 1 - Aufgabe	
TOP 2 - Aufgabe	
TOP 3 - Aufgabe	

Kopiervorlage Priorisieren mit einer TOP 3, eigene Darstellung

Feedback und Austausch – Die Kunst der Rückmeldung

»Sich außerhalb der Komfortzone zu bewegen, gefordert und gefördert zu werden, ist für Soldaten und Soldatinnen normal. Wie ist das in der Wirtschaft? Wir haben in der Wirtschaft ca. 3,7 Millionen Führungskräfte. Das ist richtig viel. Und von diesen 3,7 Millionen Führungskräften sind nur ca. 40 % trainiert und auf ihre Rolle vorbereitet worden. Das ist ein Problem. Wir haben keine Generationsprobleme. Weder die Generation vor uns noch nach uns ist ein Problem. Wir haben Ego- und Kommunikationsprobleme. Wir haben keine stabilen Führungskulturen.«

Diese Passage ist ein Auszug aus einer meiner aktuellen Keynotes. Es ist eine klare Positionierung für das Grundsätzliche. »Back to Basic« könnte in der Art, wie wir heutzutage kommunizieren, nicht wichtiger sein. Projekte scheitern meist an fehlender Kommunikation. Mitarbeiter verlassen Unternehmen, weil der Austausch fehlt. Teams spalten sich, weil keine Informationen fließen. Ergebnisse werden nicht erreicht, weil das Ego und der Alleingang einer führenden Person überhandgenommen haben – um nur einige Beispiele zu nennen. Gespiegelt auf die breite Masse an Führungskräften, deren Zahl drastisch steigt, ist das in der Tat beunruhigend. Stattdessen wird von der Abschaffung der Hierarchie und von selbstbestimmten Teams gesprochen. Wenn all die Faktoren, die ich eben genannt habe, grundsätzlich nicht vorhanden sind, wird kein Team dieser Welt sich erfolgreich selbst führen können.

Wir können lernen, mit gewissen Methoden und Techniken zu arbeiten. Auch wenn es um Austausch und Feedback geht. Erfahrungsgemäß kennen die meisten Menschen in ihrer Arbeitsumgebung keine Verhaltens- und/oder Kommunikationsregeln. Sie reden einfach drauflos und wundern sich, warum die Stimmung so schlecht ist. Dies gilt gleichermaßen für Führungskräfte ebenso wie für Mitarbeiter und Kollegen.

Feedback ist ein seltsames Wort, nicht wahr? Es könnte schon fast als Buzzword durchgehen und dennoch wird es mehr denn je benötigt. Feedback – und das ist eine spannende Sache – bezieht sich nicht nur auf persönliches Feedback, sondern auch auf feste Abläufe, Aufgabenbewältigung, den Umgang mit anderen Menschen oder auch Herangehensweisen an neue Projekte. Wir unterschätzen den Wert dahinter. Feedback geben heißt auch nicht zwangsläufig Einzelgespräch. Feedback kann und muss in allen möglichen Situationen erfolgen. Nur wer Feedback gibt, kann noch bessere Entscheidungen treffen als bisher. Warum ist das so? Feedback beinhaltet alles Positive als auch Negative.[32] Vorausgesetzt, Sie sind als Führungskraft in der Lage, offen und ehrlich zu kommunizieren.

In der Marine gibt es eine feste Briefing-Struktur. Vor einem Manöver, einer Übung oder einem längeren Projekt findet dazu ein Briefing statt. Bei Bedarf werden die Themen zwischenzeitlich erneut auf den Tisch gebracht, um die Aktualität zu gewährleisten. Später, wenn die Übungen oder Ähnliches vorbei sind, werden sie ge-debrieft. Wussten Sie, dass die Form des agilen Arbeitens und ähnliche Ansätze dem Militär entsprungen sind?

Wie Sie richtig Feedback geben und gleichermaßen annehmen:

- Klar und präzise = keine ausschweifenden Erläuterungen und/oder Füllwörter
- Nicht wertend = Beschreiben Sie sachlich und angemessen, was Sie sagen möchten.
- Zeitnah = Nicht sofort, wenn ggf. noch Emotionen vorhanden sind, und auch nicht zu lange nach dem Ereignis. Das kann abwertend wirken, da keine Dringlichkeit mehr besteht.
- »Ich«-Perspektive = hier kann das WWW-Modell, ein gängiges Modell aus dem Coaching, helfen:
    - W – Wahrnehmung = Ich habe Folgendes wahrgenommen, gesehen, gefühlt etc.
    - W – Wirkung = Was hat es bei mir ausgelöst? Wirkung auf das Projekt?
    - W – Wunsch = Darstellung aus der »Ich«-Perspektive, was für unser Anliegen förderlich wäre oder wie wir besser miteinander umgehen können etc.

- Regelmäßigkeit = Wenn etwas gut gelaufen ist, können wir das sofort und direkt im Team teilen, es bedarf nicht immer eines Meetings. Feedback und regelmäßiger Austausch stärken das Gemeinschaftsgefühl und das gegenseitige Vertrauen.

- Offenheit signalisieren = Wir sind offen und fair, wenn wir Feedback erhalten und geben. Wir hören zu und bedanken uns bestenfalls am Schluss.

Feedback und Austausch sind die Treiber für bessere Entscheidungen. Alle profitieren davon.

INTERVIEW 8

mit Jaroslav Bláha – Beständigkeit für zeitgemäßes Führen

CEO/CTO, Innovation-Manager, Offizier d. R. Luftwaffe

»Jaro« Bláha ist Experte für innovative internationale IT-Projekte. Er diente in der Luftwaffe und war Chief Architect der NATO/NACMA in Brüssel. Er arbeitete auch bei Unternehmen wie DB Schenker, Payback und trivago. In den 1980er Jahren war er an der Entwicklung des ersten autonomen Autos an der Universität der Bundeswehr München beteiligt und brachte 1996 seine erste Künstliche Intelligenz zum Einsatz. Er war CEO der CellmatiQ GmbH, eines Unternehmens für KI-gestützte Bildanalyse, das er 2022 verkaufte. Heute unterrichtet er KI in Hamburg. Nebenbei bleibt er als Privatpilot der Luftfahrt treu.

Eva Engel: *Welche Aspekte zum Thema Führung hältst du für besonders wichtig?*

Jaroslav Bláha: Heutzutage kommt es hauptsächlich darauf an, dass wir Menschen eine interessante Perspektive geben. Wir sollten im Rahmen unserer Möglichkeiten unterstützend im Sinne unserer Mitarbeiter handeln und ihnen entsprechende Ressourcen zur Verfügung stellen, um interessante Themen zu

erarbeiten und umzusetzen. Diese Ressourcen zur Verfügung zu stellen, ist ein wichtiger Aspekt und wird oft unterschätzt. Das kann in Form von Technik oder auch personeller Unterstützung geschehen. Dadurch kann das Gefühl eines Erfolgserlebnisses am Ende des Tages deutlich gesteigert werden. Für mich stellt diese Sichtweise eine grundlegende Definition dar. Als Führungsperson sehe ich meine Rolle darin, diese Definition zu verinnerlichen und stetig zu verbessern. Meine Aufgabe ist es, die Menschen für eine spannende Mission zu begeistern und sie bei der Aufgabenbewältigung zu unterstützen, sei es durch Motivation oder auch die Schaffung von Akzeptanz.

Eva Engel: *Kann eine Führungskraft die Motivation der Mitarbeiter beeinflussen?*

Jaroslav Bláha: Ich sehe es so, dass Motivation in ihrer Ganzheitlichkeit nicht unbedingt nur von der Führungskraft ausgeht. Vielmehr ist es die Mission, die eine zentrale Rolle spielt. Wenn Menschen die Mission des Unternehmens verstehen und sich von ihr angesprochen und mitgenommen fühlen, entwickeln sie automatisch Motivation – selbst wenn sie anfänglich vielleicht wenig motiviert waren. Ein spannendes Projekt mit Eigenverantwortung kann Mitarbeiter begeistern und dazu bringen, aktiv teilzunehmen. Diese Motivation kann allerdings unterschiedlich stark ausgeprägt sein: Einige werden möglicherweise schneller dabei sein, während andere etwas mehr Zeit brauchen. Das sollten wir akzeptieren.

Wenn Menschen das Gefühl bekommen, dass die geplante Mission wertlos ist oder sie nicht die notwendige Unterstützung erhalten, kann die Motivation rapide abnehmen. Ebenso kann bei fehlendem Vertrauen gegenüber der Führungskraft die Motivation zum gemeinsamen Handeln sinken oder erst gar nicht entstehen.

Eva Engel: *Gibt es in der Führung einen Unterschied zwischen Militär und Wirtschaft?*

Jaroslav Bláha: Von einem abstrakten Standpunkt aus betrachtet, glaube ich nicht daran. Im Militär besteht natürlich immer die ultimative Konsequenz, dass wir potenziell Leib und Leben riskieren. Das ist meiner Meinung nach der wesentliche, aber auch gleichzeitig auffallende Unterschied. Wenn wir jedoch an Berufe wie die der Feuerwehr, Polizei oder Notfallsanitäter denken, wird dieses Risiko ähnlich präsent. Alles andere gleicht sich an und die Grundlagen sind dieselben.

Eva Engel: *Was hat sich deiner Meinung nach beim Thema Führung im Vergleich zu früher verändert?*

Jaroslav Bláha: Aus meiner Sicht hat sich die grundlegende Natur der Führung in den letzten 2000 Jahren nicht wirklich verändert. Unabhängig davon, ob z. B. Spartaner einem Anführer in den Krieg folgten oder heutzutage Mitarbeiter bei einer IT-Einführung zusammenarbeiten – das Prinzip der Menschenführung bleibt gleich. Führung besteht darin, Menschen dazu

zu bewegen, über ihre natürliche Neigung zur Zurückhaltung hinauszugehen. Dieses Prinzip ist konstant geblieben. Natürlich haben sich im Laufe der Zeit die Werkzeuge, die Sprache oder auch die Technologien verändert. Aber der Kern, Menschen zu begeistern und zu motivieren, ist unverändert.

Ich denke, dass herausragende Führungskräfte von vor 2000 Jahren genauso in der Lage gewesen wären, heute Truppen zu führen. Auch in vergangenen Epochen wie z. B. beim Bau der Pyramiden waren Führungspersonen vonnöten. Diese Dynamiken sind nicht wesentlich anders als bei jemandem, der heute eine bedeutende Brücke in der Wirtschaft baut und mit Innovation begeistert.

Eva Engel: *Wie relevant ist es, sich mit den verschiedenen Generationen, insbesondere den jüngeren Generationen, auseinanderzusetzen?*

Jaroslav Bláha: Ich stehe nicht hinter diesen Pauschalisierungen in Bezug auf Generationen. Durch das Kategorisieren werden meiner Meinung nach künstliche Grenzen geschaffen. Sie ähneln in etwa den Sternzeichen, indem sie Menschen in Schubladen stecken. Und diese basieren nur darauf, wann sie geboren wurden. Für mich ergibt das keinen Sinn.

Ich vertrete die These, dass es im Wesentlichen keinen wirklichen Unterschied macht. Sicherlich haben Menschen heutzutage andere Kommunikationsstile als noch vor 20 Jahren, verschiedene kulturelle Hintergründe oder werden von anderen äußeren Einflüssen bewegt. Aber wenn es darum geht, sie

für interessante Projekte oder Tätigkeiten zu begeistern, bleiben die Grundprinzipien immer gleich. Ich bin seit 35 Jahren in diesem Bereich tätig und konnte kaum einen Unterschied feststellen.

Ein schönes Beispiel ist meine jüngste Erfahrung bei trivago. Dort war ich definitiv der Älteste im Gebäude. Das Durchschnittsalter der trivago-Mitarbeiter beträgt 33 Jahre. Ein Großteil der Belegschaft, rund 70 %, stammen nicht aus Deutschland. Viele von ihnen kommen aus für uns exotischen Ländern wie Bangladesch, Indien oder auch China. Trotz der sprachlichen und kulturellen Diversität und trotz des Altersunterschieds funktioniert das Miteinander sehr gut. Und das, weil die grundlegenden Prinzipien immer dieselben sind.

Eva Engel: *Wie gehst du persönlich mit Stresssituationen um?*

Jaroslav Bláha: Hierzu möchte ich zwei Aspekte anführen. Meine folgende These ist persönlich und kaum direkt beweisbar, dennoch möchte ich sie gern einmal teilen. Ich glaube nämlich, dass das relative Stressniveau im Laufe der Jahre, Jahrzehnte oder sogar Jahrhunderte nicht zwangsläufig gestiegen ist. Der Stress und die Intensität der Aktivitäten mögen zweifelsohne zugenommen haben, ebenso wie die Bedeutung dieser Aktivitäten. Gleichzeitig sind jedoch die Werkzeuge, die uns zur Verfügung stehen, um mit diesem Stress umzugehen, besser geworden.

Während Napoleon mit den Mitteln seiner Zeit vermutlich nicht die Anforderungen bewältigen könnte, die wir heute haben, sind unsere heutigen Instrumente z. B. zur effektiven Kommunikation

weitaus fortschrittlicher. Plattformen wie Slack, verschiedene Messenger und andere Technologien ermöglichen es uns, effizient und schnell zu kommunizieren und zu führen. Früher haben wir Briefe geschrieben, heute haben wir moderne Kommunikationsmittel zur Verfügung. Insgesamt denke ich jedoch, dass die emotionale Belastung im Wesentlichen auf einem ähnlichen Niveau geblieben ist. Die Art und Weise, wie wir damit umgehen, mag sich verändert haben, aber die grundlegende menschliche Erfahrung von Stress und Belastung bleibt im Kern vergleichbar. Viel entscheidender ist, dass wir die Kunst beherrschen, unsere Hilfsmittel stetig anzupassen. Wir müssen fortlaufend die Welle der Innovation reiten, um den neuen Herausforderungen mit adäquaten Mitteln zu begegnen.

Körperliche Fitness, ein gesunder Lebensstil sowie ausreichender Schlaf sind mindestens genauso wichtig, wenn es um das Thema Stress geht. Hier erinnere ich mich an einen früheren Chef zurück. Er war stolz darauf, nur zwei Stunden pro Nacht zu schlafen. Allerdings war er sehr cholerisch und sein mentaler Zustand wurde durch den Schlafmangel nicht positiv beeinflusst.

Die physische Belastbarkeit spielt eine entscheidende Rolle, um Spitzenbelastungen standzuhalten. Eva, du hast auf dem Schiff sicherlich viel intensivere Erfahrungen mit dieser Art von Resilienz gemacht als ich in meinem Büro.

Ein weiterer Aspekt ist die Tatsache, dass mir persönlich die Elemente aus meiner militärischen Ausbildung sehr geholfen haben. Das Training unter Überlebensbedingungen hat mir gezeigt, welche Belastungen und Anforderungen mein Körper tatsächlich verkraften kann. Das Wissen darüber, dass mein

Körper in stressigen Momenten viel mehr leisten kann, als ich zunächst dachte, hilft mir, über meine Grenzen zu gehen. Erst in Ausnahmesituationen werden wir wirklich geprüft und sehen, wozu wir in der Lage sind.

Eva Engel: *Wie können Führungskräfte ihre Mitarbeiter dabei unterstützen, über ihre Grenzen zu gehen? Hast du hierzu Ideen oder Anregungen?*

Jaroslav Bláha: Wir können Mitarbeiter nicht dazu verpflichten, zum Beispiel an einem zweiwöchigen Überlebenstraining teilzunehmen. Das wäre für die meisten nicht besonders attraktiv. Es gibt Unternehmen, die solche Ideen mit Outdoor- oder Überlebenstrainings umsetzen wollen. Persönlich sehe ich jedoch nur einen bedingten Nutzen darin. Die meisten dieser Trainings beschränken sich auf ein bis zwei Tage. In so kurzer Zeit streift man dann zusammen durch die Natur und lernt ein paar grundlegende Fertigkeiten kennen. Es kann unterhaltsam sein, aber meiner Ansicht nach erzeugt es nicht den gewünschten Effekt.

Wenn es um die Wirtschaft geht, gibt es nicht »die« Erfolgsformel. Einige Menschen neigen von Natur aus dazu, sich solchen Herausforderungen zu stellen. Beispielsweise Marathonläufer, Extrembergsteiger oder Triathleten haben oft eine enorm ausgeprägte intrinsische Motivation und Zähigkeit. Personen mit einem Hang zum Extremen können definitiv inspirierend sein. Auf der anderen Seite können wir die Mehrheit der Mitarbeiter kaum dazu zwingen, solche Aktivitäten zu unternehmen. Es ist

wichtig zu beachten, dass nicht jeder dieselben Interessen, Fähigkeiten oder Vorlieben hat, wenn es um persönliche Grenzerfahrungen geht. Die einzige Methode, die meiner Meinung nach funktioniert, besteht darin: Mitarbeiter, die nicht von Natur aus auf Grenzerfahrungen stehen und den Nervenkitzel suchen, systematisch und behutsam in Wellen herauszufordern. Hierbei wird ihre Belastbarkeit schrittweise erhöht, ähnlich wie beim Joggen. Man steigert langsam die Intensität, wechselt zwischen leichteren und intensiveren Phasen. So gibt es genug Zeit für Erholung, und den Lerneffekt gleich mit. Auch die individuelle Grenze wird dadurch allmählich ausgedehnt. Dieser Ansatz zielt darauf ab, die Mitarbeiter in einer kontrollierten Umgebung zu fordern, ohne sie zu überfordern.

Eva Engel: *Brauchen wir Hierarchie?*

Jaroslav Bláha: In der Tat benötigen wir Hierarchie, und das aus unterschiedlichsten Gründe

1. Es gibt Menschen, die geführt werden möchten – tatsächlich ist es erfahrungsgemäß die Mehrheit. Einige mögen sich durchaus als Freigeister betrachten und kommen mit wenig Führung aus, aber für viele bietet Führung soziale Sicherheit.

2. Es gibt eine beträchtliche Anzahl von Menschen, die führen möchten. Hierarchien bieten die notwendige Struktur, um diese beiden Bedürfnisse zu erfüllen. Indem wir

diese Struktur bereitstellen, wird sowohl denjenigen, die Führung suchen, als auch denen, die Führung übernehmen möchten, eine Plattform geboten.

Auf diese Weise wird eine dynamische Balance geschaffen, die das Team zufriedenstellt und langfristiges Engagement fördert.

Eva Engel: *Wie hältst du all den Erwartungen an deine Person stand?*

Jaroslav Bláha: Ich habe mich über die Jahre immer weiterentwickelt, der Erfahrungsschatz ist gewachsen. Erfahrungen sind die Summe aller Narben und dadurch entwickeln wir uns weiter. Ich sehe es als eine Art selbsterhaltende Spirale, in der wir ständig lernen. Das schafft Potenzial, sich komplexen Aufgaben zu stellen. Jeder Lernprozess führt zu einem nächsten Schritt, der wiederum neues Wissen vermittelt. Auf diese Weise entsteht eine Abfolge von Entwicklungssprüngen. Sich nicht weiterzuentwickeln bedeutet Stagnation – wir verharren auf einem Niveau oder Level, das vielleicht gerade ausreicht.

Was ich interessant finde: Kaum jemand kommt aktiv auf mich zu und sagt: »Ich erwarte, dass du jetzt in einer bestimmten Dimension um 10 % besser wirst.« Meine Motivation basiert eher auf den Missionen oder Projekten, die ich angenommen habe. Diese Aufgaben erzeugen einen gewissen Druck oder die Antriebskraft für meine Weiterentwicklung. Die Erwartung, einen bestimmten Grad der Verbesserung zu erreichen, wird in meinem Umfeld nicht so explizit kommuniziert.

Eva Engel: *Gibt es aus deiner Zeit bei der Luftwaffe besonders herausfordernde Erfahrungen, von denen du uns erzählen kannst?*

Jaroslav Bláha: Es gibt tatsächlich zwei Erfahrungen aus meiner Zeit bei der Luftwaffe, die besonders prägend waren. Sie hatten einen starken Einfluss auf mein persönliches Führungsverständnis.

Das erste Ereignis war definitiv das »Survival Training« im Gelände. Es war eine äußerst anspruchsvolle und herausfordernde Erfahrung. Ich habe nach diesem Training mehrere Wochen im Krankenhaus verbracht. Wer erfolgreich durch diese Prüfung geht, entwickelt einen hohen Grad an seelischer Robustheit. Wir können sagen: »Ich habe Schlimmeres überstanden als das, was mir jetzt begegnet.«

Der zweite Aspekt, den ich teilen möchte, betrifft die Führungskultur in meiner Zeit bei der Bundeswehr, ganz besonders während meiner Zeit bei der NATO. In dieser Zeit habe ich viele Manager mit fehlender Führungskompetenz erlebt. Interessanterweise ist das auf Posten bei der NATO nicht ungewöhnlich gewesen. Man könnte denken, Führungsqualitäten spielen in diesem Rahmen eher eine untergeordnete Rolle.

Dennoch habe ich während meiner Zeit dort eine außergewöhnliche Führungskraft kennengelernt – Oberst Christian Trull, später Kommandierender General der Panzertruppen. Seine Anwesenheit und Ausstrahlung waren beeindruckend. Wenn er anfing zu sprechen, füllte er den Raum mit Energie. Wir fühlten uns in seiner Nähe direkt inspiriert und motiviert. Wenn

er gesagt hätte: »Leute, wir ziehen jetzt in den Krieg – folgt mir! Wir werden es gemeinsam schaffen«, dann wären sicher alle aufgestanden und ihm gefolgt. Das »Trust Level« war extrem hoch. Auch viele andere Personen, hochrangige Generäle reagierten schon fast ehrfürchtig. Er war einfach eine ganz besondere Persönlichkeit. Er verstand die Prinzipien der Führung und vor allem lebte er diese auch. Ein tolles Vorbild.

Eva Engel: *Was möchtest du uns abschließend zum Thema Führung mit auf den Weg geben?*

Jaroslav Bláha: Ich denke, in dem Grundsatz »Führungskräfte sollten ihre Aufgabe mögen, wenn nicht sogar lieben«, darin steckt sehr viel Wahrheit. Reine Befehlsgewalt und Gehorsam allein führen nicht zum Erfolg. Weder im Militär noch in anderen Bereichen.

Es zeigt sich immer häufiger, dass erfolgreiche Führung viel mehr bedeutet. Es geht darum, für die Menschen da zu sein, mit ihnen zusammenzuarbeiten und ein tiefes Verständnis für ihre Bedürfnisse zu entwickeln. Und diese Grundsätze gelten nicht nur im Militär.

Eva Engel: *Vielen Dank.*

KAPITEL 9

DIE BEDEUTUNG VON KLAREN ENTSCHEIDUNGEN

20.000 Entscheidungen über dem Meer – pro Tag

Es ist mitten in der Nacht. Zeit, aufzustehen und sich für die anstehende Seewache, die von 04.00 Uhr bis 08.00 Uhr dauert, fertigzumachen. Ich bin auf dem Schiff und arrangiere gerade meinen Morgen. Worüber ich mir allerdings keine Gedanken machen muss:

- Meine Kleidung, da einheitliche Uniform
- Frühstück, da es später von den Kameraden zubereitet wird
- Wie ich zur Arbeit komme, da nur wenige Meter bis zur Operationszentrale
- Was ich gleich tun werde, da unmittelbar vor der Seewache ein Briefing erfolgen wird
- Sämtliche Aktivitäten des Tages, da im Tagesbefehl geregelt

All diese Punkte sind Dinge, die wir im zivilen Leben, in der Wirtschaft tagtäglich aufs Neue entscheiden. Wir entscheiden generell immer. Jede Handlung ist eine Entscheidung. Was im Volksmund gern in Bezug auf die Bundeswehr als »die machen nur, was ihnen gesagt wird« abgetan wird, ist in der Realität hochintelligent. Denn durch Routinen, klare Grenzen und daraus entstehende Flexibilität wird für jeden Einzelnen ein

Rahmen geschaffen, der es ihm ermöglicht, frei zu denken. Wir können uns auf das Kernbusiness konzentrieren. Die Festlegung von Grundregeln – für die Wirtschaft auch gern Strukturen und Prozesse – schwächt die Entscheidungsflut erheblich ab. Wir können den Geist deutlich mehr entlasten, freier nutzen und kreativer denken.

20.000 Entscheidungen fällt der Mensch am Tag: bewusst und unbewusst. Die wenigsten Dinge entscheiden wir bewusst. Unser Gehirn hat zudem auch keine Kapazitäten, 20.000 Entscheidungen bewusst zu treffen.[33]

Warum ist das Thema »Entscheidungen treffen« vor allem für Führungskräfte so wichtig?

Bevor Sie bewusst etwas entscheiden, kommt zunächst eine damit verbundene Aufgabe. Alle Aufgaben, die jetzt an Sie herangetragen werden, sollten erst einmal priorisiert werden. Bereits jetzt treffen Sie Entscheidungen, die mit Ihrer eigentlichen Entscheidung noch gar nichts zu tun haben. Werfen wir an dieser Stelle einen kurzen Blick auf das Eisenhower-Prinzip. Eisenhower hat folgende Möglichkeiten zur Priorisierung von Aufgaben dargestellt:

Deadline!

Nicht wichtig

C | A

D | B

Wichtig

Zeitunkritisch

Priorisieren nach Dwight D. Eisenhower, eigene Darstellung

A = der Bereich, der dringend und wichtig ist – das sind alle Aufgaben, die sowohl mit einer Zeitvorgabe als auch einer bestimmten Wichtigkeit gekennzeichnet sind.

B = der Bereich, der als **wichtig**, jedoch **nicht zeitkritisch** eingestuft ist. Hier können Sie sich selbst eine Timeline zur Erledigung der Aufgaben setzen.

C = der Bereich, in dem Aufgaben zwar **dringend** sind, aber **nicht wichtig**. Diese Aufgaben delegieren Sie weiter – dazu mehr im Kapitel 7.

D = der Bereich, der nahezu **unwichtig** und **zeitunkritisch** ist. Sie können diese Aufgaben eher vernachlässigen oder gänzlich streichen.[34]

Wenn Sie nun alle bevorstehenden Themen und Aufgaben priorisiert haben, bedarf es weiterer Entscheidungen. Bei den Massen an Informationen, denen wir heutzutage ausgesetzt sind, in Verbindung mit unserer Gehirnkapazität, ist die Unterstützung und Organisation durch diverse Methoden unbedingt zu empfehlen. Je öfter Sie die Dinge angehen und sich immer wieder fragen »Was muss bis wann wie erledigt werden?«, werden Sie feststellen, dass sich diese Abläufe automatisieren. Sie werden Ihre Aufgaben schneller priorisieren und bessere Entscheidungen treffen.

Was Sie bei der Entscheidungsfindung unterstützen kann:

- Sind die Ziele klar definiert? (SMART-Ziele: mehr dazu im Interview 10)
- Sammeln Sie relevante Informationen.
- Wägen Sie die Optionen ab, z. B. über Pro- und Contra-Listen. (siehe auch Kapitel 8)
- Neutrale Personen hinzuziehen eröffnet neue Perspektiven.
- Keine überstürzten Impulsentscheidungen, lieber mehr Zeit lassen.
- Was sind langfristige Konsequenzen? 10-10-10-Methode anwenden. (siehe auch Kapitel 8)
- Hören Sie auf Ihre Intuition. Sie haben Erfahrung – diese spielt hier mit hinein.
- Reflektieren Sie regelmäßig Ihre Entscheidungen.

Nachdem wir nun das Stadium einer guten Balance bei unseren Entscheidungen gefunden haben, wir immer besser verstehen, was hinter den Prozessen passiert, widmen wir uns jetzt einem mindestens genauso wichtigen Thema im Zusammenhang mit guten Entscheidungen: Reizüberflutung.

Es gibt wahrlich auch sehr schlecht getroffene Entscheidungen, das kennen wir sicher alle. Wir entscheiden nie gleich. Und vermutlich würden Sie eine Entscheidung, die Sie am Morgen getroffen haben, am Nachmittag oder Abend ganz anders treffen. Wenn wir aufgrund der Überlastung unseres Nervensystems nach langen Arbeitstagen noch wichtige Entscheidungen treffen sollen, sind wir schlichtweg erschöpft. Der Geist arbeitet nicht mehr auf Hochtouren. Wenn wir uns in diesem Zustand befinden, ist auch oft von Entscheidungsmüdigkeit die Rede. Unser Energielevel verändert sich über den Tag. Aufgrund der Intensität der Aufgaben, die wir tagsüber zu bewältigen haben, ist es mitunter keine gute Idee, wichtige Entscheidungen abends herbeiführen zu wollen.[35]

Kleiner Exkurs: Ist Ihnen schon einmal aufgefallen, dass wir abends viel schneller gereizt sind? Nach meiner Erfahrung entstehen abends häufig mehr Auseinandersetzungen und Reibereien. Durch die hohe Belastung am Tag können wir kaum noch sachlich und frei entscheiden. Wir tun es zwar, aber nicht mehr mit der Klarheit und Qualität wie noch am Morgen. Morgens sind unsere Energietanks noch randvoll. Vielleicht kann dieser Aspekt dazu beitragen, dass Sie abends einmal bewusster auf Ihr Umfeld schauen oder sich selbst beobachten, wenn etwas nicht so läuft wie gedacht. Ich bin mir sicher, in den meisten Fällen haben auftretende Konflikte selten etwas mit dem eigentlichen Thema zu tun. Wir könnten in diesen Momenten auch kurz innehalten und darüber nachdenken: Was würde dieselbe Situation für mich am Morgen bedeuten? Hinzu kommt, dass in späten Meetings der Ton oft viel rauer ist als noch Stunden zuvor. Die dadurch entstehende Energie ist oftmals nicht förderlich für den gemeinsamen Erfolg, der dadurch verzögert oder gar blockiert wird. Zudem steigt das Konfliktpotenzial. Für Führungskräfte bedeutet das mitunter: Unter dem Gesichtspunkt der Entscheidungsfähigkeit kann eine besser durchdachte, optimierte Meeting-Struktur helfen. Den Austausch mit Kollegen und Mitarbeitern, der eine hohe Priorität hat, sollten Sie unbedingt in die Morgenstunden legen. Damit erhöhen Sie die Möglichkeit, dass das Potenzial von allen voll ausgeschöpft werden kann.

Wenn der (Entscheidungs-)Prozess zur Tortur wird

Als wäre es nicht schon schwer genug, gute Entscheidungen zu treffen, folgt nun auch noch die Geduldsprobe. In meinen bisherigen zivilen Berufsumfeldern habe ich Folgendes beobachtet:

- Es werden Entscheidungen getroffen, z. B. für Strategien, neue Prozesse, Marketing.
- Diese werden aufwendig und mit sehr langer Vorlaufzeit erarbeitet.
- Die Maßnahmen beginnen und/oder Neuerungen werden eingeführt.
- Die Erwartungshaltung ist: sofort spür- und sichtbare Ergebnisse zu liefern.

Es wird immer eine Verzögerung der Ergebnisse geben, egal wie hoch der Druck zu Beginn ist. Warum mit dem Wissen nicht gleich die Zeit und Mittel zur Verfügung stellen und erst einmal eine gewisse Wirkung entfalten lassen? Heutzutage muss alles sofort passieren. Die Umsätze sollen innerhalb kürzester Zeit steigen, aber mit weniger Budgeteinsatz als je zuvor. Die Projekte werden größer, die Mitarbeiter dafür aber weniger. Wie wir dieses Phänomen drehen und wenden, die Runden dafür werden immer in der Schleife der Realität gedreht. Mehr Budget muss her, mehr Zeit und mehr Personal. Dabei kann diese Lücke mit realistischer Planung geschlossen werden. Für Führungskräfte ist es eine enorme Herausforderung, sich in Geduld zu üben. Denn am Ende sind Sie derjenige, der mehr als nötig gestresst ist und dies gleichermaßen auf sein Team überträgt. Transparenz kann helfen, gar nicht erst in diese übersteigerte Erwartungshaltung abzudriften.

INTERVIEW 9

mit Tilmann v. d. Lühe – Präzision in Führung und Entscheidungsfindung

Kommandant, Vater, Läufer

Tilmann von der Lühe ist seit Januar 2000 bei der Deutschen Marine. So besonders sein Einstiegsdatum ist, so besonders ist auch sein Werdegang. 2008 lernten wir uns in seiner Verwendung als Decksoffizier auf der Fregatte KÖLN kennen. Zudem hat er Verwendungen als Planungsstabsoffizier und Planer vor Libyen und die des Ersten Offiziers an Bord von Fregatten der Klasse 125 erfolgreich hinter sich gebracht. Heute ist Tilmann von der Lühe Kommandant der Schiffsklasse F125 mit seiner Besatzung DELTA und als erster Kommandant mit dieser im Einsatz UNIFIL gewesen.

Eva Engel: *Was ist deiner Ansicht nach wichtig, wenn wir vom Thema Führung sprechen?*

Tilmann von der Lühe: Ich denke, der wichtigste Aspekt ist der Mensch an sich. Wenn wir den Menschen nicht verstehen, können wir nicht wirklich führen. Ich habe mal gelernt, dass Führung erlernbar ist. Das glaube ich ehrlich gesagt nicht ganz. Bei Führung geht es im Wesentlichen darum, dass wir authentisch

sind und ehrlich bleiben. Außerdem müssen wir in der Lage sein, die nicht so hübschen Botschaften so zu vermitteln, dass sie verstanden und akzeptiert werden. Zudem glaube ich auch, dass Führung zu 90 % eine Kommunikationsaufgabe ist. Weil wir sonst unseren unterstellten Mitarbeitern und Soldaten das »um zu« nicht vermitteln können. Dadurch kommen Fragen auf wie: Warum machen wir das eigentlich? Wozu brauchen Sie mich als führende Person überhaupt?

Gerade in einer Gesellschaft, die auf Individualismus baut, sind Fragen dieser Art förderlich. Die Notwendigkeit liegt darin, dass wir irgendwo ein Ziel haben. Es gibt ein gemeinsames Ziel, das erreicht werden muss. Die Krux liegt darin, dass eben der Anführer allein es nicht schafft, dieses Ziel zu erreichen. Er braucht Menschen, die keine Führungsposition innehaben und dennoch verstehen, warum das Ziel erreicht werden soll. Wenn wir das nun vernünftig kombinieren, glaube ich, kann man auf jeden Fall führen.

Eva Engel: *Hat sich Führung aus militärischer Sicht im Vergleich zu früher geändert?*

Tilmann von der Lühe: Ich glaube schon. Wenn wir die Zeit jetzt einmal 23 Jahre zurückdrehen, da galt in vielerlei Hinsicht eher das klassische »Befehl und Gehorsam«. Was nicht immer falsch sein muss. Es gibt aber auch schon sehr lange in Deutschland in den Streitkräften das Prinzip der »Inneren Führung«. Das bedeutet, Soldaten dahingehend auszubilden und zu motivieren, intrinsisch das Ziel zu erkennen und dadurch dem Auftrag

zu folgen. Wir versuchen, die linke und rechte Grenze vorzugeben. Wie die Person an das Ziel kommt, ist ihr meist selbst überlassen. Damit wird ein kreativer Zielfindungsprozess gefördert. Manche nehmen das an, andere nicht. Und wieder andere möchten alles von vorn bis hinten vorgegeben haben, was zu tun ist. Auch das ist absolut in Ordnung.

Um auf die Frage zurückzukommen, ob es einen Unterschied zwischen damals und heute gibt: Ja, gibt es. Damals war der Mensch wesentlich weniger Mittelpunkt, sondern das Ziel stand im Fokus. Der Mensch war das Werkzeug, und ich glaube, dass wir heute auch allein wegen der Personalknappheit schlicht zu wenig Soldaten haben. Im zivilen Bereich ist es der Fachkräftemangel. Dass der Mensch deswegen immer mehr in den Vordergrund rückt, ist hier nachvollziehbar. Wir müssen heute mehr auf unsere Ressourcen achten. Das machen wir in den Streitkräften auch. Das heißt, Mitbestimmung ist ein großes Thema, aber auch die Kommunikationsaufgabe der Zielvermittlung.

Eva Engel: *Reagieren wir im Vergleich zu früher auf jeden Einzelnen sensibler?*

Tilmann von der Lühe: Ja, mit Sicherheit. Was auch nicht immer einfach ist. Denn die individuellen Bedürfnisse sind nicht weniger geworden, ganz im Gegenteil. Die Aufgabe im Militär ist im Wesentlichen aber gleich geblieben. Wenn wir jetzt von der Seefahrt reden, dort sind über 100 Menschen zusammen auf einem Schiff, für z. B. ein halbes Jahr, und du kannst nicht

einfach von dort weg. Kein Kino. Keine Familie und Freunde. Da ist alles ein bisschen anders. Hier auf die individuellen Bedürfnisse einzugehen, das wird immer schwieriger, denn die Ansprüche werden zunehmend größer. Die Besatzungsmitglieder sagen: »Wir möchten Internet«, »Wir wollen Zoom-Calls nach Hause machen«. Und genau das ist oft einfach nicht möglich. Dazu muss man verstehen, dass die Bandbreite auf hoher See so gar nicht vorhanden ist. Auf See gibt es quasi keinen festen Empfang. Die Schlussfolgerung daraus ist, dass viele Menschen sich aufgrund dieser Art von Bedürfnis nicht auf dem Jobprofil eines Marineangehörigen sehen. Solche Themen werden aktuell immer relevanter.

Eva Engel: *Wie wichtig ist es, mit unterschiedlichen Generationen umzugehen?*

Tilmann von der Lühe: Ich glaube, es geht nicht ohne Beachtung. Wir reden viel über die unterschiedlichen Generationen. Dabei ist es vielmehr eine Frage, wie wir die Dinge vermitteln. Jede Generation hat ihre Stärken, Schwächen und Bedürfnisse, welche die Kommunikation mit ihr prägen.

Während der Covid-Pandemie haben wir z. B. die Besatzung in zwei Hälften geteilt. Eine Hälfte der Besatzung hat von zu Hause gearbeitet, die andere Hälfte war aktiv im Dienst. So konnten wir Sorge tragen, dass pro Büro nur eine Person vor Ort war. Damit konnten wir im Wesentlichen die Arbeitsfähigkeit sicherstellen und gleichzeitig die Arbeitsfähigkeit im Homeoffice bewerkstelligen.

In einer Besatzung gibt es sehr unterschiedliche Aufgaben. Manche Besatzungsmitglieder können Homeoffice machen und andere nicht. Derjenige, der mit Tauwerk arbeitet oder das Schiff anstreicht, kann kein Homeoffice umsetzen. Wir haben dafür eine ganz pragmatische Lösung gefunden und die Zeit für politische Bildung genutzt, für unterschiedliche Fortbildungen, Vorträge für die Besatzung oder auch jährlich wiederkehrende Belehrungen. Zudem haben wir bewusst darauf geachtet, dass die Bedürfnisse während dieser besonderen Phase dennoch erfüllt wurden. Die Väter z. B. haben ihre Kinder zur Schule gebracht, haben angefangen, Projekte am Haus zu starten, und einfach die Zeit intensiver genutzt.

Die größere Herausforderung war dann tatsächlich, alle wieder zurück in den Präsenzdienst zu bekommen. Ein schneller Wechsel von Homeoffice zur Präsenzarbeit von einem Tag auf den anderen funktioniert in der Regel nicht reibungslos. Hierbei liegt auch eine zentrale Verantwortung in der Führungsebene. Wir haben daher einen schrittweisen Ansatz gewählt: Alle drei Wochen kam die gesamte Besatzung vor Ort zusammen. Das half uns dabei, das Zusammengehörigkeitsgefühl innerhalb der Besatzung wieder zu stärken.

Der Schlüssel hierbei war die schrittweise Gewöhnung an die Präsenzarbeit. Das ermöglichte den Teammitgliedern, sich allmählich an die erneute Veränderung anzupassen und gleichzeitig die sozialen Bindungen zu stärken. Bei solchen Übergängen ist es wichtig, dass die Führungskräfte einfühlsam und geduldig agieren. Es geht darum, den Mitarbeitenden das Gefühl zu geben, dass sie unterstützt und ihre Bedenken ernst genommen werden.

Eva Engel: *Welche Fähigkeiten sind notwendig, um besser mit Druck umzugehen?*

Tilmann von der Lühe: Zunächst einmal muss man für sich selbst feststellen, wo die eigenen Trigger-Punkte sind. Den Moment zu kennen: »Oh, das ist mir jetzt gerade zu viel.« Nun, als Kommandant von dieser Besatzung bin ich derjenige, der am Schluss die Verantwortung übernimmt. Für alles, was passiert, ohne Ausnahme. Die Entscheidungen, die ich treffe, können auch mal keine »guten« Entscheidungen gewesen sein, wobei diese Bewertung dann eher aus der Besatzung kommt, wenn es um unpopuläre Entscheidungen geht. Aber auch das macht Druck, denn wenn der Rückhalt fehlt, wird es schwierig, getroffene Entscheidungen umzusetzen. Daher gilt auch hier: erklären, Menschen mitnehmen und damit für die Entscheidung werben. Deswegen ist es für mich auch so wichtig, durch Beteiligung Feedback und Ratschläge zu erhalten. Gerade die Seefahrt ist durch Schlafmangel geprägt und eigentlich bin ich nach rund 23 Jahren Seefahrt daran gewöhnt. Manchmal schlägt eine durchwachte Nacht aber doch auf die Konzentration. Sobald ich merke, dass ich nicht ganz bei der Sache bin, teile ich das meinem Team umgehend mit. Jeder weiß dann, dass der »Alte« heute vielleicht eine etwas genauere Beratung benötigt. Auch das ist eine Drucksituation, die wir dann im Team lösen.

Ein anderer Aspekt, der Druck wegnimmt, ist Vorbereitung. Wenn ich eines gelernt habe, dann ist es: immer vorbereitet zu sein. Mindestens 70 % der Vorbereitung macht allen Erfolg aus. Mindestens. Ich erlebe es viel zu häufig, dass Leute völlig

unvorbereitet in Projekte starten und von einer Welle überrollt werden. Ein hoher Stress- und Frustrationslevel entsteht, weil wir uns vorher nicht ordentlich mit der Materie auseinandergesetzt haben.

Was ich persönlich im Zusammenhang mit dem Begriff »Druck« als stressig und unangenehm empfinde, sind lange Meetings, die schlecht vorbereitet sind. Das habe ich mittlerweile bei mir an Bord eingeschränkt. Wenn ein Meeting stattfindet, haben wir vorher eine TOP-Liste, eine Art Prioritätenliste. Dann wird genau darüber diskutiert. Präzise und klar, nicht länger als eine halbe Stunde.

Viel reden und nichts sagen, konnte ich in der Tat noch nie leiden. Das können wir uns an Bord nicht erlauben. »Short and snappy«, wie wir sagen. So wissen wir, worum es geht, ohne dass wir die wichtigen Informationen verpassen und ohne stundenlang einer Person zuhören zu müssen, die inhaltlich überhaupt nichts erzählt. Kurzum: Stress macht Druck – Kommunikation, Planung, Vorbereitung und Gesprächsstruktur mit Blick auf die Zielverfolgung lösen Druck auf und sind m. E. einer der wichtigsten Führungsaspekte.

Eva Engel: *Wie genau unterscheidet sich die Führung von Teams auf See zu Teams an Land?*

Tilmann von der Lühe: Es ist ein großer Unterschied, weil die Teams an Bord einem ganz anderen Rhythmus unterliegen. An Bord gibt es die Seewachen. Jeder wird sogenannten festen Routinen zugeordnet. Die Besatzung ist quasi in drei Teile

geteilt, um 24/7 das Schiff fahren und alle notwendigen Posten durchgehend besetzen zu können. Im Grunde ist das Führen auf See ein bisschen einfacher. Der Rhythmus ist streng getaktet. Somit herrscht durchgehend Klarheit und jeder kann sich nahezu uneingeschränkt auf seine Aufgaben konzentrieren. Auch die Nähe zueinander und das gemeinsame Verbringen von dienstlicher und privater Zeit spielen hier sicher eine große Rolle. Die Führungsaufgabe an Land ist breiter aufgestellt. Hier braucht es mehr Kreativität, da die Routinen, welche die Leute von der See kennen, wegfallen. Aus der Führungsperspektive muss viel mehr in den Austausch gegangen werden. Welche Aufgaben sind jetzt an Land für wen wirklich sinnvoll?

Diese Frage stelle ich mir tatsächlich häufig, wenn die Besatzung mehrere Monate an Land verbringen muss: Wie kann ich die Besatzung hier kreativ führen? Bedeutet schlichtweg gesagt: Ich darf andere Aufgaben kreieren. Das kann in Form von Besuchen im Kinderhospiz sein oder, wie bei Covid-19, dass wir uns mit Fortbildungsmaßnahmen beschäftigen.

Auch Nachwuchsgewinnung in Form von Werbeständen auf Messen kann jetzt unterstützt werden. Deswegen gibt es einen großen Unterschied zwischen Land, an Bord oder in See.

Die Übertragung dieses Ansatzes auf die freie Wirtschaft ist letztendlich folgende:

Wenn du ein Team langfristig zusammenhalten möchtest, kannst du ein eigenes Projekt entwickeln. Die gemeinsame Arbeit daran wird das Team zusammenbringen. Wenn der Zeitraum lang genug ist, dann wäre mein Petitum, dafür zu sorgen,

dass sich alle alternativ weiterbilden können. Ohne Umwege. Keine langen Wege über die Entscheider, hier z. B. über die Personalabteilung. Es gibt viele Möglichkeiten, auch in der freien Wirtschaft, ohne gleich Unsummen von Geld auszugeben. Gemeinsame Entwicklung unterstützt ebenfalls das Teamgefüge und wird langfristig zu mehr Zufriedenheit beitragen.

Eva Engel: *Du bist Kommandant auf einem der modernsten Schiffe der Marine. Kannst du uns von einem Erlebnis erzählen, das dich über die Maßen gefordert hat?*

Tilmann von der Lühe: Gern. Ich erinnere mich an eine Tour nach Göteborg. Es war von Beginn an klar, dass die Revierfahrt, die Distanz von Hafen zur offenen See, nicht einfach sein würde. Die engen Fahrwasser und der Seeverkehr sind herausfordernd. Hier kommen wir schnell in die Gefahr einer Kollision. Wir waren nun in der sogenannten Revierfahrt. Zuvor wurde von den durchführenden Offizieren die Durchfahrt vorbereitet. An der Revierfahrtgrenze kamen wir in einen sehr starken Nebel. So etwas hatte ich selbst nach so vielen Jahren Seefahrt noch nie erlebt. Man konnte sozusagen mit Blick aus dem Fenster auf der Brücke rein gar nichts mehr sehen. Jetzt waren wir aber bereits im Fahrwasser und konnten nicht mehr wenden. Und somit mussten wir da jetzt gemeinsam durch.

Rechts und links waren nur Felsen. Jeder Fehler wäre jetzt fatal gewesen. Das hätte im schlimmsten Fall direkt zu einer massiven Beschädigung des Schiffes geführt. Somit blieb uns nur noch die reine Radarsicht, also das Fahren nach System,

ohne dies optisch bestätigen zu können. Was wir zudem auch brauchten, war ein Quäntchen Glück.

Ich fand es bemerkenswert, wie ruhig es in diesem Augenblick war. Es war wirklich mucksmäuschenstill auf der Brücke. Der Ernst der Lage war jedem deutlich bewusst.

Letztlich haben wir die Situation zusammen gemeistert. In Göteborg gibt es eine Brücke, unter der wir durchfahren mussten. Schlagartig danach hörte der Nebel auf und wir kamen unbeschadet durch das Fahrwasser.

Was ist die Ableitung daraus? Seitdem vertraue ich meiner Besatzung alles an. Und zwar zu 100 %. Nach diesem Erlebnis habe ich keine Zweifel mehr, dass wir irgendetwas nicht schaffen können.

Eva Engel: *Wie wird man in der Marine auf die Übernahme besonderer Funktionen, wie beispielsweise die des Kommandanten auf einem Schiff, vorbereitet?*

Tilmann von der Lühe: Bei der Marine ist es so, dass das Kommandantenzeugnis durchschnittlich nach 12 bis 15 Jahren Ausbildung erteilt werden kann. Momentan sind wir 13 Kommandanten von Schiffen in der Deutschen Marine. So viele sind wir also nicht. Es ist schon eine handverlesene Sache. Die Personen, die bei uns als Erster Offizier fahren, sind auch gleichzeitig unsere Kommandantenschüler und -schülerinnen. Wir bilden sie umfangreich aus und führen sie zum sogenannten Leistungsnachweis 3 (LN III). Das ist die Reifeprüfung für das Kommandantenzeugnis, das am Ende durch den Befehlshaber

der Flotte erteilt wird. Wir, die Kommandanten, dürfen die Vorstufe dieses Zertifikats – den LN III – nach Durchführung diverser Manöver und Führung der Schiffsbesatzung mit Stolz ausstellen und die Schülerinnen und Schüler für die Erteilung des Kommandantenzeugnisses vorschlagen. Erst vor Kurzem habe ich meinem ehemaligen Ersten Offizier weiblich dieses Zertifikat ausgestellt. Somit ist es nur noch eine Frage der Zeit, wann die Deutsche Marine die erste Kommandantin bekommt.

Kommandant zu werden braucht Zeit. Hier werden wir viele Jahre auf Herz und Nieren geprüft, ob wir letztendlich wirklich für diese herausfordernde Aufgabe fachlich, aber vor allem auch menschlich geeignet sind.

Eva Engel: *Wenn du uns eine Botschaft mit auf den Weg geben kannst, wie lautet sie?*

Tilmann von der Lühe: Führung funktioniert nur dann, wenn wir den Menschen verstehen. Wir sollten grundsätzlich gut vorbereitet sein und uns in vernünftiger Kommunikation üben. Wir haben alle ständig unsere Smartphones in der Hand und den maximalen Zugang zu Informationen. Wir sind aber häufig nicht mehr in der Lage, ins nächste Büro zu gehen, um mal zu fragen, wie es demjenigen geht, oder ein Projekt vis-à-vis durchzusprechen. Darauf müssen wir uns mehr fokussieren. Wir sitzen alle in einem Boot, ob nun bei der Marine oder grundsätzlich in der freien Wirtschaft.

Eva Engel: *Vielen Dank.*

»Es ist kein Geheimnis, dass Stress unserem Körper massiv zusetzt. Wenn wir nicht aufpassen und vor allem unachtsam mit uns selbst sind, wird unser Körper für uns sprechen.«

Eva Engel

MIT GUTER SELBST-FÜHRUNG ZU WENIGER STRESS

Kurs verfehlt – Wenn schlechte Führung gute Menschen verschlingt

Inzwischen haben Sie den vierten Abschnitt dieses Buches erreicht: Mit guter Selbstführung zu weniger Stress. Das ist großartig. Wie auch zuvor nehme ich Sie ein letztes Mal mit auf eine spannende Reise rund um unsere wiederkehrenden Führungsthemen, die durch Veränderungen unserer Zeit nicht an Bedeutung verlieren. Ganz im Gegenteil. Die Weiten der Digitalisierung und die stetigen, zumeist rasant fortschreitenden Veränderungen stellen Sie als Führungskraft vor deutlich mehr Herausforderungen als zunächst angenommen. Welche Auswirkungen dies auf die Führungsprozesse hat, werden wir uns hier genauer ansehen. Gesundheit und Wohlbefinden am Arbeitsplatz waren und sind vermutlich noch nie so wichtig wie in unserer heutigen Zeit.

Es ist kein Geheimnis, dass Stress unserem Körper massiv zusetzt. Wenn wir nicht aufpassen und wenn wir unachtsam mit uns selbst sind, wird unser Körper für uns sprechen. Das gilt sowohl für Sie als Führungskraft als auch für Ihre Kollegen und Mitarbeiter. Meist hören wir erst hin, wenn es zu spät ist. Die Folgen von physischen und psychischen Ausfallerscheinungen finden Sie ebenfalls später in diesem Kapitel. Zunächst ist es wichtig zu verstehen, dass Stress bis zu einem gewissen Grad förderlich sein kann. Ist dieses Maß nicht ausbalanciert und wird es täglich überstrapaziert, entwickeln sich daraus toxische Verhaltensmuster. Eine Kettenreaktion, die Sie lieber nicht anstoßen wollen. Vielleicht nehmen Sie sich an dieser Stelle ein paar Minuten Zeit und schauen einmal aus der Vogelperspektive auf Ihre aktuelle Situation. Wer sind die Menschen, mit denen Sie aktuell am meisten zu tun haben? In welchem beruflichen Umfeld befinden Sie sich gerade? Geht es Ihnen gut?

Gehen wir wieder ein paar Jahre zurück: Ich hatte nach dem Vorfall in Berlin, den ich im zweiten Abschnitt, »Getränkt in Gefahr«, ausführlich beschreibe, wieder Fuß gefasst und mich räumlich noch einmal verändert. Da ich mich hier nicht gut aufgehoben fühlte, verließ ich Berlin letztendlich. Alte Bekanntschaften aus der Marine unterstützten mich sehr, sodass ich mich zunächst auf mich und meine Heilung konzentrieren konnte. Ich fand einen Job, wieder im Marketingbereich mit zusätzlicher Verantwortung im Personalbereich. Aus heutiger Sicht würde ich diesen Weg wahrscheinlich nicht mehr gehen. Zunächst hatte ich eine gute Haltung der Position gegenüber und die Aufgaben erfüllten mich. Der Mix aus Marketing und HR war sehr abwechslungsreich und erlaubte es mir, meine Expertise im Bereich Marketing weiter auszubauen. Die erste Zeit lief gut und ich war mit den Aufgaben zufrieden. Ich konnte Verantwortung übernehmen und setzte tolle Kampagnen um, die der Firma sehr zugutekamen. Es gab dennoch immer wieder Vorkommnisse, die eher eigenartiger Natur waren. Diese hatten ein anderes Level, als ich es zuvor kennengelernt hatte. Wie ich es bereits in einem anderen Abschnitt beschrieben habe: Die Unfähigkeit, Menschen zu führen, zeigt sich in den unterschiedlichsten Facetten. Wir glauben, wenn wir eine Erfahrung gemacht haben, sind wir mit dem Thema durch und uns kann nichts mehr passieren. Das ist so nicht ganz richtig.

Nehmen wir einmal an, eine Person wird am Arbeitsplatz gemobbt. Sie wechselt hoffentlich rechtzeitig, bevor sie psychisch Schaden nimmt, und fängt bei einem neuen Unternehmen an. Die Antennen für Mobbing sind zwar aufgrund der gemachten Erfahrungen stärker ausgeprägt, allerdings kann jedes anderweitig unangenehme Verhalten erneut großen Schaden anrichten. Was ich damit ausdrücken möchte: Nur weil wir einen Problemschauplatz verlassen, heißt das nicht automatisch, dass uns das woanders nicht wieder passieren wird. Die Vielfalt unfähiger Führungskulturen ist beinahe unendlich. Warum? Weil wir es immer mit Menschen zu tun haben. Und Menschen entwickeln bei veränderten Bedingungen nicht kalkulierbare Muster. Vieles spielt sich hinter den Kulissen ab. Die Kämpfe, die ausgetragen werden, sind oft nicht zu durchschauen oder zu erahnen. Sie bleiben meistens im Verborgenen. Zudem ist es schwierig, wenn Mitarbeiter Hilfe suchen, wenn es die eigene Führungskraft betrifft. Wie oft haben Sie selbst schon Situationen mitbekommen und aus Selbstschutz und Eigennutz nicht hingesehen oder gar geholfen? Schauen Sie nicht weg.

So verging wieder eine ganze Weile. Der Job lief und eine Art Alltag hatte sich eingestellt. Doch nach und nach zeigte sich, dass man auf persönlicher Ebene schlechtgemacht wurde. Die Mitarbeiter wurden für das persönliche Wohl der Geschäftsleitung verantwortlich gemacht. Das kann z. B. wie folgt aussehen: Ich kam morgens ins Büro und begrüßte im Vorbeigehen alle Anwesenden. Damals gab es noch keinen Teams-Chat oder ähnliche Systeme, sondern nur ein kleines Austauschsystem ohne weitere Funktionen. Ich fuhr meinen Rechner hoch und bereitete mich auf den Tag vor. Wenige Minuten später erhielt ich über diesen sogenannten Chat Folgendes: »Warum bist du heute so scheiße?« Geschrieben von der Geschäftsleitung. Es ist sehr beeindruckend, wie unreflektiert unsere Welt tatsächlich funktioniert, wenn wir uns einmal vorstellen, was solche Aktivitäten in anderen Menschen auslösen. Dass es sich nicht nur um diese eine Nachricht, sondern noch um unzählige andere dieser Art handelte, können Sie sich sicher vorstellen. Je mehr das Kollegium versuchte, sich dem Verhalten hinzugeben und der Geschäftsführung alles recht zu machen, umso schlimmer wurde es. Immer wieder wurden Kollegen in das Büro geholt, vorgeführt und kamen eingeschüchtert wieder heraus. Manchmal war auch ich davon betroffen. Immer wieder wurden die

Mitarbeiter runtergemacht und in ihrem Selbstwert angegriffen. Spannend zu beobachten war, dass wir alle unter dem gleichen Leidensdruck standen, aber nicht dafür sorgen konnten, dass es aufhört.

Wenn sich solche Verhaltensweisen der Geschäftsleitung herauskristallisieren, sprechen wir nicht von Mobbing, sondern von Bossing.[36] Die Ausprägung kann auch hier wieder in unterschiedliche Richtungen abdriften. Da es in diesem Fall sehr stark auf der persönlichen Ebene ablief und der eigentliche Aspekt der Arbeit nicht ausschlaggebend war, lag der Schluss nahe, dass hier das Einfordern von Anerkennung durch den Geschäftsführenden ein Motiv sein konnte. Das würde selbstverständlich niemand je zugeben. Nur können wir uns von unserem Wesen und unseren Bedürfnissen nicht freisprechen. Wie Sie sehen, haben wir es erneut mit einer sehr komplexen Gestaltung im Rahmen des Führungskontextes zu tun.

Der Leidensweg des Kollegiums war lang. Von außen betrachtet und vor allem, wenn man nicht selbst involviert ist, erscheinen diese Vorkommnisse eher nicht dramatisch. Wird man allerdings täglich damit konfrontiert, ist der Schaden am Ende sehr groß. Ich habe diesem Druck eine ganze Weile standgehalten und mich am Ende für mich entschieden. Allein aufgrund der gemachten Erfahrung in Berlin war ich der Meinung, durchhalten zu müssen. Jetzt wieder wechseln? Kam erst mal nicht in Frage. Es war immer noch die Zeit, in der Arbeitgeber die Oberhand hatten und ein Lebenslauf mit mehreren beruflichen

Stationen eher negativ bewertet wurde. Heute bin ich allerdings sehr stolz darauf, viele Positionen durchlaufen zu haben. Und das sollten Sie ebenso. Diese Lebensläufe zeigen Flexibilität, schnelles Agieren in unterschiedlichen Umfeldern und großes Interesse an Weiterentwicklung. Auch das Kennenlernen der unterschiedlichsten Persönlichkeiten ist ein großer Zugewinn. Sie sind viel eher in der Lage, Situationen besser einzuschätzen. Aus meiner Sicht hat eine kürzere Betriebszugehörigkeit eher Vor- als Nachteile. Natürlich kann mit unterschiedlichen Positionen in einem Unternehmen eine tolle Karriere geebnet werden. Dennoch sollten Sie die Flexibilität und den Mut, öfter zu wechseln, nicht zu negativ bewerten.

Unser Körper – ein Phänomen

Ich spürte, wie mich allmählich die Kräfte verließen. Ich spürte, dass das Kämpfen hier nicht der richtige Weg war. Denn es hat die Situation nur noch weiter angeheizt. Eines Morgens kam ich wieder an meinen Platz und hörte erneut irgendeinen unangemessenen Kommentar. In diesem Moment wurde mein Körper auf einmal sehr laut. Ich hatte schon länger mit starken Verspannungen zu tun und auch meine Begeisterung war mittlerweile stark getrübt. Dennoch überspielte ich mein eigentliches Befinden und wollte nur gut durch den Tag kommen. Eine sehr traurige Herangehensweise, um ehrlich zu sein. Ich war also wieder am Ort des Geschehens und jetzt schien mein Körper zu schreien. Meine rechte Hand schwoll innerhalb nur weniger Minuten auf die Größe eines Golfballs an. Da ich zu dieser Zeit noch nicht ganz so viel mit Themen wie Stressbewältigung und meiner eigenen Psyche zu tun hatte, wusste ich nicht, was hier gerade vor sich ging. Was ich allerdings intuitiv wusste: Ich musste handeln.

Ich zog mich an, zeigte meinem Chef nur kurz meine Hand und machte mich direkt auf den Weg zu einem Arzt. Natürlich war ich zu dieser Zeit noch im Rechtfertigungsmodus. Heute kann ich sagen: Tun Sie das nicht! Wenn Sie krank sind, sind Sie krank. Und auch Sie als Führungskraft bauen kein Vertrauensverhältnis auf, wenn Sie wissen, warum Ihre Mitarbeiter nicht zur Arbeit erscheinen. Wir denken oft, wir könnten uns Dinge herausnehmen und diese würden zudem das Miteinander stärken. Dem ist nicht so. Ein gutes Vertrauensverhältnis baut auf stetigem Interesse auf. Das bedeutet nicht, dass Sie Ihre persönlichsten Dinge auf den Tisch bringen müssen. Das gilt für Führungskräfte ebenso wie für Mitarbeiter. Nur weil ein Mitarbeiter Ihnen nicht sagen möchte, warum er krankheitsbedingt fehlen wird, ist er noch lange kein schlechter Mensch. Zudem ist niemand dazu verpflichtet, solche Dinge gegenüber seinem Arbeitgeber offenzulegen. Es gibt Grenzen und diese durfte ich über viele Jahre und Positionen hinweg lernen. Lernen auch Sie, diese Grenzen zu wahren. Sie werden den Vertrauensvorschuss der Mitarbeiter von ganz allein erhalten, wenn Sie sich auf Augenhöhe begegnen und sich gegenseitig wertschätzen.

Wie ging es weiter? Meine damalige Ärztin begriff sehr schnell, was los war, und empfahl mir genau zwei Dinge: entweder zurückgehen und es aushalten oder aussteigen. Da ich spürte, dass sich mein Gesundheitszustand mittlerweile fast täglich verschlimmerte, entschied ich mich bei der nächsten Untersuchung für mich. Mit der Unterstützung der Ärztin schaffte ich es, mich langsam wiederaufzubauen. Es dauerte allerdings sehr lange. Ich brauchte bestimmt fünf bis sechs Monate, um annähernd wieder an meinen alten Selbstwert zu kommen. In dieser Zeit half mir mein Nebenjob. Ich glaube, das habe ich in diesem Buch noch nicht erwähnt. Ich arbeitete schon immer nebenher. Ich hätte die Nebenjobs nicht unbedingt gebraucht, aber mich hat es interessiert.

Zu diesem Zeitpunkt arbeitete ich an der Tankstelle. Das tat ich auch weiterhin. Es half mir dabei, mich selbst wieder wahrzunehmen und an meine Stärken zu glauben. Auch die Tatsache, dass sich andere Menschen freuten, dass ich kam, unterstützte den ganzen Prozess. Menschen schlecht zu behandeln, das geht schnell. Aber das, was dadurch mit ihnen passiert, wiederaufzuarbeiten, dauert sehr lang. Und so kann ich an dieser Stelle mit Blick auf die nachfolgenden Kapitel nur sagen: Passen Sie gut auf sich und Ihr Umfeld auf.

Digital, nicht egal

Wir machen einen kleinen Zeitsprung und nehmen ein paar Einblicke mit in die heutige Zeit. Vielleicht haben Sie sich in der ein oder anderen Situation wiedererkannt. Vielleicht sind auch Themenbereiche aufgekommen, die Sie beschäftigen oder die Sie noch weiter vertiefen möchten. Das ist gut. Ich bin mittlerweile sogar der Meinung, dass wir nie fertig sein werden – weder mit Lernen noch mit den unterschiedlichen Herangehensweisen, wenn es um das Thema Führung geht. Und da wir es hier mit unschlagbarer Komplexität zu tun haben, nehmen wir direkt den Wandel zum digitalen Zeitalter hinzu.

Jetzt könnten wir annehmen, dass wir aufgrund der Transparenz in der Onlinewelt wirkliche Vorteile beim Thema Führung und Vorgesetztenbeziehungen haben. Ich denke, es ist weitaus schwieriger geworden, die Rolle einer Führungspersönlichkeit auszufüllen. Wie eingangs erwähnt, bringt der Wandel zur digitalen Welt auf einmal ganz andere Herausforderungen mit sich. Dass Menschen von zu Hause arbeiten, ist dabei noch das geringste Übel, wenn es um Vertrauensprobleme seitens der Führungsetage geht. Haben Sie schon einmal darüber nachgedacht, was genau sich eigentlich alles verändert, was wir nicht beeinflussen können? Wir haben andere Kommunikationswege und -mittel, die uns die neue Art der Kommunikation auf einem ganz neuen Level zeigt. Wir schreiben mehr, reden weniger. Wir gucken eher in den Bildschirm als in ein Gesicht. Wir können keine realen Reaktionen mehr erfassen. Die Nähe zum Menschen ist stark eingeschränkt. Ich bin nicht sicher, ob diese Entwicklung langfristig wirklich gut ist. Der Punkt passt auch sehr gut zum geführten Interview mit Felix Behm (Interview 3), der uns Einblicke zur GenZ gibt. Er erklärt auch, dass aufgrund der digitalen Dominanz leider sehr viel Sozialkompetenz verloren geht. Das betrifft nicht nur die nächsten Generationen, sondern auch uns, die wir von der Offline- in die digitale Welt übergehen. Das Sozialverhalten verkümmert. Anstatt zu sprechen, wird geschrieben. Wissen Sie, wie viel an Inhalt und Gefühl nur über das kurz angebundene Wort in einer Nachricht verloren geht? Hinzu kommt, dass wir nur Bruchteile von dem mitteilen, was wir eigentlich sagen wollen. Es entstehen immer mehr Missverständnisse, wenn ausschließlich über kurze und hektische Schreibwege kommuniziert wird. Wir haben so viele unterschiedliche und neue Herausforderungen, welche die Führungskräfte jetzt betreffen. Dabei gehören natürlich die Grundannahmen der Führung weiterhin dazu. Was früher vielleicht einen Choleriker ausgemacht hat, ist heute eine eher passiv-aggressiv handelnde Person. Ich denke, die Art und Weise verschiebt sich. Einerseits können wir aufgrund der Offenheit und stärkeren Vervielfältigung in den sozialen Medien davon profitieren, dass schlechtere Verhaltensmuster schneller beim Namen genannt werden. Andererseits entstehen dadurch neue Wege für problematisches Verhalten. Ein geniales und einfaches Beispiel sind E-Mails von Führungskräften am Abend oder gar spät in der Nacht. Was genau soll dieses Verhalten zeigen? Das bringt diesen Führungskräften keine Anerkennung. Viel mehr zeigt es, dass Grenzen nicht respektiert werden. Ebenso könnten sie die E-Mail vorschreiben und den Versand auf 8 Uhr morgens legen. Auf dieser Ebene gibt es sehr viele Beispiele und das ist durchaus bedenklich. Oder haben Sie schon einmal über die Anwesenheit in Teams nachgedacht? Warum gibt es dieses Kontrollinstrument des grünen Lichts eigentlich? Damit werden nicht nur Vorgesetzten- und Mitarbeiterverhältnisse gestört, sondern auch die jeweiligen Gruppen entwickeln untereinander Negativitäten, wenn schon das Umfeld nicht stimmt. Das alles zahlt gleichzeitig auf die Psyche und das Stresslevel in der heutigen Zeit ein. Unbewusst natürlich.

Die Digitalisierung bietet uns sowohl Chancen als auch Risiken, insbesondere in Bezug auf Kommunikation und soziale Kompetenzen. Verantwortungsvoll mit den technologischen Möglichkeiten umzugehen und gleichzeitig eine ausgewogene Führung zu gestalten, das sollte für uns höchste Priorität haben.

KAPITEL 10

IHR FUNDAMENT IM UMGANG MIT STRESS

Ressourcen erkennen mit dem Rad des Lebens »Leadership Edition«

Das Rad des Lebens »Leadership Edition« unterstützt Sie dabei, eine aktuelle Bestandsaufnahme in allen wichtigen Führungsbereichen aufzustellen. Es hilft Ihnen zu erkennen, welchen Bereichen Sie sich verstärkt zuwenden können, um in eine Balance zu finden und sich somit ganzheitlicher zu fühlen.

Markieren Sie in jeder Kategorie die Felder von 1 bis 5. 1 steht für kaum oder gar nicht vorhanden, 5 für vollständig vorhanden. Diese Übung können Sie jederzeit nach Bedarf erneut durchführen.

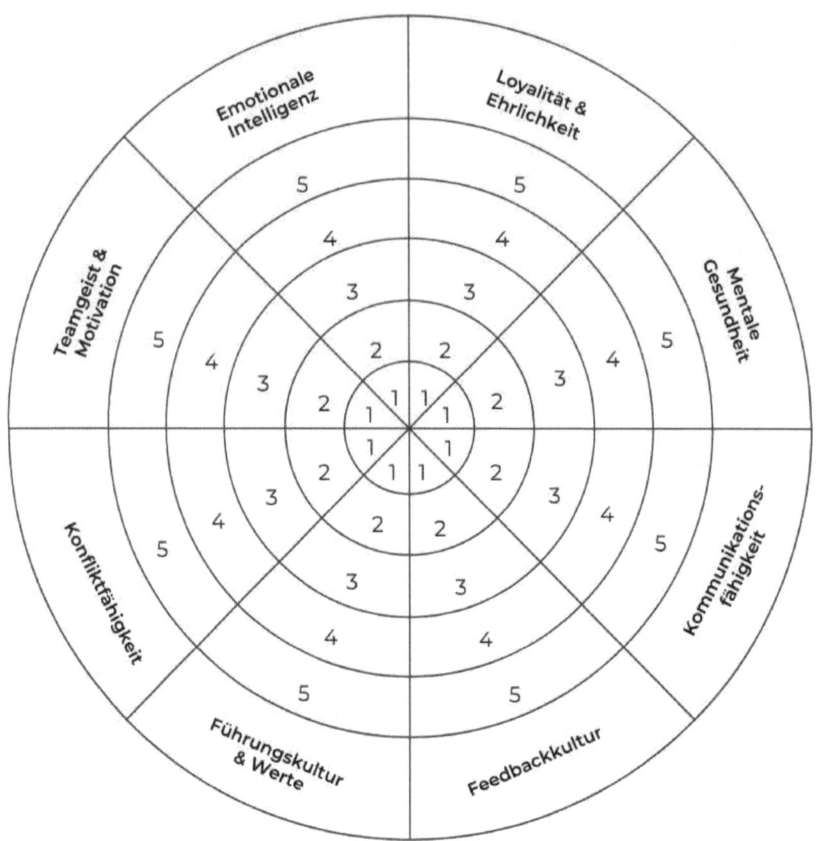

Das Rad des Lebens »Leadership Edition« ist ein wertvolles Werkzeug für Sie, da es den Fokus auf die essenziellen Elemente in der Führung legt. Dadurch kann ein deutlich tieferes Verständnis für die Herausforderungen als Führungskraft entstehen. Warum also sollten Sie dieses Tool anwenden und die Vorlage ausfüllen? Sich mit sich selbst auseinanderzusetzen, erfordert genauso viel Mut, wie sich den Aufgaben als Führungskraft zu stellen. Es erfordert eine direkte Auseinandersetzung mit dem Selbst und den verschiedenen Facetten des Führungslebens. Hierdurch wird eine zusätzliche Möglichkeit geschaffen, eine Momentaufnahme der eigenen Person und Position zu reflektieren.

Wenn Sie das Rad des Lebens in regelmäßigen Abständen ausfüllen, werden Sie schnell sehen, dass sich Ihre Bereiche verschieben. Sie verändern sich. Wo Sie zu Beginn vielleicht wenig oder gar keine Eintragungen hatten, finden Sie später schon ein paar Felder mehr. Oder Sie konnten in der Zwischenzeit mehr Balance in die unterschiedlichen Bereiche bringen.

Manchmal ist uns gar nicht bewusst, was uns fehlt oder woran wir nicht aktiv arbeiten. Mit unseren täglichen Gedanken sind wir zunächst überall. Aber ist dem wirklich so? Erst wenn wir unsere Ist-Situation zu Papier bringen, bemerken wir häufig, wo wir Nachholbedarf haben oder wo wir genauer hinsehen dürfen. Sie navigieren sich selbst am besten zur ganz eigenen Selbstführung.

Ich selbst habe schon sehr oft mit dem Tool gearbeitet und war jedes Mal aufs Neue erstaunt, wie meine Realität tatsächlich aussieht. Begonnen habe ich mit der Version, die sich sehr intensiv mit den persönlichen Lebensbereichen beschäftigt. Aus den Impulsen heraus suchte ich nach Vorlagen für Führungskräfte, fand aber keine. Daher entschied ich im Rahmen dieses Buchprojektes, ein eigenes Rad des Lebens »Leadership Edition« zu erstellen und mit Ihnen hier zu teilen. Ich wünsche Ihnen die gleiche Freude beim Ausfüllen und viele Aha-Momente, wie ich sie selbst erleben durfte und immer wieder erleben darf.

Selbsttest: Wie gestresst bin ich?

Um herauszufinden, wie hoch Ihr aktuelles Stresslevel ist, kreuzen Sie eine der drei Auswahlmöglichkeiten auf der rechten Seite im Test an. Beantworten Sie die 40 Fragen ehrlich. Gehen Sie dabei zügig und intuitiv vor. Das Testergebnis finden Sie auf der nachfolgenden Seite.

Nr.	40 Fragen - Selbsttest: Stress	Trifft nicht zu	Trifft manch-mal zu	Trifft zu
1.	Wiegen Sie mehr als 10 % über Normalgewicht?	○	○	○
2.	Essen Sie oft Süßigkeiten?	○	○	○
3.	Essen Sie viele fetthaltige Lebensmittel?	○	○	○
4.	Bewegen Sie sich wenig?	○	○	○
5.	Rauchen Sie mehr als 5 Zigaretten täglich?	○	○	○
6.	Rauchen Sie mehr als 20 Zigaretten täglich?	○	○	○
7.	Rauchen Sie mehr als 30 Zigaretten täglich?	○	○	○
8.	Trinken Sie mehr als 3 Tassen starken Kaffee am Tag?	○	○	○

9.	Schlafen Sie schlecht oder zu wenig?	○	○	○
10.	Fühlen Sie sich morgens wie erschlagen?	○	○	○
11.	Nehmen Sie: Schlaf-, Beruhigungsmittel etc.?	○	○	○
12.	Bekommen Sie leicht Kopf-schmerzen?	○	○	○
13.	Ich bin sehr wetterfühlig.	○	○	○
14.	Haben Sie Magenschmerzen, Durchfall etc.?	○	○	○
15.	Bekommen Sie leicht Herz-schmerzen?	○	○	○
16.	Sind Sie sehr lärmempfindlich?	○	○	○
17.	Mein Ruhepuls ist über 80 Schläge pro Minute.	○	○	○
18.	Ich bekomme leicht feuchte Hände.	○	○	○
19.	Sind Sie oft unruhig, aufgeregt oder hektisch?	○	○	○
20.	Lehnen Sie Ihre Arbeit innerlich ab?	○	○	○

Selbsttest: Stress nach Werner Stangl, Teil 1

Nr.	40 Fragen - Selbsttest: Stress	Trifft nicht zu	Trifft manch-mal zu	Trifft zu
21.	Ich mag meine/n Vorgesetzte/n nicht.	○	○	○
22.	Sind Sie mit Ihrer Situation unzufrieden?	○	○	○
23.	Ärgern Sie sich schnell?	○	○	○
24.	Regen Sie sich über Kollegen oder Mitarbeiter auf?	○	○	○
25.	Sind Sie in Ihrer Arbeit penibel?	○	○	○
26.	Ich bin sehr ehrgeizig.	○	○	○
27.	Haben Sie bestimmte Ängste, Zwänge?	○	○	○
28.	Ich werde leicht ungeduldig.	○	○	○
29.	Entscheidungen treffen fällt mir schwer.	○	○	○
30.	Sind Sie neidisch oder missgünstig?	○	○	○
31.	Werden Sie schnell eifersüchtig?	○	○	○

32.	Empfinden Sie Ihre Arbeit als schwere Belastung?	◯	◯	◯
33.	Stehen Sie oft unter zeitlichem Druck?	◯	◯	◯
34.	Leiden Sie unter Minderwertigkeitsgefühlen?	◯	◯	◯
35.	Sind Sie anderen gegenüber misstrauisch?	◯	◯	◯
36.	Ich habe wenig Kontakt zu Mitmenschen.	◯	◯	◯
37.	Ich habe keine Freude an Dingen des Alltags mehr.	◯	◯	◯
38.	Ich glaube, ich bin ein Pechvogel oder Versager.	◯	◯	◯
39.	Ich fürchte mich vor der Zukunft (Beruf, Familie etc.).	◯	◯	◯
40.	Fällt es Ihnen schwer, sich zu entspannen?	◯	◯	◯

Selbsttest: Stress nach Werner Stangl, Teil 2

Wie werte ich den Test aus?

Vergeben Sie für alle Antworten »Trifft zu« zwei Punkte (2). Für alle Antworten mit einem »Trifft manchmal zu« vergeben Sie einen Punkt (1). Rechnen Sie nun Ihre Punkte zusammen und schauen Sie sich im Folgenden das Ergebnis Ihres aktuellen Stresslevels an.[37]

Punkte	Interpretation / Ergebnis
bis 19	Sie sind derzeit relativ wenig belastet und sind stressstabil.
20 bis 26	Sie haben derzeit eine geringe Stressbelastung. Trotzdem sollten Sie sich kritisch mit einzelnen Stressauslösern auseinandersetzen.
27 bis 33	Sie leiden derzeit unter einer durchschnittlichen Stressbelastung. Sie sollten versuchen, sich regelmäßig systematisch zu entspannen bzw. versuchen, die permanenten Stressoren zu reduzieren.
34 bis 41	Sie sind derzeit sehr stressbelastet. Eine systematische Entspannung wäre dringend erforderlich, wobei Sie versuchen sollten, einige der Belastungsfaktoren in Ihrem Leben nachhaltig zu eliminieren.
ab 42	Hält die derzeitige Belastung länger an, ist auf die Dauer gesehen eine Lebensumstellung angeraten. Falls es Ihnen nicht gelingt, sollten Sie eine psychologische Beratungsstelle oder einen Arzt aufsuchen.

Selbsttest: Stress nach Werner Stangl, Teil 3

Stress ist etwas, was wir unter keinen Umständen noch länger unterschätzen dürfen. Gerade in Führungspositionen ist es kein bewundernswertes Verhalten, gestresst und ausgelaugt zu sein. Wir sind dadurch nicht höher angesehen oder mehr akzeptiert. Stress schadet uns. Mit einem zunehmenden Stresslevel vernachlässigen wir uns selbst in Bereichen, die unsere Aufmerksamkeit dringend benötigen. Tun Sie sich und Ihrem Team oder Ihren Kollegen das nicht an. Die Folgeschäden sind kaum wiederaufzuarbeiten. Ich erwähnte es bereits in einem vorherigen Kapitel – der Speed, mit dem wir aktuell durch die Unternehmenslandschaften rasen, ist deutlich ungesund. Als Führungskraft sind Sie die entscheidende Kraft hinter untragbaren Maßnahmen, die vielleicht schon über dem Maße ausgereizt sind. Der Test wird Sie dabei unterstützen, zunächst bei sich selbst zu schauen, ob Veränderungen ratsam wären. Sich hier immer wieder zu hinterfragen, ist wichtig. Stress hat mitunter Auswirkungen, auf die Sie zunächst keine Rückschlüsse ziehen würden. Haben Sie genug Raum, um sich zu erholen? Essen Sie regelmäßig? Wie sieht Ihr Arbeitskalender aus? Gehen Sie einmal bewusst durch Ihren Tag und schauen Sie genau hin, was der Auslöser von Stress ist. Wenn Sie merken, wo die Trigger sind, können Sie gezielt etwas daran verändern. Den Test können Sie ebenfalls nach Belieben wiederholen.

INTERVIEW 10

mit Jenny Hofmann – Vom Profiradsport zu Anti-Stress-Methoden

Polizeibeamtin, Mentaltrainerin und ehem. Profiradsportlerin

Jenny Hofmann hat sich früh für den Profiradsport entschieden und während ihrer gesamten Schulzeit das Ziel »Profisport« nicht aus den Augen verloren. Nach dem Schulabschluss begann sie eine duale Karriere bei der Polizei und erfüllte sich so den Traum von der Profiradsportkarriere. Neben dem sportlichen und dem beruflichen Weg vertiefte sie ihr Wissen im Bereich Mentaltraining, insbesondere für den Umgang mit Leistungsdruck, Niederlagen sowie Erholungstherapie. Heute arbeitet Jenny Hofmann als Mentalcoach und bereitet ihre Klienten auf individuelle Herausforderungen vor. Jenny und ich haben uns im Jahr 2022 bei Miss Germany kennengelernt und sind seitdem im regelmäßigen Austausch.

Eva Engel: *Wie helfen dir deine Erfahrungen aus dem Profisport und auch dem Polizeidienst, um mit Ausnahmesituationen umzugehen?*

Jenny Hofmann: Durch meine Erfahrungen bei der Polizei habe ich u. a. gelernt, besser mit Kritik umzugehen. Zu Beginn meiner Karriere habe ich Kritik immer sehr persönlich genommen und es als Angriff auf meine Person gewertet. Mit der Zeit habe ich gelernt, dass Kritik nicht immer als etwas Negatives zu sehen ist. Ich habe erkannt, dass ich aus Kritik viel für mich mitnehmen kann.

Ein weiterer Lernprozess für mich war, meinen Fokus auf das Endziel zu richten, besonders während der fünf Jahre in der Polizeiausbildung. Hier gab es Zeiten, in denen es sich besonders zäh anfühlte und ich meine Ziele aus den Augen hätte verlieren können. In solchen Momenten habe ich gelernt, kleine Zwischenziele zu setzen. Erst dadurch konnte ich trotz diverser Rückschläge und schwieriger Phasen weiterhin motiviert bleiben.

Es ist ein kontinuierlicher Prozess, der nicht von heute auf morgen abgeschlossen ist. Die Erfahrungen haben mir sehr geholfen, ein starkes Mindset zu entwickeln und mit Ausnahmesituationen besser umzugehen. Von daher ist es wichtig, an sich selbst zu glauben und Vertrauen in die eigenen Fähigkeiten zu haben, auch wenn es besonders herausfordernd wird.

Eva Engel: *Welche Strategien hast du angewendet, um dich weiterzuentwickeln?*

Jenny Hofmann: In meiner Zeit als Sportlerin hatte ich das Glück, in einem Umfeld zu trainieren, in dem auch ältere und erfahrene Athleten vertreten waren. Diese Sportler hatten bereits beeindruckende Erfolge erzielt und standen kurz vor ihren Prüfungen oder Wettkämpfen. Ich habe mich immer bewusst an ihnen orientiert. Sie hatten bereits das erreicht, was ich mir als Ziel setzte.

Die Tatsache, dass ich erfolgreiche Sportler als Vorbilder vor Augen hatte, gab mir einen Motivationsschub und einen klaren Fokus. Sie gaben mir das Gefühl, dass meine Ziele realisierbar sind und ich mit harter Arbeit und mit Engagement ebenfalls dorthin kommen werde.

Eine weitere wichtige Ressource war meine Trainerin, die selbst Olympiasiegerin ist und mir die Türen zum Mentalcoaching geöffnet hat.

Eva Engel: *Gibt es Überschneidungen im Profisport und Polizeidienst in Bezug auf das Führen von Menschen?*

Jenny Hofmann: Ja, gibt es. Ein wichtiger Aspekt ist die Teamfähigkeit. Im Radsport hatten wir einen sportlichen Leiter, der als Chef die Anweisungen gab. Ähnlich ist es auch in der Polizeiarbeit. Bei Einsätzen ist eine klare Führung notwendig. Das Team bildet die Schnittstelle. Die klare und detaillierte Kommunikation von Anweisungen ist entscheidend, um ein Team effek-

tiv zu führen. Gleichzeitig ist es wichtig, dass diese Kommunikation wertschätzend und angemessen erfolgt. Eine respektvolle Kommunikation schafft Vertrauen und fördert ein gutes Arbeitsklima. Das wiederum sorgt für bessere Zusammenarbeit und führt letztendlich zum Erfolg des Teams.

Ein weiterer Aspekt ist die Offenheit für unterschiedliche Meinungen. Jedes Teammitglied wurde angehört und hatte die Möglichkeit, seinen Standpunkt einzubringen. Gerade in der Führung ist dieser Punkt von großer Bedeutung. Ein Klima in dem unterschiedliche Meinungen geschätzt und respektiert werden, sollte überall herrschen. Denn erst eine harmonische Teamatmosphäre trägt dazu bei, dass alle Teammitglieder ihr Potenzial ausschöpfen können.

Eva Engel: *Was hat dich dazu bewogen, deine Karriere im Radsport zu beenden?*

Jenny Hofmann: Tatsächlich war es meine eigene Entscheidung. Die unerwartete Situation mit der Coronapandemie spielte dabei eine große Rolle. Als Corona begann, befand ich mich in meiner besten Form und hatte sogar an den internationalen »Six Days« teilgenommen, die dann alle abgesagt wurden. Diese Phase der Unsicherheit brachte mich dazu, intensiv über meine Zukunft nachzudenken. Ich habe mich mental sehr intensiv mit dieser Situation auseinandergesetzt, teilweise auch mit Unterstützung einer Mentaltrainerin.

In diesem Prozess habe ich festgestellt, dass ich auch andere Interessen und Leidenschaften in meinem Leben entwickelt

habe. Ich verspürte den Wunsch, mein Wissen und meine Erfahrungen im Sport weiterzugeben und andere Menschen zu coachen. Auch habe ich gemerkt, dass meine Motivation für das tägliche Training, die ständigen Reisen und Wettkämpfe nachließ. Stattdessen fand ich Erfüllung darin, mich anderen Interessen zu widmen und neue Wege zu erkunden. Das Coaching und die Unterstützung anderer Menschen wurden zu meiner neuen Leidenschaft.

Schließlich habe ich mich entschieden, dass es für mich an der Zeit ist, meine aktive Sportkarriere zu beenden und mich auf meine neuen Ziele zu konzentrieren. Heute bin ich ehrlich gesagt sehr zufrieden mit dieser Entscheidung und freue mich darauf, meinen Weg als Coach und Mentor weiterzugehen.

Eva Engel: *Wie lassen sich Digitalisierung, ein erhöhtes Stressniveau und das Streben nach Selbstverwirklichung im Alltag vereinbaren?*

Jenny Hofmann: Veränderung ist ein herausforderndes Wort, das oft mit Risiko und dem Verlassen der Komfortzone verbunden ist. Als Gewohnheitstiere betrachten wir Veränderungen manchmal eher skeptisch und sehen vor allem die möglichen Risiken. Diese sind dennoch wichtig, um persönlich zu wachsen.

Ich selbst habe nach meiner Sportkarriere eine Phase durchgemacht, die von einem tiefen Einschnitt geprägt war. Doch gerade in solchen Phasen der Unsicherheit und des Wandels habe ich gelernt, standhaft zu bleiben und meinen Fokus nach vorn zu richten. Es geht darum, sich neue Ziele zu setzen und

neue Richtungen einzuschlagen. Manchmal ergeben sich unerwartete Chancen, die dem Leben eine völlig neue Richtung geben können.

Ich glaube fest daran, dass uns das Leben genau das gibt, wofür wir hart arbeiten und wofür wir uns engagieren.

Das Thema Stress ist in diesem Zusammenhang ebenfalls interessant. Ein gewisses Maß an Stress kann uns antreiben und beflügeln. Doch wenn Stress über einen längeren Zeitraum anhält und zu einer Dauerbelastung wird, kann er gesundheitliche Probleme verursachen. Jeder von uns hat Grenzen, und es ist wichtig, diese zu erkennen und zu respektieren.

In der modernen Arbeitswelt, in der immer mehr Verantwortung und Aufgaben auf uns zukommen, ist es entscheidend, auf die eigene Gesundheit und das eigene Wohlbefinden zu achten. Es ist wichtig, ein gesundes Gleichgewicht zu finden, sich selbst zu reflektieren und offen für Veränderungen zu sein. So können wir sowohl beruflich als auch persönlich wachsen und unsere Ziele erreichen, ohne uns dabei zu überfordern.

Eva Engel: *Gibt es Situationen, in denen uns positiver Stress hilft?*

Jenny Hofmann: Der mentale Stress spielt eine große Rolle, besonders dann, wenn es um Höchstleistung geht. Vor einem Wettkampf oder einer wichtigen beruflichen Herausforderung können Tausende Gedanken durch den Kopf gehen. Fragen wie »Habe ich an alles gedacht?« oder auch »Bin ich gut vorbereitet?« können unbewusst Stress verursachen.

Dieser Zustand kann als eine Art positiver Stress betrachtet werden, da er von einer Mischung aus Aufregung, Adrenalin und Vorfreude geprägt ist. Das Adrenalin, das dabei freigesetzt wird, kann uns dazu befähigen, leistungsfähiger und fokussierter zu sein. Es ist wie ein Antrieb, der uns auf den Punkt bringt und unsere Sinne schärft.

Eva Engel: *Wo fängt negativer Stress an?*

Jenny Hofmann: Negativer Stress kann im Sport und überall sonst auftreten, wenn wir uns zu sehr auf Kleinigkeiten fokussieren. Negative Selbstgespräche können zu einer regelrechten Zwanghaftigkeit führen, beispielsweise wenn es um das Thema Ernährung geht. Oft entsteht dieser Stress unbewusst und kann langfristig zu Problemen führen.

Ein völlig überladener Zeitplan kann ebenfalls zu negativem Stress führen. Wenn wir uns jeden Tag zu viel vornehmen, führt das zu Überforderung. Wir haben keine Zeit für mentale Erholung und Regeneration. Dabei müssen auch private Angelegenheiten und Aufgaben berücksichtigt werden, was die Belastung zusätzlich erhöhen kann.

Eva Engel: *Perfektionismus ist hier ein spannender Zusatz. Was ist hier zu beachten?*

Jenny Hofmann: Perfektionisten neigen oft dazu, sich zu lange mit Details zu beschäftigen und nach dem perfekten Moment oder der perfekten Lösung zu suchen. Sie möchten fleißig und

genau sein, nur liegt das nicht im Perfektionismus. Perfektionismus kann einerseits motivierend wirken und zu exzellenten Ergebnissen führen, aber andererseits kann er auch lähmend sein und Menschen daran hindern, ins Handeln zu kommen. Es ist wichtig, dass Menschen, die extrem perfektionistisch veranlagt sind, lernen, mit diesem Charakterzug umzugehen und sich dessen bewusst zu werden.

Eva Engel: *Kannst du uns Strategien und Tools nennen, mit denen wir in Stresssituationen bewusster handeln können?*

Jenny Hofmann: Ich arbeite gern mit dem theoretischen Modell von Gert Kaluza.

Es wirft drei wichtige Fragen zur Stressbewältigung auf. Zunächst ist es entscheidend, den Auslöser für den Stress zu identifizieren. Handelt es sich um eine bestimmte Situation oder sind es bestimmte Gedanken, die den Stress hervorrufen? Danach schaue ich mir an, wie sich der Stress auf den Körper und den Geist auswirkt. Jeder Mensch hat individuelle Stresssymptome, die wir gemeinsam herausfinden und verstehen. Die nächsten Schritte konzentrieren sich auf die Umfeldanalyse. Hier betrachten wir die Einflüsse aus Beruf, Familie und Hobbys.

Eines meiner Spezialgebiete ist das autogene Training. Bei dem Training entwickeln wir gezielt Glaubenssätze, die auf die jeweilige Stresssituation abgestimmt sind. Zudem arbeite ich mit sogenannten Ruhe-Bildern. Diese helfen dabei, in belastenden Situationen Ruhe und Gelassenheit zu finden. Dabei

stellen wir uns gedanklich einen Ort vor, an dem wir uns zu 100 % wohlfühlen. Diese individuellen Ansätze ermöglichen es, Stress gezielt anzugehen und gleichzeitig unsere Resilienz zu stärken.

Eva Engel: *Gibt es weitere Strategien, die du empfiehlst?*

Jenny Hofmann: Die Arbeit mit Düften ist für mich ebenfalls eine wirkungsvolle Methode. Bestimmte Düfte können beruhigend wirken und eine positive Verbindung herstellen. Lavendel kann z. B. sehr beruhigend wirken. Ich trage Lavendelöl oft am Handgelenk und nehme mir bewusst etwa fünf Minuten Zeit, um den beruhigenden Duft einzuatmen. Die Wirkung ist deutlich Stress reduzierend. Gerade in stressigen Situationen kann diese einfache Methode helfen, innere Ruhe zu finden. Es gibt noch viele weitere Techniken und Strategien, die individuell auf die Person und die Situation angepasst werden können.

Eva Engel: *Welcher Ansatz stärkt unsere Kompetenz im Umgang mit Stress?*

Jenny Hofmann: Bei der Bewältigung von Stress und der Verbesserung der Arbeitsbedingungen ist es wichtig, nicht nur oberflächliche Maßnahmen zu ergreifen, sondern auch die Ursachen und das innere Bewusstsein einzubeziehen. Ähnlich wie bei Stress müssen wir auch bei der Verbesserung der Arbeitsbedingungen den Urschleim, also die grundlegenden Aspekte, angehen.

Eva Engel: *Wie wichtig ist Selbstführung für den Erfolg einer Führungskraft?*

Jenny Hofmann: Für den Erfolg ist wichtig, realistische Ziele zu definieren und dabei bestimmte Kriterien wie das SMART-Modell einzubeziehen. SMART steht für:

1. Spezifisch (specific) – klare und präzise Ziele
2. Messbar (measurable) – messbare Erfolgskriterien
3. Erreichbar (achievable) – realistische Zielsetzung
4. Relevant (relevant) – Bedeutung für die Mission
5. Zeitgebunden (time-bound) – klare Fristen

Dadurch können klare und erreichbare Meilensteine gesetzt werden. Hier gilt es, möglichst Über- und Unterforderung zu vermeiden.

Auch ist es von Bedeutung, Zwischenziele zu setzen und kleine Fortschritte zu feiern. Oft konzentrieren wir uns ausschließlich auf das große Endziel. Dabei ist es ebenso wichtig, die kleinen Erfolge auf dem Weg dorthin wahrzunehmen und sich darüber bewusst zu freuen. Das motiviert uns und lässt uns weiterhin fokussiert und zielstrebig voranschreiten.

Das Erfolgsmonitoring, eine Technik des mentalen Trainings, involviert das tägliche Festhalten von Erkenntnissen und Fragen, die den persönlichen Fortschritt reflektieren. Dadurch wird das Bewusstsein für die eigene Entwicklung gestärkt.

Dieses Tagebuch, das Erfolgsmonitoring, ermöglicht uns, den bisherigen Erfolg bewusster wahrzunehmen und kontinuierlich an der persönlichen Entwicklung zu arbeiten.

Eva Engel: *Wie können wir uns das Erfolgsmonitoring vorstellen?*

Jenny Hofmann: Am Anfang habe ich es auch skeptisch betrachtet, als meine Trainerin uns vorschlug, täglich unsere Erkenntnisse und Fragen des Tages aufzuschreiben. Aber ich habe es trotzdem ausprobiert. Dann ist es zur Gewohnheit geworden. Ich habe jeden Abend meine Gedanken aufgeschrieben. Rückblickend kann ich sagen, dass diese einfache Übung meine mentale Stärke und Leistungsentwicklung enorm beschleunigt hat. Ich wurde selbstbewusster und spürte eine innere Stärke, die ich vorher nicht kannte. Es ist erstaunlich, wie eine kleine Sache, die nur etwa fünf Minuten am Tag dauert, so viel Positives bewirken kann. Man glaubt es vielleicht nicht, aber ich kann aus eigener Erfahrung sagen, es ist wirklich beeindruckend.

Eva Engel: *Mir fällt es tatsächlich schwer, ein Tagebuch zu führen. Ist die Methode dann nichts für mich?*

Jenny Hofmann: In solchen Fällen ist es wichtig, sich nicht zu überfordern. Die Methode, die ich persönlich nutze, ist eher kurz und dauert etwa eine Minute pro Tag. Dabei reflektiere ich meinen Tagesablauf und nehme mir bewusst Zeit, um das Positive des Tages zu erkennen und festzuhalten. Solange man das

Gute aus dem Tag mitnimmt, kann man von solchen Methoden profitieren, ohne sich zu stressen.

Eva Engel: *Wie findet eine viel beschäftigte Führungskraft Zeit für Selbstreflexion und die Anwendung solcher Methoden?*

Jenny Hofmann: Ganz einfach: einen Blick auf die Bildschirmzeit des Handys werfen. Oftmals verbringen wir mehr Zeit mit unnötigen Apps und Aktivitäten, als uns bewusst ist. Indem wir diese Zeit reduzieren, können wir uns einige Minuten am Tag für uns selbst nehmen.

Eva Engel: *Hast du eine Situation erlebt, die dich ganz besonders gefordert hat?*

Jenny Hofmann: Es gibt ein Beispiel, das mir im Rahmen meiner Arbeit als Polizistin sofort einfällt. Ein Obdachloser besetzte eine Garage und wollte diese auch nicht verlassen. Er hatte sich darin eingelebt. Es kamen immer mehr Menschen hinzu, die ihn unterstützen wollten. Als mein Kollege und ich vor Ort waren, wurde die Situation durch das Erscheinen eines weiteren Individuums noch komplizierter. Dieser Passant erkannte in einem anderen Gebäude einen Täter, der ihn früher mit einem Messer angegriffen hatte. Damit hatten wir plötzlich zwei verschiedene Sachverhalte, die unsere Aufmerksamkeit erforderten.

In meiner Rolle als Führungskraft musste ich schnell Entscheidungen treffen und Unterstützung anfordern. Die Situation wurde zunehmend gefährlicher, da sich immer mehr Menschen

um uns versammelten. Es war wichtig, ruhig zu bleiben und den Fokus zu behalten. Meine Erfahrung mit mentalem Training half mir, in diesem herausfordernden Moment einen klaren Kopf zu bewahren und angemessen zu handeln.

Ich konzentrierte mich auf das Hier und Jetzt. Ich vermied es, mich von negativen Gedanken ablenken zu lassen, und arbeitete eng mit meinem Kollegen zusammen. Durch unsere ruhige Körpersprache und klaren Anweisungen konnten wir die Kontrolle behalten und schließlich Unterstützungskräfte herbeirufen. Obwohl die ersten zehn Minuten sehr intensiv waren, gelang es uns, die Situation erfolgreich zu bewältigen und die Kontrolle zu behalten.

Eva Engel: *Welche Botschaft möchtest du uns abschließend mit auf den Weg geben?*

Jenny Hofmann: Habt keine Angst vor Veränderungen, sondern nehmt sie an. Macht das Beste daraus und freut euch, wenn was Gutes daraus entstanden ist. Aus der Führungsposition heraus finde ich es sehr wichtig, wertschätzend zu kommunizieren. Versucht mal, auf die Bedürfnisse oder Vorschläge von Mitarbeitenden einzugehen oder sie sich zumindest einmal anzuhören. Kompromisse gehören zum Führungsalltag dazu und unterstützen zusätzlich die Zufriedenheit im Team.

Eva Engel: *Vielen Dank.*

KAPITEL

11

BESTANDTEILE ERFOLGREICHER STRESSMINIMIERUNG

Selbstführung im Fokus – Hoher Selbstwert, weniger Stress

Vielleicht haben Sie sich auf Ihrer ganz persönlichen Reise durch dieses Buch hin und wieder schon einmal gefragt: Warum kommt der Part mit dem Stress eigentlich erst so spät? Das Buch heißt doch: »Führen im Meer der Verantwortung – Der Führungskräfte-Guide für einen besseren Umgang mit Stress und Zeitdruck«. Die Antwort ist simpel und gleichzeitig hochkomplex. Jedes Kapitel und jedes Thema, das wir uns bis hierhin angeschaut haben, hat etwas mit unserem Stresslevel zu tun.

Es sind nicht nur die offensichtlichen Dinge, die uns stressen, wie knallharte Zeitvorgaben, unfaire Vorgesetzte oder auch unerreichbare Ziele. Es sind vor allem die Dinge, auf die wir aktiv einwirken könnten, die uns stressen. Ein Beispiel: Ihr Kalender ist randvoll und Ihnen geht es damit nicht gut. Erste Stresssymptome machen sich breit, vielleicht schon die ersten Kopfschmerzen, und auch die Konzentration lässt langsam nach. Und dennoch machen Sie es Ihren Kollegen recht, wenn Sie darum gebeten werden.

Warum? Weil Sie noch nicht gelernt haben, für sich einzustehen und Nein zu sagen. Und hier ist keinesfalls ein klassisches Nein zu Ihren Kollegen gemeint, sondern die Beobachtung, wann Ihrer Ansicht nach der richtige Zeitpunkt für ein Meeting, eine Arbeitsgruppe oder auch eine enge Zusammenarbeit wäre. Es ist legitim zu sagen: Ich melde mich noch einmal dazu.

Oder auch: Ich prüfe das und gebe später Bescheid. Wir dürfen (mit-)entscheiden.

Allein der zwanghafte Umgang mit unserer heutigen Verfügbarkeit wirkt sich besonders negativ auf unser Arbeitsumfeld aus. Wenn Sie gestresst sind, sind es Ihre Mitarbeiter und Teams ebenso. Höher, schneller, weiter. Wir alle können es spüren. Sie müssen diesem Druck nicht immer standhalten. Erst muss es Ihnen gut gehen, dann kann es auch allen anderen gut gehen. Als Führungskraft bedarf es hier sehr viel Aufmerksamkeit und Auseinandersetzung mit sich selbst. Die Momente, die uns tatsächlich in Stress versetzen, sind oftmals genau die Anteile, die wir selbst beeinflussen könnten. Wir sagen zu oft Ja zu Dingen, die wir nicht wollen. Das passiert im Arbeitsalltag rund um die Uhr.

Wann haben Sie das letzte Mal etwas abgelehnt, als Sie um Unterstützung gebeten wurden? Haben Sie schon mal etwas abgelehnt, als Sie um Unterstützung gebeten wurden?

Die Fragen stelle ich keineswegs, weil Sie Ihr Team Ihre Aufgaben machen lassen sollen. Ich stelle diese Fragen, weil diese Ihre Art und Weise des Arbeitens beeinflussen. Ich behaupte mal, jeder hilft gern. Dennoch gibt es Grenzen, die gewahrt werden dürfen. Demnach liegt es auch an Ihnen, wie Sie als Führungskraft den Druck und damit einhergehenden Stress weitertragen. Wenn Sie jetzt kein Ventil haben, um den Stress-Kreislauf zu durchbrechen, werden Sie weiterhin alle gemeinsam stressbedingt leiden. In den vorherigen Kapiteln stehen Ihnen viele

Anwendungsmöglichkeiten zur Verfügung, die nach und nach das eigene Bewusstsein für den Umgang mit Stress schärfen. Wichtig ist mir auch, an dieser Stelle noch einmal auf die Interviews hinzuweisen. Wir haben tolle Experten an Bord, die ergänzend zu den Kapiteln immer wieder großartigen Input geben. Es ist eben nicht nur das eine oder das andere Tool. Auch eine Zeitmanagement-Methode wird nicht direkt Ihr Stresslevel reduzieren. Umso wichtiger ist es, sich damit bewusst auseinanderzusetzen. Je früher Sie dies tun, umso schneller werden Sie die Veränderungen bei sich bemerken.

»Ständig kommen alle zu mir und wollen was. Ich komme nicht zum Arbeiten.«

Diese Aussage ist universell. Sie stammt aus diversen Führungskräftetrainings, die ich bis zum heutigen Tage gegeben habe. Der Menschentyp, der diese Aussage tätigt, ist meist sehr sozial eingestellt und sieht sich zudem auch noch in der Rolle des ewig Helfenden. Damit haben wir das Problem an sich schon direkt benannt. Helfen, unterstützen oder auch mal jemandem sein Ohr leihen, der gerade eine schwierige Phase durchmacht – alles soweit in Ordnung. Oftmals ist es aber so, dass diese Art Helfersyndrom Gutes für das Gegenüber bewirkt, jedoch für die helfende Person zunehmend in Stress ausartet. Denn diese Person kann nicht Nein sagen.

Jedes Mal, wenn dieses Thema im Training aufkam, stellte ich folgende Frage: Warum fällt es Ihnen schwer, sich für später zu verabreden bzw. denjenigen um Verschiebung auf einen späteren Zeitpunkt zu bitten? Es hat meist einen Moment gedauert, aber an sich kam die Antwort doch schnell. Jede Person, die dieses Thema mit in die Trainings brachte, äußerte daraufhin Folgendes: »Ich habe Angst, dass die Kollegen danach nicht mehr zu mir kommen.« Und das ist ein Trugschluss und vor allem ein Selbstwertthema. Wenn Sie das Bedürfnis haben, zu jeder Zeit unterstützen zu müssen, nur weil Sie just in diesem Moment gefragt werden, kann es sein, dass Sie einfach keine Ablehnung erfahren wollen. Dabei hat dieses Verhalten nichts mit Ihren Kompetenzen oder Ihrer Verfügbarkeit zu tun. Im Grunde genommen ist es sogar genau andersherum. Es ist deutlich wertschätzender Ihren Kollegen oder Mitarbeitern gegenüber, wenn Sie gemeinsam nach einem besseren Zeitpunkt suchen. Dadurch haben Sie viel mehr Zeit und können die volle Aufmerksamkeit gewährleisten. Welcher Kollege schätzt es nicht, wenn sich Zeit für ihn genommen wird?

Vielleicht haben Sie sich eben wiedererkannt und waren sich darüber gar nicht bewusst. Dieses Beispiel mit dem Helfersyndrom ist nur eines von vielen. Das Schema und die Wirkung dagegen sind eher gleich. Wenn wir für uns selbst einstehen, erfahren wir eher Anerkennung als Ablehnung. Wir strahlen Selbstbewusstsein aus, das sich auf unser Gegenüber direkt übertragen lässt. Somit ist es unsere Aufgabe, diese Werte und Eigenschaften als Führungskraft zu balancieren. Wenn Sie das nächste Mal gestresst sind und Ihre Person gefordert ist, reagieren Sie nicht sofort. Lassen Sie die Situation einen Moment lang wirken. Jetzt sind Sie deutlich besser in der Lage, zu entscheiden, ob Sie gerade die Kraft, Energie und Zeit haben, sofort zu handeln, oder ob ein späterer Moment besser geeignet wäre. Diese Basics bestimmen unseren gesamten Tagesablauf. Wir entscheiden.

Zeitmanagement: Welchen Kurs wählen Sie?

Lassen Sie uns noch einmal genauer auf die Thematik mit unserer (Arbeits-)Zeit schauen. Wie wir seit mehr als drei Jahren wissen, hat die Pandemie unsere Art des Arbeitens sehr stark verändert. Heute arbeiten viele Menschen von zu Hause. Dadurch haben sich auch unsere zwischenmenschlichen Beziehungen prägend verändert. Waren es früher noch stundenlange Offlinemeetings im Büro, sind es heute viele kurze Onlinemeetings über den gesamten Tag verteilt. So richtig ins Arbeiten kommt mit einem solchen System eigentlich niemand. Wir sind zwar anwesend und beschäftigt, aber der tatsächliche Outcome, also das Ergebnis, und vor allem der Weg dorthin könnten durch konzentrierteres Arbeiten deutlich effizienter ausfallen. Auch hier gilt wieder: Was ich als Führungskraft vorlebe, wird mir mein Team im Gesamtbild widerspiegeln.

Lesen Sie Onlinebeiträge, Zeitungsartikel oder Blogs? Wenn ja, wie lesen Sie die Artikel?

Fangen Sie gewohntermaßen oben an und lesen sich durch den ganzen Artikel? So habe ich früher viele Beiträge gelesen, die ich spannend fand oder die für mich Relevanz hatten. Heute ist das etwas anders. Wenn ich heute Artikel oder Ähnliches lese, überfliege ich die Einleitung, scanne den Mittelteil stichprobenartig nach Schlagworten ab und lese allenfalls am Ende ein paar Sätze. Das genügt, um ausreichend informiert zu sein und die Info zu bekommen, die ich benötige. Ähnlich ist es mit unserer Meeting-Historie. Wenn ich rückblickend alle Meetings einmal ins Verhältnis setze, wage ich aufgrund meiner ganz persönlichen Erfahrungen zu behaupten, dass ein Großteil des reinen Inhaltes für mich nicht relevant ist. Natürlich haben wir heute deutlich mehr abteilungsübergreifende Überschneidungen untereinander und selbstverständlich sind alle Themen wichtig. Auch unsere Wirkungskreise sind bei Weitem viel größer als noch vor einiger Zeit. Was es umso komplexer gestaltet, überhaupt erst einmal herauszufinden, wer für welches Thema wann und wo sein sollte. Dennoch sitzen wir oft in zeitraubenden Meetings, obwohl wir die uns zur Verfügung stehende Zeit deutlich besser nutzen könnten. Nicht das Arbeiten an sich macht uns müde. Es ist die Zeit, die wir mit Themen verbringen, mit denen wir nichts oder nur wenig zu tun haben, die uns ausbrennen lässt. Diese Energie, die wir hierfür aufwenden, fehlt uns später oft an den Stellen, wo wir wirklich wichtige Schritte gehen müssten. In der Regel sind wir nicht beschäftigt, sondern wir sind nicht gut getaktet. Der Fokus auf das eigene Zeitmanagement und dessen Optimierung geht durch dieses »beschäftigt sein« verloren. Es gibt Ausnahmen, in denen wir die Termine nicht gänzlich selbst steuern können. Wir können aber die Inhalte und Notwendigkeit hinterfragen. Manchmal ist gar nicht ersichtlich, ob es gerade ein Zeitproblem oder ein Überforderungsproblem beim Bewältigen aller Termine gibt. Was Sie als führende Person auf keinen Fall tun sollten? Ihren Mitarbeitern sagen, sie müssten sich besser organisieren. Wie eben erwähnt, liegt genau das oftmals nicht in deren Hand. Als Führungskraft sind Sie federführend und beeinflussen mit Ihrem Verhalten auch das Verhalten Ihrer Mitarbeiter.

Hier sind ein paar Tipps für einen energieschonenden Umgang mit (Online-)Meetings:[38]

- Beginnen Sie mit folgender Frage: Was ist das Ziel des Meetings?
- Wen brauche ich, um dieses Ziel zu erreichen?
- Welche inhaltlichen Aspekte führen zum Ziel?
- Was wird vor, während und nach dem Meeting benötigt?
- Erstellen Sie eine Agenda mit allen Kernthemen.
- Legen Sie die Dauer des Meetings entsprechend des Zwecks fest.
    - Häufig werden Einladungen für standardisierte 60-Minuten-Meetings versandt.
    - Wenn Sie zu 60 Minuten einladen, dann dauert das Meeting in der Regel auch 60 Minuten.

    - Versuchen Sie, die Zeit um 2/3 zu kürzen. Sie werden mit guter Moderation das gleiche Ziel oder sogar bessere Ergebnisse erreichen.

- Laden Sie nur den notwendigen Personenkreis ein.

- Halten Sie sich selbst strikt an die vorgegebene Zeit.

    - Häufig werden Meetings gnadenlos überzogen.

    - Das schwächt Ihr Umfeld, die Arbeitsleistung und fördert zusätzlich Stress, da oftmals bereits das nächste Meeting ansteht.

- Fassen Sie das Meeting am Ende kurz zusammen.

- Gehen Sie mit klaren Aufgaben aus dem Meeting.

Sie entscheiden individuell, was für Sie und Ihr Team gerade das Richtige ist. Je allgemeiner Sie planen, umso unpräziser wird das Ergebnis. Wir haben nur ein gewisses Kontingent an Energie pro Tag zur Verfügung. Wählen Sie weise, denn unser Energiehaushalt entscheidet am Ende darüber, wie gut wir die vorgegebenen Ziele tatsächlich erreichen.

INTERVIEW 11

mit Lars Kleuters – Stressbewältigung bei der Feuerwehr

Feuerwehrmann, Extremsportler, Familienvater

Lars Kleuters spricht mit mir über seine Funktion als Feuerwehrmann. Stressbewältigung ist die Fähigkeit, sich trotz plötzlicher und veränderter Umwelteinflüsse auf das gesetzte Ziel fokussieren zu können. Er erzählt uns, wie solche Manöver im Einsatz des Feuerwehrmanns aussehen, welche Rollen in dieser verantwortungsvollen Tätigkeit auch noch zum täglichen Dienst gehören und wie hier das Führen von Teams im Einsatz zum Tragen kommt.

Eva Engel: *Wie sieht ein Einstieg bei der Feuerwehr aus?*

Lars Kleuters: Beim Einstieg in die Feuerwehr wurde ich in den mittleren Dienst aufgenommen. Für diese Position ist in der Regel eine handwerkliche Ausbildung erforderlich, die im Feuerwehrdienst von Nutzen sein kann. Typische Berufe sind beispielsweise Kfz-Mechaniker, Schreiner, Elektriker und ähnliche. Ich selbst hatte den Beruf des Stahlbetonbauers erlernt, was sich als vorteilhaft erwies.

Nachdem ich mich beworben hatte, begann meine Ausbildung im sogenannten B1, die insgesamt 18 Monate dauerte. Während dieser Zeit durchlief ich eine Grundausbildung und erwarb auch die Qualifikation zum Rettungssanitäter in der NB1. Am Ende der 18-monatigen Ausbildung musste ich eine Laufbahnprüfung absolvieren, bei der ich verschiedene Einsatzszenarien vor den Prüfern bewältigen musste. Das Bestehen dieser Prüfung ermöglichte mir schließlich, in den aktiven Dienst der Feuerwehr einzutreten.

Eva Engel: *Wie hast du die Zeit während deiner Ausbildung bei der Feuerwehr empfunden?*

Lars Kleuters: Diese Zeit war total aufregend und äußerst spannend. Es war besonders interessant, da wir, wie in der Bundeswehr in der Grundausbildung, mit verschiedensten Charakteren zusammengewürfelt wurden. Interessanterweise hatten wir auch einige ehemalige Soldaten in unserer Gruppe. Viele nehmen tatsächlich den Weg zur Feuerwehr. Diese Vielfalt reichte von 18-jährigen Neueinsteigern bis hin zu ehemaligen Hauptfeldwebeln. Es war eine gute Zeit. Wir sind in der Gruppe eng zusammengewachsen und konnten viel voneinander lernen. Die Herausforderungen und das Gemeinschaftsgefühl haben die Ausbildung zu einer unvergesslichen Erfahrung gemacht.

Eva Engel: *Du warst kurzzeitig auch in der Bundeswehr. Wie lange warst du dort?*

Lars Kleuters: Die Grundausbildung bei der Bundeswehr dauerte damals, und ich glaube bis heute noch, insgesamt sechs Monate. Während dieser Zeit besteht die Möglichkeit, innerhalb dieser Rückruf-Periode von sechs Monaten auszusteigen. Ich erinnere mich, dass ich diese Rücktrittsfrist genau im Blick behalten habe. Es war fast eine Punktlandung, da ich nur noch zwei Tage Zeit hatte, um meine Entscheidung zu überdenken, bevor ich mich dann dafür entschied, den Weg zur Feuerwehr einzuschlagen. Glücklicherweise war dies ohne weitere Schwierigkeiten möglich, und ich konnte mich für eine andere berufliche Laufbahn entscheiden.

Eva Engel: *Wie lange bist du inzwischen bei der Feuerwehr und was ist deine Position?*

Lars Kleuters: Ich bin seit zehn Jahren bei der Feuerwehr aktiv, insbesondere als Gruppenführer. Die Position des Gruppenführers ist nicht immer auf einen einzigen Einsatz beschränkt. Bei etwa 90 % der Feuerwehren in Deutschland werden die Positionen je nach Dienstplan und Bedarf unterschiedlich besetzt.

Es gibt den Angriffstruppführer, der für das aktive Löschen des Feuers zuständig ist. Als Gruppenführer rücke ich mit einer Gruppe von Feuerwehrleuten aus und verteile die Tätigkeiten vor Ort. Das geschieht entsprechend der Gruppenstärke und der Anforderungen des Einsatzes. Die Aufgaben des

Gruppenführers sind vielfältig und reichen von der Einsatzkoordination bis hin zur Sicherstellung eines reibungslosen Ablaufs der Einsatzmaßnahmen.

Eva Engel: *Bedeutet das, dass du neben deiner Rolle als Gruppenführer auch in anderen Funktionen eingesetzt wirst?*

Lars Kleuters: Genau, das stimmt. Ich bin auch als ausgebildeter Notfallsanitäter tätig. In Nordrhein-Westfalen ist es üblich, dass die Feuerwehr den Rettungsdienst stellt. Daher komme ich oft zusammen mit dem Notarzt zum Einsatz und wir fahren gemeinsam zu Unfällen und anderen medizinischen Notfällen.

Eva Engel: *Du hast erwähnt, dass du auch als Truppführer agierst und ganz vorn im Geschehen dabei bist. Wie übt ihr Ernstfälle und schwierige Situationen bei der Feuerwehr?*

Lars Kleuters: Die Vorbereitung und Ausbildung als Truppführer und in anderen Bereichen der Feuerwehr sind äußerst umfangreich. Während der 18-monatigen Ausbildung werden wir intensiv in verschiedenen Bereichen trainiert. Das umfasst das Üben von Zimmerbränden, Fahrzeugbränden, technischen Hilfeleistungen und medizinischen Notfällen. Wir lernen, Personen aus schwierigen Situationen zu retten, uns abzuseilen oder auch die Höhensicherungstechniken zu beherrschen. Nach der Ausbildung geht das Training weiter. Wir nennen es manchmal scherzhaft »Hof-Ballett«. Das bedeutet, dass wir innerhalb unserer Dienstzeit regelmäßig auf dem Hof

zusammenkommen, um verschiedene Szenarien zu simulieren. Diese Übungen sind äußerst wichtig, um unsere Fähigkeiten und Teamarbeit zu stärken. Das bereitet uns auf realistische Einsatzszenarien vor. Die Übungen sind herausfordernd, aber unerlässlich. Damit stellen wir sicher, dass wir im Ernstfall bestmöglich handeln können.

Eva Engel: *Wie hältst du den besonderen Herausforderungen stand?*

Lars Kleuters: Wir haben unter uns tatsächlich die Redensart, dass jeder sein eigenes Behältnis hat. Jeder Mensch hat unterschiedliche Grenzen und Kapazitäten, mit denen er Belastungen und Herausforderungen bewältigen kann. Jeder Einsatz, auch wenn es einen persönlich nicht direkt betrifft, kann dennoch emotional belastend sein. Dadurch füllt sich nach und nach das eigene Behältnis, das sogenannte emotionale Gefäß. Irgendwann kann dieses Behältnis voll sein. Dann ist der Zeitpunkt gekommen, wo man sagt, man kann nicht weitermachen. Jeder Feuerwehrmann oder jede Feuerwehrfrau hat individuelle Grenzen. Diese sind von den ganz eigenen Erfahrungen abhängig. Diesen Unterschied merkt man besonders bei älteren Kollegen, die sich teilweise in den Ruhestand verabschieden. Manchmal ist es kurz vor einem solchen Punkt schon sehr belastend, vor allem wenn man die Geschichten hört, die diese Personen im Laufe der Zeit erfahren haben. Diese Geschichten können wirklich Gänsehaut erzeugen. Es ist wichtig, dass wir uns gegenseitig unterstützen und auf die

Bedürfnisse unserer Kollegen achten. Damit stellen wir sicher, dass niemand über seine persönlichen Grenzen hinaus belastet wird.

Eva Engel: *Wie wurdest du während deiner Ausbildung dabei unterstützt, mit Ausnahmesituationen umzugehen?*

Lars Kleuters: Bei der Feuerwehr wird man nicht wirklich angeleitet, sondern eher darauf hingewiesen, dass bestimmte Situationen jederzeit auftreten können. Es ist unmöglich, sich im Vorfeld auf jeden möglichen Einsatz vorzubereiten. Wir können nie wissen, wann der Tag X kommt, an dem wir mit einer Ausnahmesituation konfrontiert werden.

Es kommt vor, dass ich merke, wenn jemand während eines Einsatzes nicht mehr richtig funktioniert oder der Kollege sich in einem Zustand befindet, dass hier keine Sicherheit mehr gewährleistet werden kann. In einem solchen Fall wird dieser Person Raum gegeben, sich zurückzuziehen und nicht mehr am Einsatz teilzunehmen. Man kann sich nicht vor solchen Situationen schützen. Niemand weiß im Voraus, wann ein einschneidendes Ereignis passieren wird, das eine starke Belastung darstellt.

Eva Engel: *Gab es für dich schon einmal eine Situation, bei der du nicht erwartet hättest, dass sie dich überdurchschnittlich fordert?*

Lars Kleuters: Ja. Ich habe festgestellt, dass ich in der Einsatzsituation selbst immer zu 100 % funktioniere. Bisher konnte ich immer präsent sein und meinen Aufgaben gerecht werden. Allerdings habe ich im Unterbewusstsein gemerkt, dass mich einige dieser intensiven Einsätze auch stark beschäftigt haben, ohne dass ich es bewusst wahrgenommen habe. Vor allem nach besonders heftigen Einsätzen, bei denen es auch Verluste von anderen Personen zu beklagen gab, habe ich gemerkt, dass ich in den folgenden Tagen gereizter und aggressiver reagiert habe und auch Schlafstörungen hatte.

Glücklicherweise wird bei uns sehr viel Wert auf die psychologische Aufarbeitung gelegt. Es gibt ein spezielles SU-Team (Stress-und-Trauma-Team) und Betreuungsangebote, die uns Feuerwehrleuten dabei helfen, diese Belastungen zu bewältigen. Es ist wichtig, dass solche Erfahrungen nicht verdrängt oder in sich hineingefressen werden. Früher gab es dies häufiger. Die Möglichkeit des Austausches mit den Kollegen und die professionelle Unterstützung durch das SU-Team machen es erträglicher, mit den Belastungen umzugehen. Wir können das Erlebte besser verarbeiten. Es ist ein wichtiger Schritt, um sicherzustellen, dass wir als Einsatzkräfte langfristig gesund und einsatzfähig bleiben.

Eva Engel: *Wie offen sind wir allgemein der jungen Generation gegenüber? Sind Flexibilität und Anpassungsfähigkeit in diesem Bereich besonders wichtig?*

Lars Kleuters: Flexibilität und Anpassungsfähigkeit sind bei der Feuerwehr von großer Bedeutung. Insbesondere angesichts der verschiedenen Generationen, die im Dienst zusammenarbeiten. Bei uns reicht das Altersspektrum von Anfang 20 bis kurz vor dem Ruhestand mit 60 Jahren. Es ist wichtig, dass alle Generationen gut miteinander auskommen und harmonisch zusammenarbeiten. Wir verbringen 24 Stunden am Stück miteinander. Das funktioniert erstaunlich gut. Es entsteht ein familiäres Gefühl, ähnlich wie es bei der Bundeswehr oder der Polizei der Fall ist. Die Zusammenarbeit ist wirklich eng und vertraut.

Natürlich gibt es manchmal kleinere Reibereien oder Auseinandersetzungen, wie beispielsweise jemanden öfter darauf hinzuweisen, die Spülmaschine auszuräumen, oder einen Azubi anzuweisen, eine bestimmte Aufgabe zu erledigen.

Die üblichen Themen. Im Großen und Ganzen klappt das Miteinander sehr gut und wir ziehen alle an einem Strang. So können wir unsere vielfältigen Aufgaben deutlich besser bewältigen und für die Sicherheit der Gemeinschaft sorgen.

Eva Engel: *Wie triffst du in stressigen Situationen deine Entscheidungen?*

Lars Kleuters: Bei der Feuerwehr kommt es darauf an, in stressigen Einsatzsituationen den Überblick zu behalten. Wenn wir an der Einsatzstelle eintreffen, werden wir oft mit vielen Eindrücken konfrontiert: schreiende Menschen, die nach Hilfe suchen, oder Trupps, die wissen möchten, wohin sie gehen und was sie tun sollen. In solchen Momenten gilt für uns immer die Devise »Keep it simple, keep it stupid«. Wir versuchen, alles so einfach wie möglich zu halten, um den Stress zu bewältigen. Nur so können wir die Situation effizient abarbeiten, ohne komplizierte Abläufe aufbauen zu müssen.

Wir haben Standard-Einsatzverfahren, denen wir strikt folgen. Verschiedene Schemata helfen uns, den Stress zu reduzieren und die Einsatzabläufe leichter händelbar zu machen. Indem wir uns auf klare Strukturen und gut eingespielte Verfahren verlassen, schaffen wir es, auch in stressigen Situationen einen kühlen Kopf zu bewahren. Das Prinzip »Keep it simple« hat sich als sehr wirkungsvoll erwiesen und hilft uns, auch in anspruchsvollen Situationen gut zusammenzuarbeiten und die bestmögliche Hilfe zu leisten.

Eva Engel: *Du hast gerade erwähnt, dass ihr klare Leitfäden verwendet. Gibt es noch weitere Tools oder Strategien, die ihr im Training einsetzt, um Resilienz zu entwickeln?*

Lars Kleuters: In unserer Ausbildung legen wir großen Wert auf Zuversicht und Kompetenz, insbesondere im Umgang mit medizinischen Notfällen. Dabei fließen z. B. Erkenntnisse aus der Luftfahrt mit ein, obwohl ich selbst kein Pilot bin. Piloten nutzen vor dem Start verschiedene Checklisten, um sicherzustellen, dass das Flugzeug in einem einwandfreien Zustand ist. Ähnlich läuft es in der Medizin ab, wo wir unsere eigenen Checklisten haben.

Während eines Einsatzes ist es entscheidend, dass wir immer einen klaren Kopf behalten und die richtigen Schritte unternehmen. Deshalb haben wir das sogenannte ABCDE-Schema, bei dem wir in möglichst kurzer Zeit die wichtigsten Aspekte überprüfen:

A – Airway (Atemwege)
B – Breathing (Beatmung)
C – Circulation (Kreislauf)
D – Disability (Defizit, neurologisch)
E – Exposure/Environment (Bodycheck etc.)

Es ist entscheidend, dass wir effizient und zügig handeln, um dem Patienten die bestmögliche Versorgung zu bieten. Während des Einsatzes nehmen wir uns bewusst Zeit für einen Moment der Besinnung. Durch kurze Auszeiten gewinnen wir

an Klarheit und können die Situation noch einmal besser bewerten. Das ermöglicht uns, immer vor der Lage zu bleiben und angemessen zu reagieren. Das Zusammenspiel von klaren Handlungsabläufen und der Möglichkeit, sich kurz zu sammeln, hilft uns dabei, auch unter Druck besonnen und professionell zu agieren.

Eva Engel: *Welche Rolle spielt das Setzen und Verfolgen von Zielen bei euch?*

Lars Kleuters: Im Gruppenführer-Lehrgang wird uns als Erstes beigebracht, dass wir als Gruppenführer nicht einfach überall mit anpacken können. Es ist verlockend bei der Feuerwehr, immer dort zu helfen, wo Unterstützung benötigt wird. Als Gruppenführer muss man sich zurücknehmen und seinen eigenen Part erfüllen. Es ist wichtig, den Fokus zu behalten und zu erkennen, dass meine Hauptaufgabe darin besteht, meine Trupps zu koordinieren und zu führen.

Es geht darum, klare Ziele zu setzen und diese zu verfolgen, auch wenn es manchmal verlockend ist, sich in anderen Aufgaben zu verlieren. Als Gruppenführer muss man in der Lage sein, sich von äußeren Einflüssen nicht ablenken zu lassen und die Prioritäten richtig zu setzen. Das bedeutet, sich bewusst auf seine eigene Verantwortung zu konzentrieren und die Ziele für das Team im Blick zu behalten.

Natürlich ist es nicht immer einfach, den Fokus zu behalten. Mit der richtigen Schulung und Erfahrung lernt man, die Rolle des Gruppenführers verantwortungsbewusst auszufüllen

und klare Entscheidungen für das Team zu treffen. Es ist eine wichtige Eigenschaft, die ein guter Gruppenführer beherrschen muss, um in anspruchsvollen Situationen effektiv zu handeln und das Beste für das Team zu erreichen.

Eva Engel: *Wie gehst du persönlich mit Rückschlägen und Niederlagen um?*

Lars Kleuters: Rückschläge und Niederlagen sind definitiv Teil unserer Arbeit. Sie werden immer wieder vorkommen, da der Faktor Mensch die wichtigste Rolle spielt. Nach einem Einsatz führen wir immer zeitnah eine Nachbesprechung durch. Sobald unser Material wieder aufgerüstet ist, setzen wir uns auf der Wache bei einer Tasse Kaffee zusammen und besprechen die Situation.

In dieser Einsatznachbesprechung werden die verschiedenen Positionen und Perspektiven beleuchtet. Jeder teilt mit, wie er oder sie die Lage erlebt und wahrgenommen hat. Selbstkritik ist bei uns ein wichtiges Element. Wir versuchen bestmöglich zu analysieren, was wir möglicherweise anders oder besser machen können. Selbst wenn ein Einsatz gut verlaufen ist, überlegen wir, wie wir uns weiter verbessern können. Jeder Einsatz ist anders. Wir lernen daraus und entwickeln aufgrund unserer Erfahrungen neue Strategien.

Besonders entscheidend ist, die Motivation hochzuhalten. Daher betonen wir auch die positiven Aspekte eines Einsatzes. Wenn etwas gut lief und wir erfolgreich waren, lassen wir das Team wissen, was gut funktioniert hat und wie wichtig seine

Rolle dabei war. Solche Erfolgserlebnisse motivieren alle, den Standard hochzuhalten und weiterhin engagiert zu arbeiten. Die Teamleistung treibt uns an und lässt uns gemeinsam besser werden.

Eva Engel: *Woher kommt deine Handlungssicherheit im Ernstfall?*

Lars Kleuters: In solchen Situationen gibt es kaum Zeit zum Nachdenken. Sobald wir an der Einsatzstelle eintreffen, geben wir kurz und präzise Rückmeldungen an die Leitstelle. Hier geht es um aktuelle Gegebenheiten und welche Mittel benötigt werden. Und dann geht es auch schon los. Somit bleibt keine Zeit, um lange zu überlegen. Es sind erschütternde Bilder, die wir manchmal sehen müssen, wie beispielsweise bei einem schweren Lkw-Unfall.

In der Einsatzstelle sind dann Fokus und Handlungsfähigkeit gefragt. Es gilt, Protokolle zu führen, die Versorgung der Verletzten zu organisieren und die Abläufe zu koordinieren. Es ist eine intensive und herausfordernde Arbeit, aber sie muss erledigt werden. Wenn der Einsatz abgeschlossen ist, nutzen wir die Möglichkeit, uns hinzusetzen und uns darüber auszutauschen. Denn die Situation ist stark belastend. Eine gute Nachbesprechung und Unterstützung innerhalb des Teams sind hier sehr wichtig. Nur so können wir das Erlebte verarbeiten und die psychische Belastung so gering wie möglich halten. Aus den Erfahrungen wiederum wird unsere Handlungssicherheit jederzeit nachjustiert.

Als Einsatzkräfte versuchen wir immer, vor der Lage zu bleiben und vorausschauend zu handeln. Das bedeutet, dass wir uns bereits im Vorfeld auf mögliche Szenarien vorbereiten und entsprechende Maßnahmen planen. Wir agieren proaktiv und begeben uns dadurch nicht in eine Reaktionsschleife.

Eva Engel: *Du hast erwähnt, dass ihr als Einsatzkräfte versucht, immer vor der Lage zu bleiben. Das klingt interessant. Kannst du das noch einmal genauer erklären?*

Lars Kleuters: »Vor der Lage bleiben« ist für uns ein entscheidender Grundsatz in unseren Einsätzen. Wenn wir an der Einsatzstelle eintreffen, analysieren wir zunächst die Situation vor Ort. Dabei geht es um die Anzahl und Schwere der Verletzten und deren Verletzungen. Auch die notwendigen Ressourcen und Vorlaufzeiten für die Versorgung der Verletzten in den Krankenhäusern müssen umgehend geplant werden.

Als Gruppenführer ist es unsere Aufgabe, bereits frühzeitig die Planung der Einsatzstelle einzuleiten. Wir müssen den Bedarf an Rettungsmitteln und Krankenhäusern einschätzen, um die Vorlaufzeiten für die Schwerverletzten optimal zu koordinieren. Das erfordert vorausschauendes Denken und eine schnelle Entscheidungsfindung. In manchen Situationen kann es sogar bedeuten, dass wir bereits vor Ort die notwendigen Anrufe tätigen müssen, um kostbare Zeit zu sparen.

Indem wir vor der Lage bleiben und proaktiv handeln, versuchen wir sicherzustellen, dass alle Ressourcen effizient genutzt werden. In stressigen Situationen ist diese Herangehensweise

besonders wichtig, da jede Minute zählt. Auch die Gesamtleistung der Einsatzkräfte ist davon abhängig. Deshalb ist es wichtig, immer einen Schritt vorauszudenken und alle Aspekte der Einsatzbewältigung sorgfältig zu planen.

Eva Engel: *Abschließend würde ich gern aus deiner Perspektive als erfahrener Gruppenführer wissen, welche Botschaft du uns zum Thema Führung mit auf den Weg geben möchtest?*

Lars Kleuters: Meine Botschaft in Bezug auf Führung ist: »Langsam ist gut, gut ist schnell.« Es geht darum, einen ausgewogenen Mix zu finden und nichts zu überstürzen. Bei der Feuerwehr bevorzuge ich keinen autoritären Führungsstil. Natürlich gibt es Situationen, in denen klare Anweisungen erforderlich sind. Aber ich lasse meinen Teammitgliedern im Einsatz auch viel Freiraum. Wenn ich die Einsatzziele deutlich formuliere, merke ich, dass ich meinen Leuten nicht ständig über die Schulter schauen muss. Dadurch haben sie auch den Kopf frei für andere Aufgaben. Es ist außerdem wichtig, Vertrauen in das Team zu haben und klare Kommunikation zu fördern. Nur so können wir effektiv zusammenarbeiten und Herausforderungen meistern.

Eva Engel: *Vielen Dank.*

KAPITEL 12

DIE DRINGLICHKEIT VON STRESSREDUZIERUNG

Stress im Fokus – Hohes Bewusstsein, weniger Unruhe

Bevor ich mich entschied, in die Richtung Mediensprecherin, Vortragsrednerin und Trainerin zu gehen, war ich auch einmal kurz auf Abwegen in den Journalismus. Ich wollte nach vielen Jahren im Marketing und mit Mitte 30 nochmal etwas ganz anderes ausprobieren. Irgendwie erwischte mich der Drang erneut, mich neuen Dingen zu widmen. Journalismus, wenn gut gemacht, kann auch zu einer besseren Welt beitragen, so meine Gedanken. Da ich kein Journalismus- oder Kommunikationsstudium abgeschlossen hatte, waren diverse Stellen von vornherein ausgeschlossen. So suchte ich nach Optionen, für die nicht zwangsläufig ein Studium vonnöten war. Und ja, ich habe studiert. BWL mit Spezialisierung Marketing. Und ich fand tatsächlich die alle zwei Jahre ausgeschriebene Position bei der RTL Mediengruppe für die Journalistenschule. Jeder hat eine Chance. Jeder kann teilnehmen. Ich überlegte nicht lange und las mir alles zum Bewerbungsverfahren durch. Wir bekamen mehrere Themenvorschläge zugeschickt und dann hatten alle Bewerber mehrere Wochen Zeit, eine Reportage zu erstellen. Da ich bereits im Vorfeld für mich festgelegt hatte, dass es etwas mit mentaler Gesundheit, Depressionen und Stress sein sollte, baute ich das vorgegebene Thema so um, dass es passte.

Jetzt recherchierte ich, was das Zeug hielt. Ich führte viele Gespräche, besuchte spezielle Kliniken, nahm an einem Kongress, ausgerichtet von Psychologen, teil und war beim Tag der offenen Tür einer Klinik dabei, wo es hauptsächlich darum ging, Behandlungsmethoden für psychisch erkrankte Menschen vorzustellen. Eine tiefgründige und sehr bereichernde Zeit. Mein Highlight war allerdings mein Interview, das ich für die Reportage mit der leitenden Ärztin der BARMER Krankenkasse führte. Wir trafen uns damals in Wuppertal und hatten ein tolles Gespräch. Dieses diente später auch als Beleg für die Reportage. Die Ärztin ist heute noch in ihrer Position und es freut mich sehr, dass sie damals zum Thema Depressionen und Stress am Arbeitsplatz mit mir sprach.

Ich befasse mich schon viele Jahre mit all diesen Themen und ganz besonders, seitdem ich selbst in eine fast nicht mehr umkehrbare Spirale gerutscht bin. Ich weiß, wie es ist, erschöpft zu sein und kaum noch sein Umfeld wahrzunehmen. Ich weiß, wie es ist, wenn man denkt, man müsse gerade dann noch mehr geben. Und ich weiß auch, wie es sich anfühlt, wenn einem alles zu viel wird. Meist tragen unangenehme, toxische Menschen deutlich zu diesem Zustand bei. Stressige Zeiten allein machen noch lang kein Problem. Das Problem entsteht meist dann, wie im Kapitel 11 erwähnt, wenn wir nicht mehr mitentscheiden können oder wenn wir umgeben sind von Personen, die es uns zusätzlich erschweren. All das laugt uns aus. Interessanterweise sind die Menschen, die uns diesen Stresszustand absprechen wollen, meistens diejenigen, die ihn noch befeuern. Hier ist höchste Vorsicht geboten. Eine Führungskraft, die Stress, ein unnormal hohes Arbeitsaufkommen und

Erschöpfungserscheinungen nicht wahrnehmen kann oder weglächelt, hat meines Erachtens nach nichts in einer führenden Position zu suchen. Hier sind Menschen gefährdet, psychische Erkrankungen zu erleiden, zu einem Preis, den Sie nicht zahlen wollen.

Ich sprach also mit der Ärztin über grundlegende Dinge und wie sich die Krankheitsbilder über die Jahre hinweg zeigen. Da es mir selbst eine Zeit lang sehr schlecht ging, hatte ich damals schon den Ansatz, dass sich hinter Rückenschmerzen, Verspannungen oder auch Kopfschmerzen eigentlich etwas anderes verstecken müsste. Ich spürte, dass meine schrecklichen Verspannungen, die mich mich haben übergeben lassen, oder meine Migräneanfälle nicht einfach so da sind. Sie sind da, weil unser Körper unter Hochspannung steht. Über jedes noch so kleine Wehwehchen spricht unser Körper zu uns. Wir hören nur meist nicht hin. Was mir auf meinem Weg bis zu diesem Buch körperlich und geistig widerfahren ist, ist deutlich einem hohen bis sehr hohen Stresslevel zuzuordnen.

Selbstverständlich brauchen wir Methoden – zu denen kommen wir auch gleich –, die wir anwenden können, um unser Stresslevel zu regulieren. Allerdings ist es meist schon zu spät, wenn sich Schmerz und Überforderung bemerkbar machen. Wenn wir erst an diesem Punkt angelangt sind, dass wir starke Stresssymptome verspüren, dann haben wir zuvor nicht richtig auf uns aufgepasst. Ich hatte viele Jahre diese fiesen Verspannungen im rechten Schulterblatt. Ich dachte damals, ich würde nicht genug Sport treiben oder ich würde nicht ergonomisch ausgerichtet vor meinem Rechner sitzen. Aber es waren nie nur diese Auslöser. Es war mein Stresslevel. Die Verspannungen haben deutlich abgenommen, weil ich beobachtet habe, wann sie kommen. Und jetzt wird es erst interessant. Sie kamen nicht aufgrund der Menge meiner Arbeit. Sie kamen immer dann, wenn Ungerechtigkeit, unangebrachtes Verhalten oder auch negativ belastete zwischenmenschliche Beziehungen im Spiel waren. Das herauszufinden hat mich viele Jahre gekostet. Inzwischen habe ich diese Art der Verspannung eher selten. Zudem hat unser Umfeld großen Einfluss auf unsere mentale Gesundheit. Ich bin mir sicher, Sie spüren in der Regel genau, wer Ihnen guttut und wer nicht. Manchmal wollen wir es nur nicht wahrhaben. Im Business-Kontext ist es schwierig, diese Dynamiken zu steuern. Hier ist noch mehr Aufmerksamkeit erforderlich. Allein aufgrund unserer ganz unterschiedlichen Einstellungen und Prägungen sind wir hin und wieder gestresst. Und das ist ganz normal. Wir dürfen lernen, diese als gegeben anzusehen. Das ist jedoch keine Einladung für eine Einbahnstraße. Wir benötigen alle mehr Akzeptanz für das, was wir manchmal selbst ablehnen würden. Besonders im Arbeitsumfeld.

Ich bin übrigens im Bewerbungsverfahren bei der RTL Mediengruppe schon in der ersten Runde, der anonymisierten Bewerberrunde, rausgeflogen. Ein wenig schade war das schon. Denn die zweijährige Ausbildung hätte mich schon sehr interessiert. So aber war der Weg in den Journalismus an dieser Stelle zunächst einmal vorbei. Spannend im Umkehrschluss, dass ich seit ca. drei Jahren gar kein TV mehr gucke. Eines Tages habe ich einfach den Stecker gezogen und schaue, wenn überhaupt, allenfalls Serien, Dokumentationen oder ausgewählte Filme auf den gängigen Streaming-Plattformen.

Da wir alle anders ticken und jeder Mensch andere Bedürfnisse hat, um in seinen ganz eigenen Entspannungszustand zu kommen, möchte ich Ihnen nur Methoden mitgeben, die mir selbst geholfen haben, um wieder mehr in die Balance zu kommen. Ich bleibe mir gern selbst treu und stelle Ihnen meine persönlichen TOP-3-Methoden im Umgang mit Stress vor:

Bewegung

So einfach es klingt, so simpel ist es auch. Während der Pandemie habe ich angefangen, meine 10.000 Schritte am Tag zu gehen, und es hat mir wortwörtlich einen neuen Denkraum im Gehirn geschaffen. Manchmal sind mir so viele Ideen und neue Perspektiven in den Sinn gekommen, dass ich gar nicht wusste, wohin damit. Zu der Zeit bereitete ich meine erste Keynote vor und brauchte viele Ideen, um kreativ zu schreiben. Heute versuche ich, wenn ich schon nicht die 10.000 Schritte gehe, zumindest eine Runde um den Block zu laufen. Wenn es Ihnen möglich ist, empfehle ich es mittags. Es kann aus dem Motivationsloch helfen und gleichzeitig Körper und Geist guttun.

1. **Spazieren gehen** – Bewegen Sie sich regelmäßig. Es muss nicht immer gleich der Marathon sein. Tägliche Bewegung hält unseren Kreislauf in Schwung. Wir unterschätzen die positive Wirkung der Bewegung, auch wenn wir

nur spazieren gehen.

2. **Abklopfen** – Stellen Sie sich hin und klopfen Sie Ihren Körper einmal ab. Über den Oberkörper, die Arme entlang, über Brust und Rücken bis hinunter zu den Beinen. Damit aktivieren wir den Körper und regen die Durchblutung an. Wir sind wacher.

3. **Wippen** – Stehen Sie gerade und wippen Sie nun in die Knie. Das Ganze können Sie einen Song lang machen. Sie werden munter und der Körper ist aktiviert. Zusätzlich können Sie nacheinander Ihre Arme und Beine vom Körper wegwerfen. Durch diese Technik lösen wir Spannungen, negative Energie verlässt den Körper.

Musik

Mit der richtigen Musik können wir uns in jede nur mögliche Stimmung versetzen. Auch in stressigen Zeiten kann Musik dazu beitragen, dass wir uns schnell besser oder entspannter fühlen. Mir persönlich hilft Musik, wenn ich wichtige Termine habe und mich konzentrieren muss. Ich stelle Ihnen drei Varianten vor, die zusätzlich zu Ihren Lieblingssongs dabei unterstützen können, gelassener zu werden.

1. **Tanzbare Musik** – Kurz vor einem wichtigen Termin legen Sie motivierende Musik auf und bewegen sich dazu. Laufen Sie durch Ihr Büro oder Ihre Wohnung. Arme hoch, Schritt links, Schritt rechts. Das baut Stress ab und versetzt uns in eine gute Stimmung. Wir sind positiver und resilienter für die kommenden Aufgaben.

2. **Bestimmte Frequenzbereiche** – Das können Sie auch auf YouTube oder ähnlichen Plattformen genauer anschauen. Frequenzen können dazu beitragen, dass wir schneller Stress abbauen. Ich höre solche Frequenzen besonders gern zum Einschlafen. Dem Frequenzbereich 432 Hz wird unter anderem eine positive Wirkung gegen Stress zugeschrieben. Probieren Sie es aus.[39]

3. **8D-Musik** – Diese Möglichkeit, Musik zu hören, habe ich erst vor Kurzem entdeckt. Ich kann sagen, es hat mich positiv überrascht. Die Musik wird so aufgenommen, dass wir sie abwechselnd auf dem linken und rechten Ohr hören. Diese Art der Musikwiedergabe erhöht unsere Wahrnehmung und lässt uns uns mittendrin fühlen. Da sich dadurch unsere Gehirnwellen verändern können, kann auch dies zu weniger Stress und mehr Entspannung beitragen.[40]

Schreiben

Wir haben in den vorangegangenen Kapiteln gelernt, wie viele Gedanken wir im Laufe eines Tages mit uns herumtragen und wie überlastet unser Nervensystem dadurch sein kann. Zu Stift und Papier zu greifen und die eigenen Gedankengänge handschriftlich festzuhalten, hilft uns, diese zu strukturieren. Wir denken klarer und haben mitunter neue Perspektiven auf unsere bisher getroffenen Annahmen. Die Gedanken werden dadurch realer und unser Stressempfinden lässt nach.[41]

1. **To-do-Listen** – Wenn Sie Ihre To-dos für den kommenden Tag zu Papier bringen, kann Sie das bereits in diesem Moment entlasten. Sie müssen an die wichtigen Dinge des Folgetages keinen Gedanken mehr verschwenden. Mir persönlich hilft diese Technik sehr dabei, wesentlich entspannter den Tag abzuschließen und für den neuen Tag vorbereitet zu sein. Auch hier gilt: Halten Sie es kurz. Je mehr Sie schreiben, umso unübersichtlicher wird es, was wiederum nur zu noch mehr Stress führt.

2. **Dankbarkeitstagebuch** – Dankbarkeit ist eine tolle Methode, um sich und seinen Geist auf das Positive zu trainieren. Ich empfehle, sich jeden Tag, am besten vor der Arbeit, ein paar Punkte zu notieren, wofür Sie dankbar sind. Das kann Ihre Denkweise positiv beeinflussen. Zu Beginn fällt es Ihnen vielleicht schwer und Sie werden oft dieselben Punkte aufschreiben. Das ändert sich mit der Zeit und es kommen immer mehr großartige Sachen, die Sie dankbarer werden lassen, dazu. Warum dadurch der Stress gemindert wird? Wir sehen mehr Chancen, mehr gute Dinge, die uns passieren. Wir reagieren anders auf unser Umfeld und unsere anstehenden Herausforderungen.

3. **Erfolge notieren** – Wir unterschätzen oft unsere bereits erreichten Erfolge. Viel zu sehr sind wir damit beschäftigt, darüber zu reden, worin wir nicht oder noch nicht erfolgreich sind – statt auf unsere bisher erreichten Ziele zu schauen und daraus neue Energie zu schöpfen. Ob täglich, einmal die Woche oder wann es Ihnen am besten in den ganz eigenen Tagesplan passt, schreiben Sie Ihre Erfolgserlebnisse regelmäßig auf. Gerade im Daily Business, wenn die Zielerreichung wieder einmal unmöglich scheint, ist es wichtig, die Teilerfolge noch bewusster wahrzunehmen. Wer immer nur auf das Endziel schaut, wird vermutlich nie zufriedener und entspannter sein.

Sie haben an dieser Stelle interessante und einfach anwendbare Methoden zur Stressreduzierung kennengelernt. Probieren Sie sich aus. Nicht jede Technik wird Ihnen helfen. Ich z. B. meditiere bis heute nicht, da ich mich hier (noch) nicht wiedergefunden habe.

Bleiben Sie dran und finden Sie Ihr Gegenstück für Entspannung und Wohlbefinden.

Fünf Tipps zur Bewältigung von Stress im digitalen Zeitalter von Roger Basler de Roca

Das letzte Kapitel dieses Buches möchte ich mit einfach anwendbaren Tipps gegen Stress im digitalen Zeitalter von meinem Speaker- und Trainer-Kollegen Roger Basler de Roca abschließen. Roger ist Digital-Unternehmer und ebenfalls Autor. Seine Leidenschaft ist die digitale Welt. Wenn ich Fragen habe zu neuen Apps, Technologien oder einfach Hilfe benötige, geht meine erste Frage diesbezüglich meist an ihn.

Hier sind fünf Tipps für eine bessere Stressbewältigung sowie zur Stärkung der eigenen Resilienz im digitalen Zeitalter:

1. **Bewusstsein und Anerkennung des (digitalen) Problems**
   Erkennen Sie die Unvermeidlichkeit von Stress in der digitalen Welt auf jeden Fall an und verstehen Sie die Herausforderungen, denen Sie als Führungskraft gegenüberstehen. Damit gehen Sie bereits den ersten Schritt, um proaktiv damit umzugehen.

2. **Digitale Entgiftung (Digital Detox)**
   Implementieren Sie bewusste Pausen von digitalen Medien und setzen Sie klare Grenzen, z. B. Zeitblocker, für die Nutzung von diversen Plattformen. Fördern Sie eine Kultur in Ihrem Team, in der das Abschalten nach der Arbeit normal und akzeptiert ist.

3. Selbstführung und Zeitmanagement

Priorisieren Sie Aufgaben effektiv und lernen Sie, Nein zu sagen. Nutzen Sie Zeitmanagement-Methoden, um den Arbeitsalltag effizienter zu gestalten und Überlastung zu vermeiden. Nehmen Sie sich Pausen und setzen Sie sich Erinnerungen, um zwischendurch abzuschalten.

4. Förderung der psychischen Widerstandskraft

Entwickeln Sie eine resiliente Denkweise und üben Sie sich in Achtsamkeit. So gehen Sie besser mit Stress um. Resilienz kann helfen, die anstehenden Herausforderungen als Lernmöglichkeit zu betrachten. Auch hier hilft ab und an der Flugmodus. Schalten Sie alles aus. Am Ende sind wir keine Computer. Wir sollten die Medien steuern, nicht sie uns.

5. Aufbau eines unterstützenden Netzwerks

Pflegen Sie ein Netzwerk von Kollegen und Mentoren, die Unterstützung und Beratung bieten können. Eine offene Kommunikation und gegenseitige Unterstützung sind die Schlüssel zur erfolgreichen Stressbewältigung. Sprechen Sie mit Menschen, nicht mit Maschinen.

INTERVIEW 12

mit Michael von Kunhardt – Wie wir mentale Stärke entwickeln

Mentalexperte, Keynote-Speaker, Autor

Michael von Kunhardt nimmt uns mit in die Welt der mentalen Gesundheit. Er spricht mit uns über seine größten Herausforderungen und spornt uns an, nie mit dem Lernen aufzuhören. Wir werden im nachfolgenden Interview auch die Bedeutung und Beobachtung unserer Gedanken in Extremsituationen erfahren.

Eva Engel: *Kannst du uns einmal einen kurzen Einblick in deinen Werdegang geben und uns erzählen, wie du dazu gekommen bist, Mentaltrainer und Coach zu werden?*

Michael von Kunhardt: Mein Weg in den Bereich des Mentaltrainings und Coachings begann im Feldhockey. Ich spielte 15 Jahre lang in der Bundesliga und wir hatten einen herausragenden Trainer namens Paul Lissek, der mich unglaublich inspirierte und meine Begeisterung für den Sport weiter entfachte. Von ihm habe ich viel über Enthusiasmus und Hingabe gelernt, was mich bis heute prägt. Noch immer bin ich aktiv und spiele seit mehr als einem Jahr in der Senioren-Nationalmannschaft.

Parallel zu meinem Hockeyleistungssport habe ich eine wirtschaftliche Ausbildung absolviert und mich gefragt, wie ich meinen Enthusiasmus für Sport und wirtschaftliche Interessen miteinander verbinden kann. So entstand die Idee, in den Bereich des Mentaltrainings einzutauchen und Unternehmen sowie Sportteams zu unterstützen. Anfangs begann ich mit Expeditionen im Dschungel von Venezuela und Teambuilding-Maßnahmen auf Original-Yachten vom America's Cup. Mit der Zeit fokussierte ich mich immer mehr auf die innere Reise und entdeckte meine wahre Berufung im Mentaltraining. Seit vielen Jahren konzentriere ich mich voll und ganz darauf, Menschen auf ihrer inneren Reise zu begleiten.

Eva Engel: *Es ist förmlich spürbar, wie hoch dein Enthusiasmus und deine Motivation sind, Menschen in ihre Kraft zu bringen. Was ist dein Antrieb hierfür?*

Michael von Kunhardt: Ich bin auf jeden Fall in positiver Absicht unterwegs und ich möchte niemanden missionieren. Das steht mir nicht zu. Aber ich gebe gern Impulse. Und wer es hören will und etwas für sich annehmen und transformieren möchte, ist dazu herzlich eingeladen. Es ist ja auch schon ein mentaler Aspekt, mit positiver Absicht unterwegs zu sein.

Eva Engel: *Woher kommt deine mentale Stärke und wie können wir mental stärker werden?*

Michael von Kunhardt: Ich spreche es nicht aktiv an, denke jedoch schon, dass ich selbst einiges an mentaler Stärke habe. Mein wesentliches Learning waren Stresssituationen jeglicher Art, die ich durchgestanden und aus denen ich gelernt habe. Um sich generell mental zu stärken, sind folgende Aspekte wichtig:

1. Sich kontinuierlich Grenzsituationen auszusetzen
2. Die Bereitschaft zum Scheitern zu entwickeln
3. Daraus zu lernen und etwas Neues zu kreieren
4. Die Transformation als Ergebnis des Scheiterns und Lernens

Wenn wir diese Schritte befolgen und uns bewusst entscheiden, bekommen wir mehr Ruhe in den Alltag, z. B. auch mehr Ruhe auf der Bühne oder bei Präsentationen. Also, sicherlich ist es die Übung, mit Misserfolgen konstruktiv umzugehen.

Eva Engel: *Welche Überschneidungen gibt es hinsichtlich Führung beim Profisport und bei der Arbeitsweise in der Wirtschaft?*

Michael von Kunhardt: Im Grunde genommen sind alle Kriterien für mentale Stärke, die im Sport relevant sind, genauso auch im Business relevant. Wenn wir den Transfer vom Sport ins Business machen, finden wir alle diese Punkte wieder:

1. Selbstvertrauen, das Top-Kriterium für eine starke Siegermentalität
2. Resilienz
3. Die Arbeit mit Zielen und Visionen
4. Die Fähigkeit zur Spannungsregulierung
5. Motivation

All diese Punkte haben ihren Platz sowohl im Sport als auch im Geschäftsleben.

Nehmen wir beispielsweise das Thema Selbstvertrauen: Selbstvertrauen zu haben, um gute betriebliche Gespräche zu führen und sich selbst kontinuierlich zu reflektieren, ist wichtig. Wir sollten in der Lage sein, andere zu motivieren und mit schwierigen Situationen umzugehen. Ziele und Visionen sind ebenfalls für den Erfolg im Business unerlässlich. Der Transfer lässt sich nahtlos herstellen. Die mentalen Aspekte, die im Sport eine Rolle spielen, sind genauso relevant, um ein erfolgreiches

Privatleben zu führen. Mentale Stärke ist also nicht nur für den Erfolg im Business oder Sport wichtig, sondern zieht sich ausnahmslos durch alle Lebensbereiche. Daher ist es mehr als von Bedeutung, diese mentalen Fähigkeiten zu entwickeln und sie gezielt in allen Lebensbereichen einzusetzen.

Eva Engel: *Wie gehen wir mit Veränderungen um und wie anpassungsfähig sollten wir sein?*

Michael von Kunhardt: Die Anpassungsfähigkeit von Führungskräften und ihren Teams ist von entscheidender Bedeutung und absolut relevant in der heutigen Zeit. Alles ändert sich ständig. Und als Führungskraft hat man sich bewusst zu sein, dass man nicht immer die Kontrolle über alle Umstände hat. Es kann immer unvorhergesehene Veränderungen geben. Denken wir hier an äußere Einflüsse wie die Covid-Pandemie oder an interne Veränderung. Flexibilität ist daher unverzichtbar, sowohl im Sport als auch im Geschäftsleben. Als Führungskraft sollte man bereit sein, sich anzupassen und auch das Team dazu ermutigen, sich auf Veränderungen einzustellen. Sturheit und das Festhalten an starren Vorstellungen können kontraproduktiv sein und zu Problemen führen. Es ist daher entscheidend, dass Führungskräfte ein Bewusstsein für die Notwendigkeit der Anpassung entwickeln und ihr Team ermutigen.

Eva Engel: *Wie können wir uns besser auf unterschiedliche Generationen einstellen?*

Michael von Kunhardt: Das ist ein wichtiger Punkt. Die unterschiedlichen Generationen können voneinander lernen und sich gegenseitig inspirieren. Die Generation Z, die mit der Digitalisierung aufgewachsen ist und viel Wert auf Sinnhaftigkeit im Job legt, kann beispielsweise der älteren Generation wertvolle Impulse geben. Auf der anderen Seite können die sogenannten Babyboomer und die Jahrgänge davor der Generation Z Disziplin und eine gewisse Härte gegenüber sich selbst vermitteln. Jedoch sollte alles im richtigen Maß angewendet werden, um sich nicht zu überfordern. Es lohnt sich, in jede Generation zu schauen und von den positiven Merkmalen zu profitieren.

Eva Engel: *In der modernen Führung gibt es häufig den Ansatz, auf eine weiche Linie zu setzen. Wie nimmst du persönlich diese Aussage wahr?*

Michael von Kunhardt: In der heutigen Gesellschaft scheinen eine gewisse Unverbindlichkeit und mangelnde Verantwortungsübernahme weit verbreitet zu sein. Die Möglichkeit, sich über digitale Kommunikationsmittel wie WhatsApp schnell und einfach zu verabreden oder Termine zu ändern, hat dazu geführt, dass viele Menschen weniger verbindlich sind. Verabredungen werden oft kurzfristig verschoben oder abgesagt. Diese Unverbindlichkeit kann sich auch in anderen Bereichen unseres Lebens zeigen, sei es im beruflichen Umfeld oder bei

der Einhaltung von Zusagen und Verpflichtungen. Es scheint, als ob viele Menschen dazu neigen, sich Hintertürchen offenzuhalten und sich nicht klar zu ihren Entscheidungen zu bekennen.

Die ständige Suche nach etwas Besserem oder dem Bequemeren kann uns jedoch am Ende selbst im Weg stehen. Es kann zu einer geringeren Zuverlässigkeit führen und das Vertrauen in zwischenmenschlichen Beziehungen beeinträchtigen.

Als Coach sehe ich es als meine Aufgabe, meine Klienten dazu zu ermutigen, Verantwortung für ihr Handeln und ihre Entscheidungen zu übernehmen. Indem wir uns verbindlich und zuverlässig verhalten, können wir eine vertrauensvolle und respektvolle Kommunikation fördern und unsere Beziehungen stärken. Letztendlich trägt eine Kultur der Verbindlichkeit dazu bei, dass wir uns als Gesellschaft gegenseitig unterstützen und gemeinsam erfolgreicher und erfüllter leben können.

Eva Engel: *Wie können wir in stressigen Situationen bewusster handeln? Welche Tools und Strategien können wir nutzen?*

Michael von Kunhardt: Der Fokus auf das Streben nach Anerkennung und auf die Erwartungen anderer kann in der Tat zu einer großen Belastung werden. Das lenkt uns von unserer eigentlichen Aufgabe und Mission ab. Für Führungskräfte ist es entscheidend, sich auf das Wesentliche zu konzentrieren und die eigene Rolle mit einem klaren Selbstverständnis auszufüllen. Indem wir uns auf unsere Aufgaben und die Erfüllung unserer Mission konzentrieren, können wir uns von der Abhängigkeit externer Anerkennung befreien.

In Bezug auf die Erwartungen, die andere an uns haben, ist es wichtig, sich bewusst zu machen, dass wir nicht alle Erwartungen erfüllen können. Es ist unmöglich, es allen recht zu machen. Stattdessen sollten wir uns auf unsere eigenen Erwartungen an uns selbst und an unser Team konzentrieren. Eine klare Kommunikation über die Ziele und Erwartungen innerhalb des Teams kann dabei helfen, ein gemeinsames Verständnis zu schaffen und die Zusammenarbeit zu stärken. Indem wir uns weniger um die Erwartungen anderer kümmern und uns auf unsere eigene Rolle und Aufgaben fokussieren, können wir uns von unnötigem Druck und Stress befreien.

Eva Engel: *Kannst du uns weitere Methoden nennen, die uns stressresistenter machen?*

Michael von Kunhardt: Neben den kognitiven Ansätzen gibt es in der Tat vielfältige Möglichkeiten, den Stresspegel effektiv zu reduzieren.

1. Atemtechniken sind eine bewährte Methode, um innere Ruhe zu erlangen und sich zu zentrieren. Diese sind überall anwendbar und brauchen keine Vorbereitung.
2. Bewusstes Ausklopfen des Körpers kann ebenfalls helfen, um in stressigen Situationen wieder zu sich selbst zu finden und die innere Balance wiederherzustellen.

3 Das Thema Dankbarkeit kann eine transformative Kraft haben, wenn wir das bewusst in unser Leben integrieren, indem man sich auf das Gute und Positive in seinem Leben fokussiert und Dankbarkeit dafür empfindet. Dadurch entsteht die sogenannte positive Grundhaltung, die das Nervensystem beruhigt und Stress reduziert.

Als Sportlerinnen und Sportler können wir lernen, in stressigen Situationen bewusst unsere Dankbarkeit zu aktivieren. Wir können uns daran erinnern, wie dankbar wir für die Möglichkeit sind, unseren Sport auszuüben und unserer Leidenschaft nachgehen zu können. Diese Dankbarkeit stärkt unser Selbstvertrauen und bringt uns in einen ressourcenreichen Zustand, der es uns ermöglicht, unsere beste Leistung abzurufen. Insgesamt geht es darum, ein ganzheitliches Stressmanagement zu entwickeln, das kognitive, körperliche und emotionale Aspekte berücksichtigt.

Eva Engel: *Wie können wir die Methoden am besten in unseren Alltag einbauen?*

Michael von Kunhardt: Man könnte es als Ritual zu Beginn des Tages anwenden. Ich habe zum Beispiel auch jeden Morgen ein Ritual. Natürlich geht das auch am Abend, bevor man schlafen geht. Aber an sich empfehle ich, es bewusst für diese Situation einzusetzen. Wenn du weißt, dass es jetzt schwierig wird, weil beispielsweise ein schwieriges Team-Meeting ansteht, dann

ist das Wahrnehmen im Vorfeld deutlich besser. Wenn das Nervenkostüm anfängt zu flattern, dann geht gern ganz tief in die Dankbarkeit. Ihr seid dann deutlich beruhigter. Ein weiteres Beispiel, um das Stresslevel runterzubringen, ist Bewegung, also Sport treiben. Es ist definitiv das beste Stressventil.

Eva Engel: *Wie stark beeinflussen das Streben nach Anerkennung und das Bedürfnis nach Zugehörigkeit die persönliche Weiterentwicklung?*

Michael von Kunhardt: Durch die essenziellen Aspekte unserer Sozialisation und Persönlichkeitsentwicklung sehnen wir uns oft nach Anerkennung, sei es im beruflichen Kontext oder privat. Wir möchten uns in einer Gemeinschaft oder Gruppe zugehörig fühlen. Diese Bedürfnisse beeinflussen unser Verhalten und unsere Entscheidungen maßgeblich. Wir neigen dazu, uns anzupassen und bestimmte Methoden zu nutzen. Wir wollen als »gut genug« wahrgenommen zu werden.

Doch gerade bei diesem Streben nach Anerkennung kann es zu einem inneren Konflikt kommen. Wenn wir uns zu sehr von äußerer Anerkennung abhängig machen und uns dabei verbiegen, verlieren wir oft unsere Authentizität. Wir agieren nicht mehr in Übereinstimmung mit unseren wahren Werten und Zielen, sondern orientieren uns stark an den Erwartungen und Meinungen anderer. Dies kann zu einem Verlust der Selbstachtung führen und uns letztendlich unglücklich machen.

Eva Engel: *Welche Situation war für dich besonders herausfordernd und wie bist du damit umgegangen?*

Michael von Kunhardt: Der World Cup in Canterbury hat mich vor eine besondere mentale Aufgabe gestellt. Ich war damals 47 Jahre alt und in meinem ersten Jahr als Spieler in der Senioren-Nationalmannschaft im Hockey. Als wir einen Siebenmeter zugesprochen bekamen, wurde ich gefragt, ob ich ihn schießen könnte, da man mir mentale Stärke zutraute. Es war eine Situation, in der ich nicht nur meine mentale Stärke, sondern auch meine sportlichen Fähigkeiten unter Beweis stellen musste. Der Druck war enorm, da der Siebenmeter eine entscheidende Rolle für das Spiel erzielen konnte. Aber ich wusste, dass ich mich auf mein mentales Training und meine innere Stärke verlassen konnte. Ich habe mich in diesem Moment bewusst auf meine Fähigkeiten fokussiert und die Nervosität beiseitegeschoben. Dabei half mir meine Erfahrung aus vielen Jahren im Sport und das Vertrauen in mein Können. Ich habe mich selbst motiviert und daran erinnert, dass ich die mentale Stärke besitze, um diese Situation zu meistern.

Letztendlich habe ich den Siebenmeter in einen Erfolg verwandelt, was zu einem wichtigen Tor für unser Team führte. Es war ein besonderer Moment, der mir gezeigt hat, wie sehr mentale Stärke und sportliche Leistung Hand in Hand gehen können. Durch diese Erfahrung wurde mir erneut bewusst, wie wichtig es ist, an sich selbst zu glauben und sich auch in herausfordernden Situationen nicht von Zweifeln oder Ängsten beeinflussen zu lassen.

Eva Engel: *In dem Moment ist viel um dich herum passiert. Wie hast du dich fokussiert?*

Michael von Kunhardt: Ich habe mir zuvor ganz genau überlegt, wie ich meine mentale Stärke nutzen kann, um den entscheidenden Siebenmeter erfolgreich zu landen. Ich hatte mich darauf vorbereitet, den Torwart aus Torwartsicht auszuschließen und je nach seiner Größe entweder links unten oder rechts oben ins Tor zu schießen. Ich hatte diese Situation immer wieder visualisiert, um mich mental darauf einzustellen.

Als der Moment dann tatsächlich kam und ich den Siebenmeter schießen sollte, wurde mir bewusst, dass ich einen Fehler gemacht und keine Lösung für den Fall hatte, dass der Torwart mittelgroß war. In diesem Moment musste ich schnell eine Entscheidung treffen und entschied mich für den Schlenzer, den ich vorher für den kleinen Torwart geübt hatte. Der Schuss war zwar knapp, aber letztendlich drin.

Dieses Erlebnis zeigt, wie wichtig es ist, sich nicht nur mental auf Erfolgsszenarien vorzubereiten, sondern auch auf unerwartete Situationen. Manchmal müssen wir ad hoc Entscheidungen treffen, und in solchen Momenten kann es vorkommen, dass ein gewisses Maß an Panik aufkommt. Dennoch ist es entscheidend, Ruhe zu bewahren und das Beste aus der Situation zu machen.

Eva Engel: *Welche Botschaft möchtest du uns abschließend mit auf den Weg geben?*

Michael von Kunhardt: Wenn wir alle lernen, unsere eigenen Bedürfnisse zu erkennen und uns selbst mit Liebe und Achtsamkeit zu behandeln, können wir ein erfülltes und glückliches Leben führen. Wichtig dabei ist auch, dass wir nicht egoistisch handeln oder andere Menschen bewusst unglücklich machen. Es geht vielmehr darum, unsere eigene Zufriedenheit und Glückseligkeit zu finden und in positiver Absicht unterwegs zu sein. Das bedeutet, dass wir uns selbst respektieren, aber auch Mitgefühl und Rücksichtnahme für andere zeigen. Wenn wir das machen, haben wir Frieden in der Welt!

Eva Engel: *Vielen Dank.*

FÜHREN IM MEER DER VERANTWORTUNG – DAS DE-BRIEFING

Jetzt haben Sie Ihren ganz eigenen Zielhafen und somit Ihren Heimathafen (fast) erreicht. Wir sind beinahe am Ende dieses Buches angelangt. Aber bevor sich die Pforten zur See vorerst schließen werden, lassen Sie uns die Reise noch einmal gemeinsam Revue passieren. Sie waren mutig und sind mit mir in eine, für Sie teilweise, weite und neue Welt der Seefahrt eingetaucht. Sie haben mich dabei begleitet, Ihnen meine ganz eigene Geschichte und die damit verbundene Welt der Führung näherbringen zu dürfen. Dafür danke ich Ihnen.

Es war mir eine sehr lange Zeit – und ist mir bis heute – ein ganz persönliches Anliegen, das Militär und die Wirtschaft näher zusammenzubringen. Ich denke, dass es in dieser Verbindung noch deutlich mehr Zusammenarbeit und Austausch geben sollte. Umso mehr freue ich mich, dass Sie mit an Bord gekommen sind und sich neue Perspektiven zu Führung und menschlichem Miteinander angeschaut haben. Dass Sie interessiert und gespannt auf eine Tour der Veränderung eingestiegen sind. Das ist nicht selbstverständlich und zeigt eine offene Haltung gegenüber Neuem.

Ein Highlight habe ich allerdings noch für Sie vorbereitet, bevor jeder in seine ganz eigene Welt zurückkehren wird. Nun folgt nämlich mein erwähntes 12+1-Interview. Das 13. Interview ist ein allumfassender Abschluss in diesem Buch. Dieses Interview bringt uns alle noch einmal näher zusammen und zeigt uns eindrucksvoll, was es heißt, die Unterschiede und somit ganz eigenen Verhaltensweisen von intro- und extrovertierten Menschen zu kennen, zu akzeptieren und positiv zu nutzen. Vielleicht erkennen Sie sich selbst, Ihre Kollegen oder Mitarbeiter an der ein oder anderen Stelle wieder.

Auch dabei wünsche ich Ihnen noch einmal viel Freude.

BONUS-INTERVIEW

mit Dr. Sylvia Löhken – Intro- und extrovertierte Menschen

Coach, Autorin, Linguistin

Zum krönenden Abschluss der Interviewreihe in diesem Buch habe ich mit Sylvia Löhken über Intro- und Extrovertierte gesprochen. Sylvia Löhken ist eine international bekannte Buchautorin. Ihre zahlreichen Veröffentlichungen in den Bereichen Persönlichkeitsforschung und zwischenmenschliche Kommunikation sind mittlerweile in viele Sprachen übersetzt worden. Sylvia hat durch ihre Forschungsarbeit viele Facetten der zwischenmenschlichen Kommunikation herausgearbeitet und verdeutlicht im Interview, welchen Einfluss die Persönlichkeit auf Selbstmanagement und die Führungsarbeit hat. Möglicherweise sind Ihnen ihre Bücher schon einmal begegnet. Sylvia ist mit inzwischen zehn Büchern eine inspirierende Quelle für all diejenigen, die sich für Persönlichkeitsentwicklung und zwischenmenschliche Beziehungen interessieren.

Eva Engel: *Woher kommt das Interesse für intro- und extrovertierte Menschen?*

Sylvia Löhken: In der Vergangenheit hat das Thema tatsächlich kaum Beachtung gefunden. Die Unterscheidung zwischen Introvertierten und Extrovertierten wurde vor rund 100 Jahren von Carl Gustav Jung eingeführt und war lange vor allem durch Tools wie dem Myers-Briggs-Typenindikator bekannt. Aber es wurde wenig darüber nachgedacht, welche Auswirkungen die unterschiedlichen Verhaltensweisen beispielsweise auf Führung, zwischenmenschliche Kommunikation und Selbstmanagement haben könnten.

Meine Reise mit diesem Thema begann mit zwei Schlüsselerfahrungen. Nach meiner Promotion verbrachte ich drei Jahre in Japan und arbeitete dort als stellvertretende Leiterin des DAAD-Büros (Deutscher Akademischer Austauschdienst) in Tokio. In dieser Zeit wurde mir bewusst, wie stark meine deutsche Prägung und mein Verständnis von Führung waren. Japan ist eine Kultur, die eher introvertiert ist. Wo die größte Macht nicht unbedingt bei denjenigen liegt, die am meisten sprechen. Sie liegt oft gerade bei denjenigen, die am wenigsten sagen. Es kann sogar sein, dass die mächtigste Person im Raum jene ist, die während eines Meetings einschläft. Das wird als Vertrauen in die Fähigkeiten des Teams gewertet. Diese völlig andere Herangehensweise hat mich dazu gebracht, die Eigenschaften führungsstarker und souveräner Menschen genauer und jenseits von kulturellen Codes zu betrachten.

Die Kommunikation zwischen Menschen hat mich schon immer fasziniert. Und mir wurde bewusst, wie stark meine westliche Prägung ist.

Das zweite Schlüsselerlebnis war meine Zeit im Wissenschaftsmanagement, die direkt auf meine Jahre in Japan folgte. In dieser Rolle war ich verantwortlich für Strategie und Planung, später für interne und externe Kommunikation. Dabei fiel mir etwas ganz Entscheidendes auf: Diejenigen, deren Urteil, Intelligenz und Weitsicht ich am meisten schätzte, schienen oft nicht die Anerkennung zu erhalten, die sie verdienten. Das trieb mich um – und dazu, dieser Thematik auf den Grund zu gehen.

Ich selbst habe eine linguistische Ausbildung. Mein Hintergrund in der Sprachwissenschaft gab mir wahrscheinlich eine etwas andere Perspektive auf dieses Thema.

Eva Engel: *Kannst du uns erzählen, wie du dich während deiner Zeit in Japan gefühlt hast?*

Sylvia Löhken: Ich habe mich zunächst gefühlt wie ein Alien, weil niemand erwartet, dass du dich als sichtbar ausländische Person in irgendeiner Weise konform verhältst.

Die Sprache hatte ich schon vor der Ausreise in ihren Grundzügen gelernt, damit ich mich im Alltag gut verständigen konnte. Und ich war sehr neugierig. Diese Eigenschaft ist bei vielen introvertierten Menschen zu finden. Wir beobachten genau, hören aufmerksam zu und haben manchmal eine Faszination für Dinge jenseits des Blickfeldes. In meinem Fall war der Schlüssel

meine Begeisterung für die japanische Kultur und die Lust, sie näher kennenzulernen.

Ich denke, Menschen spüren, wenn du dich nicht einfach in deine gewohnten Denkmuster zurückziehst und sagst: Das ist aber anders als bei uns. Diese innere Bereitschaft, sich auf neue Erfahrungen einzulassen, hat wenig mit Intro- oder Extrovertiertheit zu tun. Persönlich finde ich es äußerst spannend, mich mit neuen Dingen auseinanderzusetzen und zu lernen. Und so nehme ich dich auch wahr. Das ist eine Persönlichkeitseigenschaft, die nicht mit Intros und Extros korreliert. Es gibt also Extros, die sagen: Bleib mir bloß weg mit Veränderungen. Und es gibt Intros, die sagen: Jeden Tag das Gleiche – das ist ja total langweilig.

Eva Engel: *Was unterscheidet Introvertierte und Extrovertierte genau voneinander?*

Sylvia Löhken: Die Unterschiede zwischen Intros und Extros spiegeln sich zunächst einmal in unseren Gehirnen wider. Wie gehen wir z. B. mit Risiken um? Es lässt sich nachweisen, dass extrovertierte Personen oft belohnungsorientiert sind und eine höhere Neigung zum Eingehen von Risiken haben. Das Motto »Kein Risiko, kein Spaß« spiegelt ihre Einstellung wider. Dadurch sind sie eher bereit, finanzielle oder persönliche Risiken einzugehen und sich in neue, bisher unbekannte Projekte zu stürzen.

Im Gegensatz dazu sind introvertierte Personen eher sicherheitsorientiert. Diese Neigung zeigt sich im Mandelkern des

Gehirns, wo eine höhere Aktivität und Sensibilität messbar sind. Introvertierte Menschen prüfen die Lage gründlich, bevor sie Risiken eingehen. Sie stellen sicher, dass alle notwendigen Ressourcen vorhanden sind – wie People Power, Expertise, Ressourcen und Vertragspartner. Sie hinterfragen, ob es sich lohnt, das Risiko einzugehen.

Die Kombination aus introvertierten und extrovertierten Persönlichkeiten in einem Team kann äußerst erfolgreich sein. Extrovertierte sind oft diejenigen, die den Anstoß geben und bereit sind, neue Wege zu gehen. Introvertierte hingegen bringen eine wertvolle Sicherheitsperspektive ein. Während Extrovertierte sagen »Lasst uns loslegen!«, sagen Introvertierte »Lasst uns die Lage prüfen und nachdenken, bevor wir handeln!«. Beide Sichtweisen sind auf dem metaphorischen Segelboot wichtig, um den richtigen Kurs zu halten.

Besonders in unsicheren Zeiten zeigen introvertierte Führungskräfte oft besondere Stärken, die ihren Teams zugutekommen. Ihre Sicherheitsorientierung ermöglicht es ihnen, anderen Vertrauen und Sicherheit zu vermitteln. Diese Fähigkeit, in unsicheren Zeiten Stabilität zu bieten, ist eine »geheime Superkraft«, die Introvertierte als Führungskräfte einsetzen können.

Diese ruhige Hand am Steuerrad lädt zum Vertrauen in introvertierte Führungskräfte ein. Im Gegensatz dazu verfolgen extrovertierte Persönlichkeiten gelegentlich den Ansatz »Was kümmert mich mein Geschwätz von gestern?«. Sie sind schneller bereit, kurzfristig Kurskorrekturen vorzunehmen. Diese Flexibilität kann jedoch von Introvertierten als unvorhersehbar

und unruhig empfunden werden, was sie dann in den Bereichen Vertrauen und Sicherheit erschüttern kann. Da wir verschiedene Bereiche im Gehirn haben, die introvertierte und extrovertierte Eigenschaften prägen können, haben wir alle eine Mischung dieser Merkmale in uns. Bereits vor etwa 100 Jahren betonte C. G. Jung diese Vielfalt. Er erkannte, dass es stark extrovertierte und introvertierte Personen und diejenigen dazwischen gibt – die »Zentros« oder die »Ambivertierten«. Die meisten Menschen tendieren eher zu Introversion oder Extroversion, ohne zu sehr ausgeprägt zu sein. Diese Balance ist in ganz verschiedenen Kulturen weltweit anzutreffen.

Damit eine Gesellschaft erfolgreich sein und eine Gemeinschaft gedeihen kann, braucht es beide Persönlichkeitstypen.

Eva Engel: *Welche Herausforderungen und Chancen ergeben sich speziell für Führungskräfte in der Interaktion mit Intros und Extros?*

Sylvia Löhken: Ich würde die Antwort einmal aufteilen. Hier zeigt sich schon eine typische Intro-Eigenschaft: Ich strukturiere gern, um mit der Situation klarzukommen.

Nehmen wir einmal an, du bist sehr extrovertiert – dann siehst du die ganze Welt durch eine entsprechende Brille und sagst dir so etwas wie: Mich nerven diese Leisetreter in meinem Team! Wenn du eine Intro-Brille aufhast, fragst du aus einer ganz anderen Perspektive: Was will denn dieses Heißluftgerät wieder im Meeting? Wenig Substanz, dafür aber laut und viel Energie. Wie ein Föhn – viel heiße Luft und sonst nichts!

Die Herausforderung liegt also darin, einer Versuchung zu widerstehen. Die liegt darin, das abzuwerten, was anders ist als ich selbst. Weil wir denken, unsere eigene Persönlichkeitsausprägung mit ihren Vorlieben entspricht der alleinigen Realität. Die Chance liegt hier meiner Meinung nach in der Selbstzurücknahme, also in so etwas wie Demut. Ich sehe immer nur einen Ausschnitt von der Welt und brauche andere Menschen und Informationen, um meinen Horizont zu erweitern. Ich brauchte zum Beispiel Japan, um meinen Horizont zu erweitern, um zu verstehen, was meine deutsche Identität und meine westliche Kultur ausmachen. Und auch du hast vielleicht die Zeit in der Marine gebraucht, um so besser zu verstehen, was für dich Freiheit bedeutet, Autonomie. Interessanterweise nehme ich das bei dir ganz stark wahr, dass du ein Autonomie-Junkie bist und gern dein eigenes Ding machst. Das hast du vielleicht in deiner Entwicklungsphase in der Marine entdeckt.

Um auf deine Frage zurückzukommen: Die Chance als Führungskraft liegt in der Vielfalt des Teams. Die Bereicherung zu verstehen und zu sagen: Okay, hier bin ich. Ich habe auch einen Standpunkt. Ich stehe für etwas, ich habe Werte, ich habe eine Persönlichkeit. Die anderen sehen das aus ihrem Blickwinkel komplett anders, und ich kann das durch sie erkennen. Dann erschließt sich mir eine größere (und nicht nur meine eigene kleine) Welt.

Eva Engel: *Kann es sein, dass wir Menschen sympathischer finden, die unserem eigenen Persönlichkeitstyp ähneln?*

Sylvia Löhken: Ja, das ist der berühmte Similarity Bias. Er führt zum Beispiel dazu, dass alte weiße Männer junge weiße Männer als Nachfolger einstellen, mit dem Empfinden: »Mein Sohn, genau so war ich früher auch einmal, und all das wird einmal dir gehören.« So funktioniert unsere Welt zum Glück heute nicht mehr. Heute wissen wir, dass Diversität Teams, Unternehmen und Wissenschaftsprojekte viel erfolgreicher macht. Es sind die Unterschiede, nicht die Gemeinsamkeiten, die uns Lösungen für verwickelte Probleme finden lassen. Vorausgesetzt, alle Stimmen zählen!

Wenn ich also z. B. extrovertiert wäre, du introvertiert und in meinem Team Mitglied oder meine Vorgesetzte wärst, und wenn ich dann ehrlich an dir interessiert wäre und dich fragen würde: »Darf ich dich fragen, wie du das Meeting eben empfunden hast?«, dann merkst du schnell, ob ich wirklich an deiner Meinung interessiert bin.

Menschen spüren echte Offenheit für das Andere. Alibi-Diversität funktioniert nicht.

Eva Engel: *Wie können extrovertierte Führungskräfte das Potenzial ihrer introvertierten Teammitglieder erkennen, wertschätzen und bestenfalls fördern?*

Sylvia Löhken: In einer großen IT-Unternehmensberatung, die von zwei extrovertierten Geschäftsführern geleitet wurde, sollte ich, so der O-Ton, die introvertierten Teammitglieder »auf die Spur bringen«. In Meetings, so die Klage, säßen die nur passiv herum. Ein Bewertungs-Klassiker. Die Extros sagen: »Diese Leisetreter lassen alles abperlen.«

Und die Intros hielten dagegen: »Meetings sind Partys für Heißluftgeräte.« Beides keine besonders fruchtbaren Ansätze! Wir sind der Sache gemeinsam auf den Grund gegangen. Nachdem Intros und Extros ihre Unterschiede ohne Wertung, aber mit Wertschätzung ansehen konnten, gab es neue, coole Lösungsansätze für Dinge, die nicht rund liefen. Zum Beispiel gab es eine neue Aufteilung für die Arbeit beim und mit dem Kunden: Dort treten Intros und Extros heute nur noch zusammen auf. Die Extros glänzen im Pitch und in der Darstellung der Leistungen; die Intros haben den Blick auf Details, auf die Umsetzung von Konzepten und auf Fragen von Kundenseite.

Intros bringen in so einem Setting ihre Stärken ein, Extros die ihren. Dadurch wird ein viel überzeugenderer Auftritt möglich. Und der Kunde findet beides, Inspiration und Verlässlichkeit.

Eva Engel: *Wie schnell können wir Intros und Extros wirklich erkennen?*

Sylvia Löhken: Nehmen wir einmal eine Gruppensituation. Oft heißt es, Introvertierte haben in Meetings nicht viel zu sagen. Das stimmt so nicht. Intro zu sein heißt nicht automatisch »sparsam mit Worten«. Ebenso wenig richtig ist die Annahme, dass jemand, der schnell und viel spricht, extrovertiert ist. Extroversion bezieht sich auf die Neigung, soziale Interaktionen und Aktivitäten zu suchen und Energie aus solchen Aktivitäten zu ziehen. Die Art und Weise, in der wir kommunizieren, hängt von ganz anderen Faktoren ab.

Wir können uns unsere Persönlichkeit wie eine Avocado vorstellen. Der harte Kern in der Mitte steht für das sichtbare Verhalten. Dieses Verhalten ist nicht immer ein direkter Spiegel unseres inneren Kerns, sondern es ist nur unsere Wirkung auf andere.

Introversion oder Extroversion zu erkennen, kann manchmal leicht sein. Grundsätzlich gilt das aber nicht, und es ist heikel, aufgrund äußerer Verhaltensweisen auf Persönlichkeitsausprägungen zu schließen.

Eva Engel: *Welche Strategien zur Stressbewältigung gibt es bei den Persönlichkeitsausprägungen, und wie können wir diese anwenden?*

Sylvia Löhken: Stell dir vor, unser Gehirn hätte Parkplätze, in denen Sinneseindrücke abgelegt würden. Bei Introvertierten

ist dieser Parkplatz kleiner – es gibt weniger Plätze für das, was über die Sinne hereinkommt. Das bedeutet, dass Introvertierte schneller überstimuliert sein können als Extrovertierte. Wenn zum Beispiel ein Introvertierter auf eine laute Party geht, mit grellem Licht und lauter Musik, dann kann ihn diese Umgebung enorm stressen. Gleiches gilt für Meetings, in denen alle unstrukturiert durcheinanderreden und jeder um seine Wortmeldung kämpfen muss. Das kann für Introvertierte zum Horror werden.

Bei Extrovertierten ist der Stress dagegen ein ganz anderer: wenn sie keine Rückmeldung, keine Resonanz erhalten, wenn ihnen niemand antwortet. Der Grund liegt im schon erwähnten Unterschied in den Gehirnen der beiden Persönlichkeitstypen. Extros bekommen ihre Energie durch die Außenwelt.

In meinen Coachings stelle ich gern die Frage: »Was stresst dich?« Die Antworten variieren stark. Ein Introvertierter könnte sagen: »Es stresst mich total, wenn ich morgens mit 37 Aufgaben konfrontiert werde und alle von mir erwarten, dass ich sie subito erledige. Das überwältigt mich.« Dagegen könnte ein Extrovertierter sagen: »Mich stresst es total, wenn ich morgens komme und erst einmal herausfinden muss, womit ich anfangen soll. Das nervt.«

Es gibt aber auch Gemeinsamkeiten im Stresserleben von Intro- und Extrovertierten: zum Beispiel die Scheu vor großen, komplexen Aufgaben.

Ein Buch, das diese Scheu gut beleuchtet, ist »Deep Work« von Cal Newport. Er zeigt die Gründe auf – und unterschiedliche Herangehensweisen, um solche Projekte trotzdem anzugehen.

»Deep Work« bezieht sich auf die Arbeit, die von uns selbst erbracht werden muss – unsere individuelle kreative Leistung, zum Beispiel die Entwicklung eines neuen Konzepts oder eines maßgeschneiderten Lösungsansatzes für einen Kunden. In solchen Situationen ist es entscheidend, ungestört arbeiten zu können, um diese Arbeit effektiv zu erledigen.

Wenn wir uns nun mit dem Stress bei Extrovertierten auseinandersetzen, wird deutlich, dass sie sich gestresst fühlen könnten, wenn sie allein in ihrem Büro sitzen und arbeiten sollen. Hier fehlt die Stimulation von außen. Extrovertierte Personen ziehen eben oft Energie aus Interaktionen und sozialer Aktivität. Das Fehlen von Gesprächen, Interaktionen und einer lebendigen Umgebung kann entsprechend stressen.

In solchen Fällen kann das Bedürfnis nach »Action« dem Bedürfnis nach ungestörter Konzentration und Kreativität entgegenstehen.

Für Extrovertierte kann es daher wichtig sein, ihre Arbeitsumgebung so zu gestalten, dass sie beides finden: die notwendige Stimulation und auch die Ruhe für konzentrierte Arbeit. Sie können zum Beispiel Zeiten für soziale Kontakte und kollaborative Arbeit einplanen, um kreative Energie zu entwickeln, um dann in die Ausführung zu gehen.

Ein Video-Chat mit einer Kollegin kann sinnvoll sein, um sich über das Konzept auszutauschen oder sich zu beraten. Die gleiche Strategie kann für einen Introvertierten eine Herausforderung darstellen. Intros schätzen es, in ruhiger Umgebung zu arbeiten, ohne Ablenkungen oder Stimulation. Schon ein Hintergrundgeräusch wie ein Radio oder ein Video kann sie stören

und möglicherweise sogar blockieren. Intros sorgen sich auch leicht, ob sie wirklich alle Aspekte eines Konzepts berücksichtigt haben oder ob eine Lösung solide ist.

Selbst bei identischer Arbeit und Umgebung kann also das, was Extrovertierte und Introvertierte stresst, völlig unterschiedlich sein. Zu erkennen, was einen persönlich stresst, hilft dabei, persönliche Strategien zu entwickeln, die wirklich passen. Denn die Antwort auf die Frage »Was stresst mich?« kann für einen Extrovertierten ganz anders aussehen als für einen Introvertierten.

Eva Engel: *Wie können wir Akzeptanz in Bezug auf die individuellen Bedürfnisse der Menschen fördern? Es scheint, als würden Menschen oft versuchen, sich anderen anzupassen, selbst wenn sie unterschiedliche Persönlichkeitstypen sind.*

Sylvia Löhken: Manchmal tun wir ja das Gleiche aus unterschiedlichen Gründen. Nehmen wir als Beispiel soziale Kontakte. Extrovertierte erhalten durch den Austausch mit anderen Energie, während viele Introvertierte das vertiefte Gespräch in ruhiger Umgebung schätzen. Unter Stress kommen jedoch zusätzliche Aspekte ins Spiel. Unter Stress schalten wir leicht auf Autopilot. Bei Introvertierten kann dies dazu führen, dass sie sich zurückziehen, passiv werden oder sogar in den Widerstand gehen, indem sie im Meeting schweigen, wie wir es im bereits angesprochenen Fall gesehen haben. Bei Extrovertierten kann dies zu einem entgegengesetzten Verhalten führen; womöglich erhöhen sie den Druck oder kommen sogar als aggressiv rüber.

Eva Engel: *Wie sieht es mit der Entscheidungsfreude bei introvertierten Menschen aus?*

Sylvia Löhken: Vielleicht stellst du diese Frage aus einer besonderen Perspektive heraus, da du die Kultur im Militär gut kennst. Dort sind diejenigen, die Entscheidungen treffen, oft sehr sichtbar, damit alle ihre Anordnungen leicht erkennen und befolgen. Diese Kommunikationskultur kann in Krisensituationen überlebenswichtig werden – eben dann, wenn es keine Zeit für Diskussionen gibt.

Interessant ist die Frage, wie das Wahrnehmen und das Treffen von Entscheidungen für mich überhaupt besetzt sind. Auch das ist persönlichkeitsabhängig. Aus der Motivationspsychologie wissen wir: Die Fähigkeit und der Wille, Entscheidungen zu treffen und Verantwortung zu übernehmen, hängen in einer Person davon ab, wie ausgeprägt ihr Motiv des Einflusses ist. Dieses Motiv lässt uns danach streben, durch sichtbare Leistungen Anerkennung zu erlangen. Mit Intro- und Extroversion hat das nichts zu tun – es ist sozusagen ein anderes Register.

So gibt es Situationen, in denen Personen gerade deshalb wirkungsvolle Entscheidungen treffen können, weil sie eher leise agieren und nicht im Rampenlicht stehen. Wir kennen alle solche »grauen Eminenzen«. Dieser Begriff beschreibt Personen, die im Hintergrund agieren, wenig Aufmerksamkeit erregen und dennoch aufgrund ihres Fachwissens, ihrer Fähigkeiten und natürlich aufgrund des Einflussmotives die Fäden zusammenhalten und Prozesse steuern.

Kurz gesagt: Wir sollten bei dieser Frage unbedingt Sichtbarkeit und Entscheidungen voneinander trennen. Ganz oft sind die wirklich mächtigen Entscheider sehr wenig sichtbar.

Eva Engel: *Kannst du uns von einer scheinbar unlösbaren Situation im Coaching erzählen?*

Sylvia Löhken: Ein Klassiker ist der Umgang mit Konflikten. In solchen Situationen zeigen sich die unterschiedlichen Stärken von Introvertierten und Extrovertierten besonders deutlich.

Die extrovertierte Persönlichkeit schafft es in Konfliktsituationen vielleicht leichter, ein direktes Gespräch zu führen, um Raum für eine Lösung zu schaffen. Sie bringt möglicherweise eine Offenheit auf den Tisch, die das Eis brechen kann. So kann eine extrovertierte Person sagen: »Lasst uns mal ehrlich miteinander reden.« Extros haben eben oft weniger Angst und weniger Sicherheitsbedenken. Es darf auch mal knallen, wie in einem Gewitter – und danach ist die Luft wieder sauber.

Dagegen könnten Introvertierte in ähnlichen Situationen geduldig und ruhig agieren, indem sie behutsam mit allen Beteiligten sprechen. Ihr Ansatz zielt darauf ab, die Fronten langsam zu lockern. Dabei gehen sie vielleicht nicht so offensiv auf den Konflikt zu, aber sie schaffen es, das Vertrauen und die Offenheit in der Gruppe zu fördern. Es kann aufschlussreich sein, dieselbe Herausforderung zu betrachten und zu analysieren, wie sich Extrovertierte und Introvertierte in dieser Situation verhalten. Die unterschiedlichen Herangehensweisen – der typische Extro-Style und der typische Intro-Style – verdeutlichen,

wie fruchtbar ganz verschiedene Kommunikationsstrategien sein können, die auf Persönlichkeitsunterschieden beruhen.

Auch Hürden und Schwächen lassen sich über das Konfliktmanagement gut darstellen.

Introvertierte reagieren oft nicht unmittelbar auf Konflikte, häufig aufgrund ihrer Sicherheitsorientierung. Konflikte können uns Intros stark belasten, wenn wir ihnen aus dem Weg gehen (um so scheinbar mehr Sicherheit zu haben – sehr trügerisch!). Wir ducken uns dann leicht weg und hoffen, dass sich die Sache von selbst erledigt. (Das tut sie meist leider nicht!)

Überstimulation kann ebenfalls eine Rolle spielen. Wir wissen ja nie genau, welche Reaktion wir auslösen, welches Fass wir aufmachen, wenn wir einen Konflikt ansprechen. Auch Extrovertierte verhalten sich in Konfliktsituationen nicht immer günstig. Sie können z. B. regelrecht in die Luft gehen oder zu sozialen Trampeltieren mutieren. Zurückhaltung ist bei viel Druck auf dem Kessel keine Option.

Konflikte, die unbehandelt bleiben, haben die Tendenz, nicht einfach zu verschwinden wie eine vorüberziehende Wolke. Eher sammeln sie sich an, verhärten die Fronten und eskalieren später – für das Team ein Albtraum mit Sprengkraft! Es gilt also, mit der eigenen Persönlichkeit Strategien zu entwickeln, um sie möglichst früh anzugehen. Bevor es knallt!

Eva Engel: *Was möchtest du uns abschließend mit auf den Weg geben?*

Sylvia Löhken: Egal wer du bist, du bist eine Führungskraft. Nur wir selbst können unser Leben führen. Es geht gar nicht anders, und damit führen wir immer. Da ich selbst eine Intro bin, ende ich gern mit einem Lieblingszitat von der anderen Seite – von Dolly Parton, einer Extro: »Finde heraus, wer du bist – und dann tu es mit Absicht!«

Eva Engel: *Vielen Dank.*

Mit diesem letzten Interview geht nun auch unsere gemeinsame (Führungs-)Reise zu Ende. Mit insgesamt 13 Interviewpartnern und mit einer Menge spannender Inhalte, großartiger Tipps und Tricks möchte ich mich final von Ihnen verabschieden. Ich hoffe, Sie hatten eine schöne Zeit mit mir an Bord und es ist mir gelungen, Ihnen tiefe (Führungs-)Einblicke in eine bisher verborgene Welt, die der Deutschen Marine, zu geben.

Machen Sie es gut.
Ihre Eva Engel

ÜBER DIE AUTORIN

Eva Engel, die staatlich geprüfte Betriebswirtin und ehemalige Marinesoldatin, ist Beraterin, Trainerin und Speakerin für Führung, Management und Change.

Deutsche Marine

Mit knapp 120.000 zurückgelegten Seemeilen gehört Eva Engel zu den erfahrensten Seefahrerinnen der Deutschen Marine. Für ihre Leistungen bei der Bundeswehr wurde sie mit dem goldenen Seefahrerabzeichen ausgezeichnet. Wenn sie heute in Erinnerungen schwelgt, dann erzählt Eva Engel von Wertschätzung, Verantwortung und Dankbarkeit.

Leben an Bord

Während ihrer Dienstzeit in der Deutschen Marine hat sie langjährige Erfahrung in der Team- und Ausbildungsleitung gesammelt. Durch ihren mehrjährigen Einsatz an Bord einer Fregatte weiß sie genau, was es heißt, auf engstem Raum zu arbeiten und zu leben. Unter besonderen Bedingungen zu führen bedeutet, mit außergewöhnlichen Situationen und unterschiedlichen Menschentypen zurechtzukommen. Wer heute führen will, benötigt das richtige Verständnis für den Menschen. Wichtig ist es, auf der eigenen Erfolgsreise niemanden zurückzulassen. Wie genau das funktioniert und wie Ideen und Herausforderungen erfolgreich umgesetzt werden, das weiß Eva Engel.

Wirtschaft

Die ehemalige Soldatin unterstützt heute Unternehmen effizient darin, Strategien zu Führung und insbesondere die Entwicklung einer wertebasierten Führungskultur zu integrieren. Weitere Stationen auf ihrem Karriereweg sind diverse Positionen im Management verschiedener Wirtschaftsunternehmen, von Start-ups, KMU bis hin zu Konzernen, mit und ohne Personalverantwortung. Zu ihren Kunden zählen sowohl mittelständische Unternehmen als auch internationale Konzerne.

Trainerin und Speakerin

In ihren Trainings und Vorträgen begeistert sie mit Best-Practice-Beispielen aus ihrer militärischen Laufbahn. Für die ausgebildete Keynote-Speakerin ist es ein Leichtes, verständliche Parallelen zwischen militärischen Strukturen und wirtschaftlichem Handeln zu schaffen. Agile Führungsmethoden der Bundeswehr in die Wirtschaft zu spiegeln und Unternehmen beim Aufbau der eigenen Führungskultur zu unterstützen, das ist ihr Ziel.

»Ich bin sehr stolz, meine Erfahrungen aus der Deutschen Marine für einen positiven Impact in der Wirtschaft nutzen zu können. Am Ende des Tages wollen wir doch alle nur eins: Zufriedenheit und ein vertrauensvolleres Miteinander.«

Quellenverzeichnis

[1] Häfner, Alexander/Pinneker, Lydia/Hartmann-Pinneker, Julia (2019): Gesunde Führung – Gesundheit, Motivation und Leistung fördern, Springer-Verlag, Berlin.

[2] Rothlin, Philippe/Werder, Peter (2008): Boreout! Overcoming Workplace Demotivation, Kogan Page Series, London.

[3] Burisch, Matthias (2010): Das Burnout-Syndrom - Theorie der inneren Erschöpfung, 4. Auflage, Springer-Verlag, Berlin.

[4] Bauer, Joachim (2016): Warum ich fühle, was du fühlst - Intuitive Kommunikation und das Geheimnis der Spiegelneurone, 27. Auflage, Heyne Verlag, Hamburg.

[5] McGregor, Douglas (2006): The Human Side of Enterprise, Annotated Edition, McGraw-Hill Professional, New York.

[6] Bauer, Joachim (2016): Warum ich fühle, was du fühlst - Intuitive Kommunikation und das Geheimnis der Spiegelneurone, 27. Auflage, Heyne Verlag, Hamburg.

[7] Gardner, William/Avolio, Bruce/Walumbwa, Fred (2005): Authentic Leadership Theory and Practice - Origins, Effects and Development, Volume 3, JAI Press Inc., Amsterdam.

[8] Müllner, Markus/Müllner Caroline (2021): Emotional intelligent führen - Authentisch, motivierend, wirksam, 2. Auflage, Springer Fachmedien, Wiesbaden.

[9] Simon, Walter (2006): Persönlichkeitsmodelle und Persönlichkeitstests – 15 Persönlichkeitsmodelle für Personalauswahl, Persönlichkeitsentwicklung, Training und Coaching (Management), 2. Auflage, GABAL Verlag, Offenbach.

[10] Johnstone, Keith (2018): Impro - Improvisation and the Theatre, Methuen Drama, London; Drinko, Clayton D. (2013): Theatrical Improvisation, Consciousness, and Cognition, Palgrave Pivot, New York.

[11] Brisch, Karl Heinz (2013): Bindung und Jugend - Individualität, Gruppen und Autonomie, Fachverlag Klett-Cotta, Stuttgart.

[12] Furtner, Marco (2016): Effektivität der transformationalen Führung - Helden, Visionen und Charisma, Springer-Verlag, Wiesbaden.

[13] Stahl, Heinz K./Linden, Elena (2023): Servant Leadership - Versuch einer Neufassung, Erich Schmidt Verlag, Berlin.

[14] Furtner, Marco (2016): Effektivität der transformationalen Führung - Helden, Visionen und Charisma, Springer Fachmedien, Wiesbaden.

[15] Rybnikova, Irma/Lang, Reinhart (2021): Aktuelle Führungstheorien und -konzepte, 2. Auflage, Springer Fachmedien, Wiesbaden.

[16] Fieger, Johann/Fieger, Kilian (2018): Führung ist erlernbar - Mit Struktur zur erfolgreichen Führungskraft, Springer Gabler, Wiesbaden.

[17] Tokarski, Kim O./Schellinger, Jochen/Berchtold, Philipp (2016): Unternehmensentwicklung - Strategien und Instrumente aus Forschung und Praxis, Springer Gabler, Wiesbaden.

[18] Funke, Joachim (2006): Enzyklopädie der Psychologie - Denken und Problemlösen, Hogrefe Verlag, Göttingen.

[19] Rizzi, Werner (1998): Entscheidungsprozesse in Gruppen: Kognitive und soziale Verzerrungstendenzen, Springer Verlag, Wiesbaden; Henriques, Gregg (2020): Groupthink and the Evolution of Reason Giving. In: Allen, D. M., Howell, J. W. (eds) Groupthink in Science, Springer, Cham.

[20] Salowski, Claudia (2022): Quick Guide Unconscious Bias: Wie Sie unbewusste Verzerrungen verstehen, erkennen und verändern, Springer, Berlin Heidelberg; Harkins, Stephen G./Latané, Bibb/Williams, Kipling (1980): Social loafing: Allocating effort or taking it easy?, 16. Auflage, Elsevier Ltd., Amsterdam.

[21] Glaser, Christian (2019): Risiko im Management - 100 Fehler, Irrtümer, Verzerrungen und wie man sie vermeidet, Springer Fachmedien, Wiesbaden; Goldstein, Sam/Naglieri, Jack A. (2011): Halo Effect. In: Encyclopedia of Child Behavior and Development, Springer, Boston, MA.

[22] Weirich, Brit (2023): K.O.-Tropfen: Symptome, Wirkung und Schutz, https://www.onmeda.de/gesundheit/drogen/ko-tropfen-id212998/, 27.12.2023.

[23] Stempfle, Michael (2023): Das Konzept der Inneren Führung, https://www.bmvg.de/de/themen/verteidigung/innere-fuehrung/das-konzept, 27.12.2023; Elßner, Thomas R. (2005): Innere Führung und Transformation der Bundeswehr - Anmerkungen zu 50 Jahren Innere Führung in der Bundeswehr, https://www.nomos-elibrary.de/10.5771/0175-274x-2005-4-190.pdf?download_full_pdf=1, 23.12.2023.

[24] Bundesministerium der Verteidigung (2008): Innere Führung, Selbstverständnis und Führungskultur, https://www.bmvg.de/resource/blob/14258/a0e22992bc053f873e402c8aaf2efa88/b-01-02-02-download-data.pdf, 27.12.2023.

[25] Bundeswehr (2023): Handbuch Innere Führung, https://www.bundeswehr.de/resource/blob/ 5688200/28a99fcb8797e1ffab57965beed697a7/100-1-1-handbuch-data.pdf, 23.12.2023.

[26] Mahlstedt, Anja (2022): Phasen der Teamentwicklung. In: Die Toolbox für die Teamentwicklung, Springer Gabler, Wiesbaden; Euteneier, Regina (2015): Handbuch Klinisches Risikomanagement - Grundlagen, Konzepte, Lösungen – medizinisch, ökonomisch, juristisch, Springer-Verlag, Berlin Heidelberg.

[27] Becker, Joachim H./Ebert, Helmut/Pastoors, Sven, et al. (2017): Praxishandbuch berufliche Schlüsselkompetenzen: 50 Handlungskompetenzen für Ausbildung, Studium und Beruf, Springer-Verlag, Berlin.

[28] Kienbaum (2022): Brave Leadership – Turning Potential To Progress, https://www.kienbaum.com/de/brave-new-work/studie/studie-brave-leadership/, 27.12.2023.

[29] Watzlawick, Paul/Beavin, Janet/Jackson, Don (2016): Menschliche Kommunikation - Formen, Störungen, Paradoxien, 13. Auflage, Hogrefe Verlag, Bern; Garth, Arnd Joachim (2008): Die Eisberg-Theorie - Das Verborgene im Offensichtlichen. In: Krisenmanagement und Kommunikation, Gabler, Wiesbaden.

[30] Niermeyer, Rainer (2007): Motivation - Instrumente zur Führung und Verführung, 2. Auflage, Haufe-Lexware, Freiburg.

[31] Welch, Suzy (2009): 10-10-10: 10 Minuten, 10 Monate, 10 Jahre - Die neue Zauberformel für intelligente Lebensentscheidungen, 1. Auflage, Goldmann Arkana, München; Welch, Suzy (2009): 10-10-10: A Life-Transforming Idea, 3. Auflage, Scribner, New York.

[32] Pastoors, Sven/Becker, Joachim/Ebert, Helmut/Auge, Michelle (2019): Praxishandbuch werteorientierte Führung - Kompetenzen erfolgreicher Führungskräfte im 21. Jahrhundert, Springer-Verlag, Berlin.

[33] Pöppel, Ernst (2008): Zum Entscheiden geboren - Hirnforschung für Manager, Carl Hanser Verlag, München; Tönnesmann, Jens (2008): 20.000 Blitzentscheidungen am Tag, https://www.wiwo.de/erfolg/trends/zeitdruck-im-job-20-000-blitzentscheidungen-pro-tag/5445178-all.html, 27.12.2023.

[34] Wellmann, Andreas/Zelms, Regina (1995): Professionelles Zeitmanagement: Mit Timer und EDV das Büro jederzeit fest im Griff, Springer Gabler Verlag, Wiesbaden.

[35] Baumeister, Roy/Tierney, John (2014): Die Macht der Disziplin - Wie wir unseren Willen trainieren können, Goldmann Verlag, München.

[36] Fuchs, Helmut/Huber, Andreas (2009): Bossing - wenn der Chef mobbt: Strategien gegen den Psychokrieg, Kreuz Verlag, Freiburg.

[37] Stangl, Werner (2008): Der Stress-Test, https://arbeitsblaetter.stangl-taller.at/TEST/STRESS/Test.shtml, 27.12.2023.

[38] Gerstbach, Ingrid (2021): Die Kunst der Online-Moderation – Tools, Ideen und Tipps für erfolgreiche Online-Meetings, 2. Auflage, Carl Hanser Verlag, München.

[39] Georgi, Richard von/Zimmermann, Sina/Starcke, Katrin (2021): Anwendung von Musik zur Stress- und Gesundheitsbeeinflussung am Arbeitsplatz, https://www.researchgate.net/profile/Richard-Von-Georgi/publication/354374051_Anwendung_von_Musik_zur_Stress-_und_Gesundheitsbeeinflussung_am_Arbeitsplatz/links/6134baa90360302a007dc80b/Anwendung-von-Musik-zur-Stress-und-Gesundheitsbeeinflussung-am-Arbeitsplatz.pdf, 27.12.2023.

[40] Kah, Ronald (2019): 8D Musik – der Sound aus acht Richtungen, https://ronaldkah.de/8d-musik/, 27.12.2023.

[41] Schreiber, Birgit (2022): Schreiben zur Selbsthilfe - Weil Worte wirken - Glück erleben - gesund sein, 2. Auflage, Springer-Verlag, Berlin.